로사르믹제

새로운 마음의 눈을
여는 말씀

로사르믹제

달라이 라마 지음 \ 게셰 소남 초펠 옮김·주해

담앤북스

게셰 소남 초펠을 통해 존자님의 작품을 한국어로 번역하고 출판하게 되어서 매우 기쁘고 고맙습니다.

『로사르믹제』는 존자님의 작품들 중 초기작의 하나입니다. 그리고 부처님 가르침의 광대하고 깊은 내용들을 요약하여 분명하게 설하셨기에 이 작품을 읽고 사유함을 통해 공부한다면 불교 전반을 공부하는 데 도움이 되며, 이 작품은 요즘 사람들의 마음에 맞는 등 여러 가지 특징이 있습니다.

그래서 게셰라를 통해 『로사르믹제』가 한국어로 번역된 일은 큰 의미가 있습니다. 앞으로도 계속해서 그곳에 부처님의 가르침이 발전할 수 있도록 도움이 되는 일을 하도록 노력하는 것이 중요합니다.

한글로 번역된 제14대 달라이 라마 존자님의 이 말씀을 통해서 큰 이로움이 생기기를 기원합니다.

2022년 1월 28일

OFFICE OF HIS HOLINESS THE DALAI LAMA

༄༅། །དགེ་བཤེས་བསོད་ནམས་ཚོས་འཐེལ་ནས་ཡོང་ས་མཆོག་གི་གསུང་ཆོས་
ལེགས་བཤད་བློ་གསལ་མིག་འབྱེད་ཀོ་རེ་ཨའི་སྐད་དུ་བསྒྱུར་ནས་པར་སྐྲུན་ཞུས་པ་
ཡི་རང་གི་གནས་སུ་གྱུར། ལེགས་བཤད་བློ་གསལ་མིག་འབྱེད་ནི་ཡོང་ས་མཆོག་
གི་གསུང་ཆོས་སུ་གྲགས་ཤིག་དང་། ཉན་ཆོས་ཀྱི་ཐབ་རྒྱས་ཀྱི་བརྗོད་བྱ་རྣམས་ཆིག་
ཏུང་དུར་བསྡུས་ནས་འགྲེལ་བརྗོད་གསལ་བར་མཛད་པ་ཞིག་ཡིན་པས་འདིར་ཆོས་
བསམ་གྱིས་འཇུག་ན་ནང་ཆོས་ཐྱིའི་ཁོག་ལ་གོ་བ་བདེ་བླག་ཏུ་སྐྱེད་པ་དང་། དེང་
དུས་སྐྱེ་བོ་རྣམས་ཀྱི་བློ་དང་འཚམས་པ་སོགས་ཀྱི་ཕྱད་ཆོས་དུ་མས་ཕྱུག་ཡོད། དེས་
ན་དགེ་བཤེས་ལགས་ནས་ལེགས་བཤད་བློ་གསལ་མིག་འབྱེད་ཀོ་རེ་ཨའི་སྐད་དུ་
བསྒྱུར་བར་དོན་སྙིང་ཆེན་པོ་ལྡན་ཡོད། སྨྲད་མར་ཡང་ཡུལ་གྱི་དེར་ལྐྱལ་བསྐྱན་
དར་རྒྱལ་ལ་སྙིན་པའི་བྱ་བར་འབད་འབུངས་མི་ལྡོད་པ་དགོས་གལ་དང་། ཀོ་རེ་
ཨའི་སྐད་དུ་བསྒྱུར་བའི་ལྐྱལ་དངད་བཅུ་བཞི་པའི་ལེགས་བཤད་འདེས་ཐན་
རྣམས་རྒྱ་ཆེ་འབྱུང་པའི་སྨྲོན་ལམ་དང་བཅས། དགའ་ལྡན་ཕོ་བྲང་ཡིག་ཚང་ནས།
ཕྱི་ལོ་ ༢༠༡༡ ཟླ་ ༡ ཚེས་ ༡༡ ལ། །

제가 달라이 라마 존자님께서 직접 저술하신 이 귀중한 책을 한국어로 번역할 수 있어서 참으로 영광스럽고 크나큰 복을 받았다고 생각합니다. 밝은 지혜로 티베트를 이끌어오시고 인류의 행복과 평화를 위해 헌신해 오신 존자님의 바다와 같은 자비에 감사드리며 예경 올립니다.

옴 아 구루 베자 다라 바따라까 만주시르 와긴다 수마띠
자나 샤사나 다라 사무다 시르 바다 사르와 시디 훙훙

ཨོཾ་ཨ་གུ་རུ་བཛྲ་དྷ་ར་བྷ་ཊ་རཀ་མཉྫུ་ཤྲཱི་ཝཱ་གྀནྡྲ་སུ་མ་ཏི་
ཛྙཱ་ན་ཤཱ་ས་ན་དྷ་ར་ས་མུ་ད་ཤྲཱི་བྷ་དྲ་ན་སརྦ་སིདྡྷི་ཧཱུྃ་ཧཱུྃ།

Om A Guru Beza Dhara Bata Raka Manzushri Vaginda Sumati
Jana Shasana Dhara Samuda Shri Bada Sarva Sidhi Hung Hung

이 책의 내용을 있는 그대로 한국의 독자들에게 잘 전달하기 위하여 최선을 다했습니다. 불교 개념을 어려워하는 분들을 위하여 쉬운 한글로 번역하려고 노력하였습니다. 각주에 해설을, 부록에 용어사전을 붙였습니다. 한역과 영어풀이를 함께 넣고 필요한 산스크리트어를 넣었습니다. 티베트어로 직접 공부하실 분들을 위하여 티베트어도 넣었습니다. 언젠가 여러분도 날랜다로부터 전승된 방대한 보물인 티베트어 경전들과 논서들을 티베트어 원문으로 직접 읽고 환희하기를 희망합니다. 완벽한 번역은 아닐지라도, 존자님의 보배로운 말씀 하나 하나가 여러분께 온전히 전달되어 진정으로 이익을 얻기를 기원합니다.

이 책을 번역하는 일의 처음부터 끝까지 도움을 준 박서현 선생에게 고마움을 전합니다. 그러한 도움이 있었기에 장애물 없이 이 책을 번역하여 기쁨으로 여러분께 전할 수 있게 되었습니다.

또한 자애와 헌신으로 티베트를 돕고 계시고 이 책의 한글 교정과 출판의 길을 안내해 주신 정토마을 능행 큰스님께 두손 모아 감사드립니다. 한글교정을 도와주신 정토마을의 도운스님, 경덕스님, 도우스님, 만욱스님, 타용스님, 지안스님, 호연스님, 동심스님, 공덕제(한영우)께도 감사드립니다.

게셰 나왕 왼덴 스님, 게셰 예시 발덴 스님, 게셰 덴젠 상보 스님께서 티베트어 원문 대조와 교정(Proofreading)을 해주셔서 고맙습니다. 존경받아 마땅하신 우리 모두의 스승이신 빨덴닥빠 스승님과 티베트어 교정을 도와주신 남인도 로쎌링 게셰 체링둑닥, 로상도제 스님들 등 저에게 여러 도움을 주신 모든 분들도 고맙습니다. 이 책을 아름답게 만들어주신 담앤북스도 고맙습니다.

　이 책이 연꽃으로 피어나기까지 보이지 않는 곳에서 진흙이 되고 물이 되고 빛이 되고 공기가 되어 무아의 도움을 주신 모든 분들께도 고개 숙여 고마움을 전합니다.

　이 책을 통해 부처님의 가르침이 만방에 퍼져나가 모든 분들이 행복해지시고 평화로워지시기를 진심으로 기원합니다. 지극한 마음으로 고개 숙여 모든 공덕을 모든 존재들께 회향합니다.

2022년 5월 3일
게셰 Sonam Choephel

ཐོན་སྐྱེད།

གུས་པས་ལྕགས་གོང་ས་སྐྱབས་མགོན་ཏུ་ལའི་བླ་མ་མཆོག་གིས་དངོས་སུ་ལྷུགས་ཆོམ་མཛད་པའི་རྒྱ་ཆེན་གྱི་བསྟན་བཅོས་འདི་ཀོ་རེ་ཡའི་སྐད་དུ་བསྒྱུར་ཐུབ་པ་བྱུང་བས་དགའ་སྤྲོ་མཆོག་ཏུ་བཏུས་ཤིང་བསོད་ནམས་ཀྱི་དཔལ་ཐོབ་པའི་གནས་སུ་འབྱུམས། ཐབ་གསལ་གྱི་ཤེས་རབ་ལ་བརྟེན་ནས་བོད་གངས་ཅན་གྱི་སྟོངས་འདི་ལེགས་ལམ་དུ་འཁྲིད་ཅིང་འགྲོ་བའི་བདེ་སྐྱིད་དང་འཛམ་སྐྱིང་ཞི་བདེའི་ཆེད་དུ་བླ་མེད་ཀྱི་ཕྱགས་ཁུར་འཁན་པའི་ལྕགས་ས་མཆོག་གི་ཕྱམས་བརྩེའི་བཀའ་དྲིན་དྲན་པའི་སྐོ་ནས་གུས་ཕྱག་འབུལ།

ༀ་ཨཿཧྱ་ཏུ་བརྫ་ཏྲ་ར་བྲ་བླ་རྐ་མཱུ་སྲི་ལྐྱི་ཧྒྲ་ཤུ་མ་ཏེ་རྐྣ་ཤ་ས་ན་ཏྲ་ར་ས་སུ་ད་སྲི་བྲ་ཏུ་ས་ཏ་སི་ཙྩི་ཧུ་ཙུ་བརྩན་བཅོས་འདེའི་ནང་དོན་རྣམས་མ་དཔེའི་ཊེ་བཞིན་ཏུ་ཀོ་རེ་ཡའི་དཔེ་སྐྲོག་ལ་འབན་རྣམ་པར་རྒྱུད་སྐྲོང་བྱ་བའི་ཆེད་དུ་འབད་བཅོན་ཡོད་དགུ་ཞུས་པ་ཡིན། ནང་དོན་རིག་པའི་རྣམ་གཞིག་ལག་དགའང་པའི་གནས་སུ་མཐོང་བ་རྣམས་ཀྱི་ཆེད་དུ་རྫོང་བྱེད་ཀྱི་ཆ་ནས་གོ་བའི་གང་ཡོང་གི་འབད་བརྩོན་ཞུས་ཡོད། ཞབས་མཆན་དུ་གསོད་འབྱེལ་དང་། བྱར་བཀོད་ཀྱི་ཚུལ་དུ་སྐད་ཡིག་ཤན་སྦྱར་གྱི་ཐ་སྙད་མཛོད་ཀྱང་བཀོད་ཡོད། ཀོ་རེ་ཡ་ཐ་སྙད་དང་ཨིན་ཡིག་ཐ་སྙད་ཀྱང་སྟན་དུ་བཀོད་ཡོད་ཅིང་སྐབས་རེར་ལེགས་སྦྱར་གྱི་ཐ་སྙད་ཀྱང་བཀོད་ཡོད། བོད་ཡིག་གི་ཐོག་ནས་ཐད་ཀར་སྤོང་གཞིར་གནང་མཁན་རྣམས་ལ་དམིགས་ནས་བོད་ཡིག་ཐ་སྙད་ཁག་ཀྱང་བཀོད་ཡོད། ནས་ཞིག་ན་སྐྱོན་རྒྱས་ནས་ཀྱང་ན་ལེཙ་ནས་བརྒྱུད་པའི་རྩ་ཆེ་བའི་རྡོར་བྱུར་གྱུར་པའི་བོད་ཀྱི་བཀའ་བསྟན་རྣམས་ལ་བོད་ཀྱི་སྐད་ཡིག་གི་ཐོག་ནས་དངོས་སུ་སྤྱོ་བས་འཇུག་རྒྱུ་ཡོང་བའི་རེ་བ་ནི་ཅི་བས་ལྟེ། འདི་ཉིད་ཕྱལ་བྱུང་གི་འགྱུར་ཞིག་མིན་ཡང་རེན་ཐབ་བྱལ་བའི་གོང་ས་མཆོག་གི་གསུང་མཆིད་རེ་རེ་ཡང་ཆད་ལྷུས་
・9・

མེད་པར་སྟེན་རྐྱེས་ལ་བརྒྱུད་འཕལ་ཞུ་བའི་བློ་ནས་དོན་དག་པའི་ཕན་པ་རེ་འགྲུབ་པའི་རེ་
སྒྲོན་ཞུ་བཞིན་ཡོད།

དེབ་འདི་བསྐྱར་བའི་ལས་གཞིའི་ཐོག་མཐའན་ཀུན་ཏུ་རོགས་སྐྱོར་གནང་བའི་དྲག་སོན་
ཆོན་ལགས་ལ་ཐུགས་རྗེ་ཆེ་ཞུ་རྒྱུ་ཡིན། དེ་ལྟ་བུའི་རོགས་སྐྱོར་ལ་བརྟེན་ནས་འགལ་རྐྱེན་བར་
ཆད་མེད་པར་དགེ་དེབ་འདི་བསྐྱར་ཞིང་དགའ་སྦྱོའི་ངང་ནས་སྟེན་རྒྱས་ཀྱི་མཐུན་ཏུ་ཕྱུག་
ཐུབ་པ་བྱུང་སོང་།

གཞན་ཡང་རྒྱུན་ཏུ་ཁྱམས་བརྩེ་དང་འབད་བརྩོན་སྟོང་མེད་དང་བོད་ཀྱི་སྲི་སྲེར་ཨང་པོར་
རོགས་སྐྱོར་གནང་བའི་བདེ་ཅན་གྲོང་(Jungtoh Village)གི་གཙོ་འཛིན་དགེ་སྐྱོང་མ་ཚུ་ཉིད་
ལགས་ནས་དེབ་འདིའི་འགྱུར་ལ་ཞུ་དག་གནང་ཞིང་དཔར་བསྐྲུན་ཁང་རྒྱས་སྐྱོན་མཚམས་
སྐྱོར་གནང་བ་སོགས་ལ་ལག་གཉིས་ཐལ་མོ་སྦྱར་ནས་ཐུགས་རྗེ་ཆེ་ཞུ་རྒྱུ་ཡིན། འགྱུར་གྱི་ཀོ་
རི་ཡ་ཡི་ཡི་གི་ལ་ཞུ་དག་གནང་མཁན་བདེ་ཅན་གྲོང་གི་བཙུན་མ་དོ་ཞུན་ལགས། ཀྱོང་དོག་
ལགས། དོ་སྨུ་ལགས། མན་ལྱུག་ལགས། ཐ་ཡོངས་ལགས། ཅི་ཨན་ལགས། དོ་ཡོན་ལགས། དོང་
ཉིས་ལགས། ཅུན་ཡོངས་ལྱུ་བཅས་ལ་འང་ཐུགས་རྗེ་ཆེ་ཞུ་རྒྱུ་ཡིན།

བདག་གི་ཚོས་གྲོགས་དགེ་བཤེས་ཉན་དག་དབང་ཡོན་ཏན་ལགས། དགེ་བཤེས་ཡེ་ཤེས་
དཔལ་ལྡན་ལགས་དང་དགེ་བཤེས་བསྟན་འཛིན་བཟང་པོ་ལགས་རྣམས་ཀྱིས་མ་དཔེ་དང་
གཏུགས་ཏེ་འགྱུར་ལ་ཞུ་དག་གནང་བ་སོགས་རོགས་སྐྱོར་བླ་མེད་གནང་བ་ལ་སྙིང་ཐག་པ་
ནས་ཐུགས་རྗེ་ཆེ་ཞུ།

བཀའ་དྲིན་གཞལ་ཐབས་མེད་ཅིང་དད་གུས་ཟླ་མེད་ཀྱི་གནས་སུ་བཞུགས་པ་ཡོངས་ཀྱི་དགེ་བའི་བཤེས་གཉེན་ཆེན་པོ་དགེ་བཤེས་དཔལ་ལྡན་གྲགས་པ་མཚོག་ལ་གུས་ཕྱག་དང་བཅས་ཕུལགས་རྗེ་ཆེ་ཞུ་རྒྱུ་ཡིན། གཞན་ཡང་ང་ལ་ཕྱི་བར་གསུམ་དུ་བདག་ལ་རོགས་མགོན་ལས་སྦྱིན་གནང་མཁན་ཡོངས་ལའང་ཕུལགས་རྗེ་ཆེ་ཞུ་རྒྱུ་དང་བདག་གི་ཚོས་གྲོགས་དགེ་བཤེས་ཚེ་རིང་འབུག་གྲགས་དང་དགེ་སྦྱོང་བློ་བཟང་རྡོ་རྗེ་གཉིས་ཀྱིས་ཡོད་ཡིག་གི་ཆ་ལ་གཟིགས་ཏོག་གནང་བ་ལ་ཕུལགས་རྗེ་ཆེ་ཞུ། དཔེ་སྐྲུན་ཁང་ Damnbooks ཡི་ལས་བྱེད་རྣམས་པ་ལའང་ཕུལགས་རྗེ་ཆེ་ཞེས་ཞུ།

དཔེ་དེབ་འདི་མེ་ཏོག་པདྨ་ཞིག་དང་འདྲ་བར་བཞིད་ཁ་མ་ཕྱེ་ཀྱི་བར་དུ་ས་དང་ཆུ་ཀློང་དང་ཉི་འོད་ཀྱི་རྐྱེན་སྤར་དངོས་བཀྱུད་ཅེ་རིགས་ནས་འཛིན་པ་དང་རེ་བ་མེད་པར་རོགས་ཕན་གནང་མཁན་ཡོངས་ལ་གུས་འདུད་བཅས་ཕུལགས་རྗེ་ཆེ་ཞུ།

བསྐུན་བཅོས་འདི་ལ་བརྟེན་ནས་སངས་རྒྱས་ཀྱི་གསུང་རྣམས་ཕྱོགས་སུ་དར་ཞིང་སྐྱེ་འགྲོ་ཡོངས་ཕྱོགས་པའི་སྐྱིད་དང་ཕུན་ཞིང་ཞི་བདེར་འཚོ་བའི་སྐྱོན་ལམ་སྐྱིད་དབུགས་ནས་གདབ་ཅིང་འདི་ལས་ཐོབ་པའི་དགེ་རྩ་རྣམས་ཀྱང་ཞི་བསམ་པའི་གཏིང་ནས་སེམས་ཅན་ཐམས་ཅད་ཀྱི་དོན་དུ་བསྔོ།

འབུམ་སྤུངས་བློ་གསལ་སྐྱིང་དགེ་བཤེས་བསོད་ནམས་ཆོས་འཕེལ། ༢༠༢༢ལོའི་ཟླ་བ་ལྔ་པའི་ཚེས་དཉིན།

일러두기

직역 원칙

1) 이 책의 원문인 티베트어를 있는 그대로 직역하는 것을 원칙으로 하였다. 2) 불교 용어를 현 시대의 한국 독자들이 이해하기 쉽도록 한글 및 현대어로 번역하였다. 3) 같은 단어라도 티베트어 원문에 산스크리트어 그대로 나올 때는 산스크리트어를 써두었다. 예를 들면, 본문에 업과 까르마가 함께 나온다. 4) 불교의 주요 개념 중 '공성'처럼 그 뜻이 심오하고 불교 학파마다 해석이 달라서 새로운 한글로 바꾸기가 쉽지 않을 때는 기존의 한역을 사용하였다.

주석의 종류

1) 이 책의 원문에는 괄호, 각주, 작은따옴표, 빗금(/)이 없다.
2) 이 번역서의 본문에 있는 괄호와 빗금(/), 각주(footnote)의 옮긴이 해설과 용어해설, 부록의 불교용어 풀이는 번역 과정에서 독자들의 이해를 돕기 위해 옮긴이가 새로이 붙인 것이다.
3) 각주에서 언어별 용어는 티베트어, 영어 풀이, 산스크리트어,

한역 순서로 하였고 어떤 언어인지 자체는 따로 표기하지 않았다.

산스크리트어 및 티베트어 표기

1) 산스크리트는 로마-알파벳과 한글 발음을, 한역은 한자와 한글 발음을 써두었다. 산스크리트 'v̇' 발음의 경우, 맨 앞에 나오고 [b] 로 발음될 때는 'ㅂ'을 쓰고 중간에 나오고 [w]로 발음될 때는 'ㅇ' 을 썼다. 예: '위빠사나', '스와바와'. 2) 산스크리트에서 사람 이름의 경우 영어식 표현에 익숙한 독자들이 인명사전을 찾아볼 때 불편함이 없도록 본문에는 된소리(ㄲ, ㄸ, ㅃ, ㅉ)가 아닌 센소리(ㅊ, ㅋ, ㅌ, ㅍ)로 쓰고, 각주에는 실제 발음인 된소리와 센소리를 함께 표기해 두었다. 3) 산스크리트는 시대에 따라서 다른 경우도 있고 불교용어와 힌디용어가 다른 경우도 있는 등 매우 어렵고 복잡한 언어이기 때문에 정확히 확인되지 않은 산스크리트는 표기하지 않았다. 4) 티베트어는 티베트 글자와 발음(로마-알파벳 표기, 한글 표기, 영어표기 등)으로 구분된다. 참고로, 티베트어는 '아' 발음이 들어 있는 기본자음 30개, '이, 우, 에, 오'로 발음되는 기본모음 4개, 첨족자 6개 등으로 이루어져 있고 한글처럼 음절 단위로 표기하는 등 한글과 매우 비슷한 부분이 많다. 5) 티베트어 로마-알파벳 표기의 경우, 초성과 받침을 뺀 대부분의 자음은 묵음(발음되지 않는 소리)이다. 단, 라다크 방언에서는 소리를 내기도 한다. 티베

트어는 산스크리트처럼 영어식으로 발음되지 않기 때문에 한글로
표기할 때 최대한 원음에 가깝게 쓰고자 하였다.

예) 티베트어 발음 표기 예시: tsa(짜), tsha(차), dza(자), dzha(자),
zha(쟈), kṣa(캬), ña(냐), ṅa(응아), va(와), śa(쌰), ṣa(캬), sa(싸), ca(짜),
ṛ(리), ṝi(리), l(리), ḷ(리), ai(에), au(오), aḥ(아)

예) 티베트어 표기 예시(만트라):

ༀ་མ་ཎི་པདྨེ་ཧཱུྃ

Oṃ maṇi padme hūṃ

옴 마니 뺏메 훙(Om Mani Peme Hung)

ཏདྱཐཱ ༀ་གཏེ་གཏེ། པཱརགཏེ། པཱརསཾགཏེ་བོདྷི་སྭཱཧཱ།

Tadyathā Oṃ gate gate pāragate pārasaṃgate bodhi sohā

떼야타 옴 가떼가떼 빠라가떼 빠라쌍가떼 보디 쏘하

건너갔네 건너갔네 다른 강둑으로
완전히 다른 강둑으로 건너갔네, 해탈, 그렇게

ༀ་དྷྲེ་ཏུདྷྲེ་ཏུཏྲེ་སྭཱཧཱ།

Oṃ tāre tuttāre ture svāhā

옴 따레 뜻따레 뚜레 쏘하

옴, 타라님, 간절히 요청합니다, 빨리, 그렇게

본문의 '작은따옴표'와 (괄호)

1) 본문의 각 불교용어들을 각각 '작은따옴표'를 사용하여 잘 구분되도록 하였다. 2) 괄호의 종류는 두 가지가 있는데, 하나는 문맥을 이해하기 쉽도록 원서에 없는 괄호를 본문에 달아둔 것이 있다. 3) 또 한 괄호는 본문의 '작은따옴표' 뒤에 달린 괄호인데, 티베트 경전, 산스크리트 경전, 한역 경전 등에 나오는 다양한 언어로 공부하고 싶은 사람들이 개념적 명확성을 확인하는 데 도움이 될 수 있도록 (한역), (산스크리트), (티베트어) 등으로 달아 두었다. 참고로, 영어 풀이는 각주에 달아두었다.

본문의 빗금(slash)

1) 본문의 빗금(/)은 불교용어의 뜻을 두 가지로 해석할 수 있을 때 썼다.

각주의 '옮긴이 해설'과 '불교용어 뜻풀이(간단)'

1) 각주는 '옮긴이 해설'과 간단한 '사전적 불교용어'로 나뉘어 있

다. 2) 티베트 원서를 찾아볼 독자들을 위하여 각주에 티베트 용어들도 함께 소개하였다.

부록 1 : '용어사전'

1) 〈용어사전〉에는 긴 내용의 '옮긴이 해설'과 보다 상세한 '사전적 불교용어'가 수록되어 있다. 2) 수록 순서는 독자들이 본문을 보면서 통합적으로 찾아볼 수 있도록 장별로 나누고 본문 순서 그대로 붙여두었다.

부록 2 : 티베트어 원문

맨 뒷장에 티베트어 원문이 있다.

1) 참고로, 티베트 문자는 산스크리트 불교 원전이 티베트로 전해지던 7세기경 티베트의 송짼감뽀 황제(581~649)께서 산스크리트로 기록된 불교경전들을 체계적으로 충실히 직역하기 위하여 산스크리트어에 기원을 두어 새로이 만든 소리글자이다.

당시 송짼감뽀 황제는 인도 까슈미르에 톤미삼보따를 특사로 파견하여 산스크리트 문자와 문법을 배우게 하고 인도 불교의 출가수행자들과 함께 티베트 문자를 만들도록 지원을 아끼지 않으셨으며, 이렇게 하여 티베트 문자는 정교한 문법체계를 가진 소리글자인 산스크리트어 원문 구절들을 있는 그대로 티베트어로 충실히 옮길 수 있는 완벽한 토대를 갖추게 되었다. 티베트 문자 표기 방식은 자음과 모음, 보조기호를 합하여 표기하는 방식을 사용하며 산스크리트와 한글 표기 방식과 매우 비슷하다.

이후 티송덴쩬 황제께서 샨따락시따의 조언을 받아들여 붓다의 가르침을 완벽하게 가져오기 위하여 역경원을 세우고 인도의 훌륭한 학자들을 모셔서 훌륭한 티베트 번역가들과 함께 불교경전 전체를 티베트어로 번역하도록 존경으로 국가적 지원을 하였으며, 후대의 여러 황제들께서도 산스크리트 경전의 충실한 직역을 위해 번역가들이 불교용어를 번역하거나 틀린 글자를 하나씩 찾아낼 때마다 그 갯수를 세어 상금을 드리는 등 국가적으로 불사를 계속했던 역사를 가지고 있으며, 그 결과 탄생한 티베트 불경과 논서들은 학술적으로 산스크리트 원전을 복원할 수 있는 정도의 수준인 매우 귀중한 자료로 평가받고 있다.

차례

"법을 올바르게 구분하는 최고의 지혜에 귀의합니다."

1 붓다의 가르침을 실천하는 이유

지금은 네 번째 부처님[001]이신 설법자의 가르침의 '열 가지 오백 년'[002] 중에서 '계율의 시대'[003]이다. 화학제품과 무기류의 시대인 이 이십일 세기에 외적 물질 문화는 계속 발전하고 있다. 그와 같이 마음의 발전도 매우 중요하다.

'마음의 과학'(རང་དོན་རིག་པ་) 인 부처님의 가르침을 듣고 마음 깊이 생각하여 실천하고 싶다면 먼저 그 방법을 잘 알아야 한다. 따라서 위

---

001 현겁에 오시는 일천이 분의 붓다들 중 네 번째라서 샤카무니께서는 네 번째 부처님이라 불린다. -옮긴이 해설 *부록 참고

002 샤카무니 부처님의 불법이 오천 년 동안 있을 것이라고 한다.(다른 주장도 있다.) 그 오천 년을 오백 년씩 나눈 것이 '열 가지 오백 년'이다. -옮긴이 해설 *부록 참고

003 이 오백 년 동안은 계율의 실천이 중심이고 계율을 실천하는 것이 다른 수행보다 공덕이 더 크다고 한다. -옮긴이 해설

대하고 깊은 내용이 담긴 경전을 공부할 여유가 없는 사람들 위해 새로운 마음의 눈을 열 수 있는 책을 쓰게 되었다. 이 책의 목적은 그들로 하여금 '부처님의 가르침'을 올바르게 구분하는 지혜의 빛을 이루도록 하는 것이다. 그러한 내용을 요약하여 쉽게 이해할 수 있도록 이 책을 썼다.

모든 중생들이 다 행복을 원하고 고통은 원하지 않는 것 같다. '지혜력이 있는'004 (ཤེས་རིག་བཀྲག་པ) 우리 사람들뿐만 아니라 어리석고 무지한 작은 벌레들조차도 모두 다 행복만을 원하고 고통은 조금도 원하지 않을 뿐이다. 그래서 나와 남 누구라도 행복해지고 고통이 생기지 않도록 하기 위해 방법을 찾아야 한다. 그렇지 않고 자신에게 "행복해지고 고통이 없어지면 좋겠다."라는 희망만 가지면서 기다릴 뿐이라면 행복해지지 않고 고통이 없어지지 않는다. 행복의 원인을 만들고 고통의 원인을 없애버릴 수 있어야 한다.

그런데 부처님 가르침005의 본질적 의미를 잘 아는 사람은 몸에 생기는 병이 전생에 자신이 지은 '선하지 않은 업'006의 결과와 윤회

---

004 지혜력이 있는: ཤེས་རིག་བཀྲག་པ, Intelligent

005 부처님 가르침: ཆོས(쵸), Teachings of the Buddha, Dharma(다르마)

006 선하지 않은 업 (불선업): སྡིག་པ, Unwholesome Deeds, Akuśala-Karma(아꾸살라-까르마), 不善業 · 惡業(악업)

의 본질이라고 생각한다. 이런 생각으로 자신이 지은 '업'[007]에 책임감을 가지고 고통을 인정한다. 그래서 마음에 괴로움이 생기지 않는다. 따라서 마음의 힘으로 몸의 괴로움을 누르면서 고통을 쉽게 없앨 수 있게 된다. 그 이유는 몸과 마음 둘 중에서 마음이 중심이기 때문이다. 그래서 마음의 고통과 즐거움이 더 강한 것이다.

이와 같이 어떤 사람은 부자가 되는 행복을 얻고 싶어서 재산을 모은다. 그런데 처음에는 몸과 마음 둘 다 고통스럽고 열심히 애쓰더라도 자기 마음대로 재산을 모을 수 없기 때문에 고통이 생긴다. 중간에는 나의 재산을 남이 훔치거나, 잃어버리거나, 망가져서 계속 가지고 있을 수 없기 때문에 고통이 생긴다. 마지막으로 어쩔 수 없이 내 재산이 남의 소유가 될 때 생기는 고통 등 재산 때문에 생기는 고통들 모두가, 본인이 부처님 가르침의 본질적 의미를 잘 모르기 때문에 생긴 것이다. 붓다의 가르침의 본질적 의미를 잘 안다면 모든 재산이 다 '풀잎 끝에 있는 이슬처럼'[008] 본질적 의미가 없는 것으로 보이게 된다. 따라서 매우 고통스럽게 재산을 모을 때, 재산을 간수할 때, 재산을 어쩔 수 없이 잃을 때에도 아무런 고통

---

007 '업'을 산스크리트로 까르마라 하는데 '인과관계'를 뜻한다. 선업(좋은 까르마)과 악업 (나쁜 까르마)가 있다. 이 문장에서는 '업'이라는 단어를 사용하였고, 나머지 문장들에서도 문맥에 따라 '업'과 '까르마' 둘 다를 사용하였다. - 옮긴이 해설 *부록 참고

008 티베트에서 쓰는 표현 *각주 8~12까지 이하 동일

도 생기지 않는다.

마찬가지로 남이 우리에게 비웃는 말, 욕하는 말 등 듣기 싫은 말을 할 때 '심장을 가시로 찔린 것처럼'[009] 참을 수 없는 정도의 고통이 생긴다. 하지만 부처님 가르침의 의미를 잘 이해한다면 그것이 다 '메아리처럼'[010] 본질 없는 것임을 알게 된다. 따라서 마음 없는 물질에 비웃음 등을 하는 것처럼 마음을 불편하게 하는 고통이 조금도 생기지 않는다. 그와 같이 이번 생의 원수를 정복하지 못하는 고통, 친척들에게 돌봄을 잘 못하는 고통, '내가 지고 남이 이기는 고통'[011] 등 한마디로 말하면 이득과 손실, 행복과 불행 등과 관련된 희망과 두려움(ར་བ་དང་དོགས་པ), 그리고 몸과 마음의 괴로움은 모두 다 종교를 잘 모르거나 알더라도 실천을 잘 하지 않기 때문이다. 그뿐만 아니라 나라 사이가 안 좋아져서 매우 무서운 전쟁이 났을 때 수없는 중생들의 행복이 무너지고 '고통이 강물처럼 생기는'[012] 것 등 이번 생에 생기는 크거나 작은 고통들 다 부처님 가르침을 잘 모르거나 알더라도 실천을 잘 하지 않기 때문이다.

만약에 부처님 가르침을 잘 알고 실천하면 그 고통들을 다 없앨

---

009 ·

010 ·

011 ·

012 ·

수 있다. 왜 그럴까? 그런 고통들 모두가 반드시 자만심, 질투, 인
색한 마음 그리고 탐욕, 증오심, 모름[013] 등을 통해서 생기는 것이
다. 부처님의 가르침을 실천함으로써 그 정신적인 '번뇌'[014]들을 이
겨내고 사라지게 할 수 있다. 따라서 자신의 마음속에 만족감, 양
심, 다른 사람에 대한 배려심, 성실함[015] 등이 생겨서 행동을 할 때
마다 항상 몸과 마음이 평화롭고 행복하다. 큰 고통이 생기지 않는
다. 따라서, 행복이 가득하고 '고통'이 없는 삶을 살아가고 싶으면
부처님 가르침을 잘 배워서 실천하는 것이 매우 중요하다.

　하지만, 이번 생의 행복에만 만족해서는 안 된다. 그 행복이 아
무리 크다 하더라도 죽을 때까지만의 행복이기 때문이다. 인생이
아무리 길더라도 백 년 정도라서 그 행복도 짧은 시간 행복일 뿐
이다. 다음 생들은 가는 길이 훨씬 더 길다. 그러니까 다음 생에 행
복을 받고 고통이 생기지 않도록 하기 위해 지금부터 방법을 꼭 찾
아야 한다. 그런 일을 하는 방법은 부처님의 가르침 외에 다른 방

---

013 ·자만심: ང་རྒྱལ།, Pride ·질투: ཕྲག་དོགས།, Jealousy ·인색한 마음: སེར་སྣ།,
　　Miserliness · Stingy ·탐욕: འདོད་ཆགས།, Desire · Attachment ·증오심: ཞེ་སྡང་།,
　　Hatred ·모름: མ་རིག་པ།, Ignorance

014 번뇌: 괴로운 감정을 뜻함. ཉོན་མོངས།, Afflictive Emotions, 煩惱

015 ·만족감: ཆོག་ཤེས།, Contentment ·양심: ངོ་ཚ་ཤེས་པ།, Integrity ·다른 사
　　람에 대한 배려심: ཁྲེལ་ཡོད།, Consideration for Others ·성실함: བག་ཡོད།,
　　Conscientiousness

법이 없다.

전생과 다음 생

다음 생을 위한 일을 해야 한다고 할 때 부처님의 가르침을 모르
는 사람과, 조금 알더라도 정확하게 모르는 사람들에게 이런 생각
이 일어날 수 있다.

"마음이란 몸을 의지해서 일시적(ཀློ་བུར་བ།)[016]으로 생기는 것뿐이다.
그 외에 전생과 다음 생[017]이라는 것은 내가 직접 본 적이 없으니 다
음 생이란 존재하지 않는다."

그들은 만약에 무언가가 존재한다면 우리가 직접 볼 수 있어야
한다고 생각한다.

또는 그들이 이런 생각도 할 수 있다.

"마음은 몸에 의지해서 생기고 몸은 '네 가지 요소'[018](འབྱུང་བ་ཆེན་པོ

---

016 일시적: ཀློ་བུར་བ།, Spontaneous
017 전생과 다음 생을 포함하여 태어남이 반복되는 것을 티베트어로 '꼐와나치'(སྐྱེ་བ་སྙ་
    ཉིད།)라 한다. 참고로 윤회는 티베트어로 '코르와'(Khorwa)라 한다.
018 네 가지 요소(사대): 1)땅(지) 2)물(수) 3)불(화) 4)바람(풍), འབྱུང་བ་བཞི།, The Four
    Elements, Bhūtāni Catvāri(부따니 짜뜨와리), 四大 *부록참고

ཤ)에 의지해서 생긴다. 그래서 전생이란 없다. 그리고 죽을 때 몸은 '네 가지 요소'로 해체되고[019], 마음은 '무지개가 하늘로 사라지는 것처럼'[020] 사라진다. 따라서 다음 생이라는 것도 존재하지 않는다."

마음은 몸에 의지하여 생긴다는 생각을 가지고 있는 어떤 사람은 이렇게 말한다, 취하게 하는 술의 힘과 같이 마음은 몸의 본성이라고 한다. 또 다른 사람은 마음은 몸의 결과이다, 램프와 그 빛과 같다고 말한다. 또 다른 사람은 마음은 몸의 자질[021]이다, 예를 들면 벽과 벽화와 같다고 말한다. 그런 이유로 그들은 이렇게 말한다. "이번 생의 마음[022]은 다른 유형이고 마음 없는 '네 가지 요소'로 이루어졌다. 예를 들면 술로 그 취하는 힘을 얻는 것과 돋보기로 불이 일어나게 하는 것과 같다. 이처럼 다른 유형인 원인으로 다른 유형인 결과를 이룰 수 있다."라고 생각한다.

마찬가지로 어떤 논리학자[023]들은 이런 말을 한다. "완두콩을 둥글게 만드는 이도 없고 가시를 깎는 이도 없다. 그리고 공작새의

---

019 해체되고: Dissolve

020 티베트에서 쓰는 표현

021 자질: Quality

022 마음: སེམས།(셈), Mind · Consciousness · Awareness

023 논리학자: རྟོག་གེ་བ།, Logician

깃털을 화려하게 만드는 이도 없다. 또는 보시하지 않고 매우 인색한 사람이 부자가 되는 것과 살인자들이 오래 사는 것을 볼 수 있으니 '까르마'라는 것이 없다."라고 말한다. 그런데 그것은 올바른 이유가 아니다.

어떤 '사마디'(삼매)[024] 수행자는 신통력을 통해서 전생에 인색했던 어떤 사람이 죽어서 다음 생에 부잣집에 태어나는 것을 보고 이런 생각을 한다,

"전생과 다음 생은 존재하지만 '까르마'(업과 인간관계)는 존재하지 않는다."

또 다른 사람은 '사마디'(삼매)에 의존하여 '물질세계'(색계)의 선정과 '물질 없는 세계'(무색계)의 선정'[025]을 얻을 때 "이것이 해탈[026]이다."라고 생각한다. 그런데 그 상태에서 빠져나오면 다시 윤회에 태어나야 하는 것을 보면서 "해탈이란 존재하지 않는다."라고 고집하

---

024 '사마디'란 마음이 산만함 없이 선한 대상에 머무는 것이다. ─옮긴이 해설 *부록 참고

025 '선정' 즉 디야나(Dhyāna)란 마음의 생각이 완전히 정지된 집중 상태이다. 욕계(욕망세계)를 집착하는 거친 번뇌가 점점 제거되고 미세한 마음에 집중력이 생기면 욕계의 좋은 것에 대한 집착이 생기지 않고 선정에 들게 된다. 그때 생긴 사마디가 색계(물질세계)의 선정이고 색계의 마음이다. 계속 수행을 하면 색계를 집착하는 마음과 거친 번뇌가 없어지며, 이것이 무색계(물질 없는 세계)의 선정이다.
　　─옮긴이 해설 *사전적 용어 *부록 참고

026 해탈: 고통과 번뇌에서 해방되는 것 또는 해방된 상태라는 뜻. ཐར་པ(타르빠), Liberation, Mokṣa(모크샤), 解脫

여 말한다. 이런 주장들은 여러 가지이다.

그런데 전생과 다음 생은 반드시 존재한다. 그 이유는 다음과 같다. 우리가 작년과 재작년 등 및 어린 시절 때까지의 마음 상태가 기억에 남는다. 그렇기에 지금 마음이기 이전에 있던 '더 앞선 흐름'인 마음이 존재한다는 것을 우리가 직접 깨달을 수 있다. 이와 같이 이번 생의 가장 첫 마음도 원인 없이 생기지 않으며 영구적[027](རྟག་པ།)인 원인으로 생기지도 않는다. 그리고 '마음 없는 물질'[028]로 생기지도 않는다. 그러므로 분명히 같은 유형인 실질적인 원인에서 생겨나야 한다.

어떻게 그 유형이 같느냐 하면, 마음은 맑고 앎이기에 그러한 '맑음'과 '앎'의 특성을 가지는 마음은 그 이전에도 꼭 존재해야 하는 것이다. 그 이전에 존재한 마음은 다름아닌 전생의 몸에 생겼던 마음이다. 그렇지 않고 마음이 생겨난 실질적인 원인이 물질로 만들어진 몸뿐이라고 한다면 여러 가지 문제가 생긴다.

첫째, 시체에 의식이 존재해야 할 것이다. 둘째, 몸이 향상[029](འཕེལ་བ།)되거나 또는 악화[030](འགྲིབ་པ།)될 때 마음도 그렇게 되는 문제 등이 생

---

027 영구적: རྟག་པ།, Permanent
028 '마음 없는 물질'이란 사대(네 가지 요소)인 '땅 · 물 · 불 · 바람'이다. -옮긴이 해설
029 향상: འཕེལ་བ།, Enhance
030 악화: འགྲིབ་པ།, Deteriorate

길 것이다.

마음이 생겨나는 실질적인 원인이란 마음으로 이룰 수 있는 어떠한 것을 말한다. 물질로 만들어진 몸은 마음의 작은 변화의 '협력적인 원인'[031] (ལྷན་ཅིག་བྱེད་པའི་རྒྱུ།)이 될 수 있다. 하지만 그 '실질적인 원인'[032] (ཉེར་ལེན་གྱི་རྒྱུ།)은 될 수가 없다.

그래서 마음이 아닌 것이 마음이 될 수가 없고, 마음이 마음 아닌 것이 될 수도 없다. 이런 주장에 대해 어떤 사람이 외적 물질을 예로 들으면서 논쟁할 수 있다. 그런데 '비물질적인 마음'[033] (གཟུགས་ཅན་མ་ཡིན་པའི་སེམས།)의 변화와 물질[034] (གཟུགས་ཅན་གྱི་དངོས་པོ།)의 변화는 똑같지 않다. 예를 들면 하늘[035] (ནམ་མཁའ།)이 하늘 아닌 것으로 변하지 않고, 하늘 아닌 것이 하늘로 변하지 않는다. 비물질적인 마음도 그와 같다.

그러므로 지금의 물질적인 몸과 비물질적인 마음 둘 중에서 몸이 생겨나는 실질적인 원인은 부모의 정혈[036]이다. 그런데 마음의 실질적인 원인은 부모의 마음이 아니다. 그것은 지혜롭고 지식이

---

031 협력적인 원인: ལྷན་ཅིག་བྱེད་པའི་རྒྱུ།, Cooperative Cause

032 실질적인 원인: ཉེར་ལེན་གྱི་རྒྱུ།, Substantial Cause

033 비물질적인 마음: གཟུགས་ཅན་མ་ཡིན་པའི་སེམས།, Immaterial Mind

034 물질: གཟུགས་ཅན་གྱི་དངོས་པོ།, Matter

035 하늘: ནམ་མཁའ།, Space

036 정혈: ཁམས་དཀར་དམར།, Sperm and Egg, 精血

있는 부모에게서 무지한 자식이 태어날 수 있는 것 등을 보면 깨달을 수 있다. 한마디로 말하면 부모의 몸과 마음 어떤 것도 자식 마음의 실질적인 원인이 될 수가 없다.

그러므로 사실은 다음과 같다. 전생에서 온 마음이 이번 생 마음의 실질적인 원인이다. 그리고 부모의 정혈이 이번 생 몸의 실질적인 원인이다. 둘 사이의 관계는 전생에 지은 '까르마'(업)를 통해서 확립되었다. 동시에 이번 생의 몸과 마음 관계도 확립된다. 따라서 새로 태어난 아기와 송아지 등 배우지 않았는데도 음식을 먹거나 어미 젖을 찾는다. 그 이유는 많은 생에 걸쳐 먹는 것과 화내는 것 등에 익숙해져서 마음에 '잠재된 씨앗' 즉 '습기'[037](བག་ཆགས་)를 가지고 있기 때문이다. 아자르야 마띠찌뜨라[038]께서 이렇게 말씀하셨다.

ཀློ་ཡི་མཐུ་སྟོབས་གསལ་བ་མེད་པ་དང་། །

དབང་པོ་རྣམས་ཀྱང་བརྟན་པའི་རང་བཞིན་ཅན། །

བཙས་མ་ཐག་ཏུ་ཤེས་ཀྱང་མ་བསླབ་པར། །

---

037 '습기'(습관적 성향)란 마음과 관련된 잠재된 씨앗을 뜻한다. – 옮긴이 해설 *부록 참고

038 아자르야 마띠찌뜨라는 4세기 인도의 산스크리트 시인이자 불교 대학자이셨다. 우아한 문체의 위대한 걸작으로 꼽히는 『Jatakamala』(자타카말라, 붓다의 이전 화신들의 고귀한 행적에 대한 이야기) 등을 저술하셨다. སློབ་དཔོན་མ་ཏི་ཙི་ཏྲ།, Acharya Maticitra – 옮긴이 해설
  • 아자르야: 스승, 학자를 뜻함. སློབ་དཔོན།, Master · Scholar, Acharya

ཁ་ཟས་ན་བར་ཚུལ་བར་བྱེད་པ་དང་། །

ནུ་ཞོ་འཐུང་བར་ཚུལ་བར་བྱེད་པ་ཡང་། །

དེ་དག་ཚེ་རབས་གཞན་ལ་གོམས་པའི་མཐུས། །

로이투똠쎌와메빠당   왕뽀남꺙륀빼랑신젠

쬐마탁뚜수깡마뗀빨   카세사와르쫄와르제빠당

누쇼퉁와르쫄와르제빠당   데닥체랍센라곰빼튀

"마음은 약하고 어두우며

'다섯 감각'(오감)은 똑똑치 않은데,

 태어나자마자 남이 가르친 적 없이도

음식을 먹으려고 애쓰거나

어미 젖을 찾으려고 애쓸 수 있는 것 등은

다른 생에서 익숙해져 있기 때문이다."[039]

"전생과 다음 생을 '직접인식'[040] (현식)을 통해서 직접 본 적이 없기에 전생과 다음 생은 존재하지 않는다."라고 하는 것도 논리적

---

039 이 같은 낭송 구절을 티베트어로 '칙제'(ཚིགས་བཅད།)라 한다. −옮긴이 해설 *부록 참고

040 '직접인식'(현식)이란 관념(의공상)을 통하지 않고 대상을 직접 인식하는 알아차림을
     뜻한다. −옮긴이 해설 *부록 참고

인 말이 아니다. 우리가 과학 기술을 통해서 옛날 세기의 조상들이 듣거나 본 적이 없는 여러 가지 현상들을 실제로 듣고 보는 것처럼 말이다.

붓다의 가르침을 통해서 '사마디'(삼매, ཏིང་ངེ་འཛིན།)의 실천 수준이 높아진 수행자는 전생과 다음 생을 직접 깨달을 수 있다. 그리고 이전에 지은 '습기'(습관적 성향)을 통해서 전생과 다음 생을 기억하는 사람이 많이 있다. 옛날 인도에서 불자인 어떤 학자가 '차르와카 학파'[041](རྒྱང་འཕེན་པའི་གྲུབ་མཐའ།)와 '전생과 다음 생'에 대한 토론을 벌였다. 이학자는 상대방으로 하여금 재탄생의 반복을 직접 인식하도록 하기 위해 왕 등을 증인으로 세워서 죽어갔다. 그는 다음 생에 날랜다[042]의 훌륭한 학자이신 찬드라고민[043](월관논사)으로 다시 태어났

---

041 차르와카 학파: 고대 인도의 유물론 학파. 모든 존재가 물질로 이루어졌다고 주장하며 직접적인 지각대상 이외에는 까르마, 전생, 다음 생, 해탈을 철저히 부정함. རྒྱང་འཕེན་པའི་གྲུབ་མཐའ།, Charvaka

042 날랜다는 인도의 굽타 왕조 때 설립되어 427~1197년까지 운영된 세계 최초의 주거 대학이자 인류 최대, 최고의 상아탑인 초대형 불교 수도원이다. 중관학파의 창시자이자 공성의 전문가 나가르주나(용수보살), 유식학파의 창시자 아상가(무착보살), 아비다르마 전문가 바수반두(세친보살) 등 위대한 학자들이 계셨다. - 옮긴이 해설 *부록 참고

043 찬드라고민(월관논사)은 7세기 훌륭한 불교철학 대학자 중 한 분이셨고 날랜다 대학에서 불교철학을 가르치신 유명한 분이셨다. 흰옷을 입고 우바새 계율을 지키신 불교 수행자이셨다. 중관학파의 위대한 철학자이신 찬드라키르티(월칭보살)와 서로 크게 존경하면서 당시에 철학적 토론도 많이 하셨다고 한다. 논서 『보디사트와의 서약 20구절』, 『제자에게 보내는 편지』 등을 저술하셨다. - 옮긴이 해설 *부록 참고

다. 티베트에도 전생에 관계 있었던 사람과 물건을 인식하거나 전생의 일들을 정확히 말하는 등 전생이 기억에 남아 있는 사람이 많이 있었다. 그래서 우리는 다음 생이 반드시 존재할 것이기에 꼭 그것을 위해서 의미 있는 일을 해야 한다.

그 일을 어떻게 해야 할까? 우리는 착한 마음의 흐름을 익히면서 허물을 다 없애고 공덕을 다 이루기 위해 애써야 한다. 그 방법으로는 여러 생에서 빠짐없이 선한 '길'(도)을 계속 실천해서 익숙해지도록 하는 것과, 또한 어떤 깊은 방법에 의지해서 이번 생에 바로 '생사의 윤회044(འཁོར་བ)를 없앨 수 있도록 하는 것' 등이 있다.

---

044 윤회: 태어남-죽음-재탄생의 끝없는 주기를 뜻함. འཁོར་བ(코르와), Cyclic Existence, Samsara(삼사라), 輪廻

2 '바탕'(근)이 되는 '두 가지 진실'(이제)

그러한 해탈을 얻기 위해서는 그 '바탕'[045](근)이 되는 '두 가지 진실'[046](이제)을 굳게 세우고 '길'[047](도)인 방편과 지혜를 실천함으로써 그에 의하여 '열매'[048](과)인 '붓다의 두 가지 몸'[049]을 얻는 방식을 잘 알아야 한다. 먼저 굳게 세워야 할 '바탕'(근)인 '두 가지 진실'(이제)

---

045 바탕(근): གཞི(시), The Ground, 根

046 '두 가지 진실'(이제)이란 속제(관습적 진실)와 진제(궁극적 진실)인데, 전자는 관습적인 현상을 뜻하고 후자는 궁극적인 현상 즉 공성을 뜻한다. –옮긴이 해설 *부록 참고

047 길(도): ལམ(람, Lam), The Path, 道

048 열매(과): འབྲས་བུ, The Result, 果

049 '붓다의 두 가지 몸'이란 법신(다르마의 몸)과 색신(물질의 몸)을 말한다. –옮긴이 해설 *부록 참고

이란 무엇이냐 하면, 『삐따뿌뜨라사마가마-수뜨라』[050] (부자합집경) (ཡབ་
སྲས་མཇལ་བའི་མདོ།)에서 이렇게 말씀하셨다.

འཇིག་རྟེན་མཁྱེན་པས་གཞན་ལ་མ་གསན་པར། །
བདེན་པ་འདི་གཉིས་ཉིད་ཀྱིས་སྟོན་པར་མཛད། །
གང་ཞིག་ཀུན་རྫོབ་དེ་བཞིན་དོན་དམ་སྟེ། །
བདེན་པ་གསུམ་པ་གང་ཡང་མ་མཆིས་སོ། །

직뗀켄뻬셴라마센빠르　　덴빠디니닏끼뙨빠르제

강식꾼좁데신뙨담뗴　　덴빠쑴빠강양마체소

"세간을 아시는 분이 다른 이에게 듣지 않으시고

이 '두 가지 진실'(이제)만을 설하셨다.

'관습적 진실'(속제, ཀུན་རྫོབ་བདེན་པ།)과 '궁극적 진실'(진제, དོན་དམ་བདེན་པ།)인데,

세 번째 진실이란 아무것도 존재하지 않는다."

라고 하셨다.

050　『삐따뿌뜨라사마가마』(부자합집경): 붓다께서 아버지인 샤키아(Shakya) 왕 슛도다나
　　　(정반왕)께서 신심을 내시도록 설하신 경전. 모두 27품. 『ཡབ་སྲས་མཇལ་བའི་མདོ།』(얍쎄젤
　　　웨도), 『Pitāputrasamāgama-Sutra』, 『父子合集經』*부록 참고

그와 같이 나르가주나[051](용수보살)께서도 『물라쁘라갼』(근본중송)에서 이렇게 말씀하셨다.

སངས་རྒྱས་རྣམས་ཀྱིས་ཆོས་བསྟན་པ། །བདེན་པ་གཉིས་ལ་ཡང་དག་བརྟེན། །

상계남끼최뗀빠 덴빠니라양닥뗀

"붓다들께서 법문을 하셨던 것.

완전히 '두 가지 진실'(이제)에 의지하여 하셨다."

라고 하셨다.

존재를 종류로 나누면 '관습적 진실'(속제)과 '궁극적 진실'(진제), 두 가지로 나눌 수 있다. 어떤 현상을 '궁극적 진실'(진제)로 깨달으

---

051 나가르주나는 용수보살이라고도 한다. 장엄 여섯 분 중의 한 분이며 중관학파의 창시자, 공성의 전문가이셨다. 논서 『물라쁘라갼』(근본중송), 『마디야마까-사스트라』(중론), 『쁘라즈나빠라미따 수뜨라』(반야바라밀다경), 『마하쁘라즈나빠라미따 사스뜨라』(대지도론) 등을 저술하셨다. 2세기(150~250년). Nāgārjuna -옮긴이 해설 *부록 참고
장엄 여섯 분, 최고 두 분이라는 말이 있는데 탕카에도 여덟 분이 나온다. 장엄 여섯 분은 이 세상을 장엄하시는(좋고 아름답게 꾸미는) 분들이고, 최고 두 분은 불법의 바탕인 율장과 계율 실천 전문가 중에서 최고이신 분들이다.
1)장엄 여섯 분: 나가르주나(용수보살), 아리야데와(성천보살), 아상가(무착보살), 딕나가(지나보살), 바수반두(세친보살), 다르마키르티(법칭보살) 2)최고 두 분: 구나쁘라바(공덕광), 샤꺄쁘라바(석가광) -옮긴이 해설

면 '관습적 진실'(속제)이 아닌 것임을 깨닫게 된다. 이것은 '관습적 진실'(속제)에도 적용할 수 있다. 따라서 '두 가지 진실'(이제)은 서로 배타적[052]이다. 그 둘 중 하나가 존재하지 않는다면 모든 현상을 포함할 수가 없다. 그 둘 다가 아닌 세 번째 진실 또한 없다. 따라서 이것은 다른 범주가 없는 열거[053]이다.

만약에 '궁극적 진실'(진제)과 '관습적 진실'(속제)의 자성[054](རང་བཞིན་) 이 다르다고 한다면 네 가지 문제가 생긴다. '물질'[055](색)이 '진실 로'(자성적으로) 존재하지 않는 것이 '물질'(색)의 존재방식[056]이 아닌 것이 되는 것, '물질(색)'이 진실로(자성적으로) 존재하지 않는 것을 깨닫는다 해도 그런 깨달음을 통해서 '실제로 존재한다고 인식하

---

052 배타적: Mutually Exclusive

053 열거: Enumeration

054 '자성'(自性)을 산스크리트로 '스와바와'라 하는데, 스와바와는 여러 가지 뜻이 있고 여기서는 '본질'로 해석할 수 있다. 티베트어로는 자성을 랑신(རང་བཞིན་)이라 한다. –옮긴이 해설 *부록 참고

055 현상(다르마)은 색, 의식, 개념적인 부분, 이 셋으로 나뉜다. 색은 주관적인 것이고 외색(바깥쪽 색)과 내색(안쪽 색)의 둘로 나뉜다. 외색(바깥쪽 색)은 색-성-향-미-촉, 이 다섯으로 나뉘는데 이때의 색이 육경의 색이다. –옮긴이 해설 *부록 참고

056 존재방식: Mode of Existence

는 집착[057](실집)을 이겨낼 수 없게 되는 것, 수행자가 '길'(도)을 차례대로 명상한다 해도 효과가 없게 되는 것, "붓다도 '실제로 존재한다고 인식하는 집착'(실집)과 그의 '습기'(습관적 성향)까지 다 완전하게 없애지 못했다."라고 말을 하게 되는 문제들이다.

만약에 '궁극적 진실'(진제)과 '관습적 진실'(속제)이 '의식의 분별상으로도 나눌 수 없는 하나'라고 한다면, '관습적 진실'(속제)인 업과 번뇌를 없애면 '궁극적 진실'(진제)인 '공성'[058](슈니야따)도 없애게 된다라거나, '관습적 진실'(속제)이 여러 가지 측면[059](རྣམ་པ)을 가지는 것과 같이 '궁극적 진실'(진제)도 여러 가지 측면을 갖게 된다라거나, 범부[060](སོ་སོ་སྐྱེ་བོ)들도 공성을 '직접인식'(현식)을 통해서 직접 실현한다라고 주장하게 되고, 범부가 모든 장애물을 없앴고 깨달았다라거나, 범부이므로 모든 장애물을 없앴고 붓다가 된다고 하게 되는 문제들이 생긴다. 그래서 '궁극적 진실'(진제)과 '관습적 진실'(속제), 이

---

057 '실제로 존재한다고 인식하는 집착'(실집)을 티베트어로 덴빨 찐빠(བདེན་པར་འཛིན་པ), 줄여서 덴-찐(བདེན་འཛིན)이라고 하는데, 덴빠는 사실 또는 진실을 뜻하고 찐빠는 파악한다 또는 인식한다는 뜻이다. 즉, 덴빨 찐빠는 '사실(진실)을 파악하고 인식함'을 뜻한다. -옮긴이 해설 *부록 참고

058 '공성'은 티베트어로 똥빠니(སྟོང་པ་ཉིད), 데코나니(དེ་ཁོ་ན་ཉིད) 등 여러 가지 이름이 있고 학파마다 해석이 조금씩 다르다. -옮긴이 해설 *부록 참고

059 측면: རྣམ་པ, Aspect

060 '범부'란 '오도(다섯 가지 길) 중 견도(보임의 길)까지 깨닫지 못한 평범한'이라는 뜻이다. -옮긴이 해설 *부록 참고

'두 가지 진실'(이제)은 '본질'(자성)이 하나이고 의식의 분별상으로 다르다.

'궁극적 진실'(진제)

'궁극적인 것'을 분석하는[061](ད་དཔྱོད་དེ) 지혜가 직접 인식하는 대상은 '궁극적 진실'(진제)이라고 한다. '세간적 의식'[062]이 직접 인식하는 대상이 '관습적 진실'(속제)이다. '궁극적 진실'(진제)을 산스크리트어로 빠라말타-사띠야(དོན་དམ་བདེན་) 라고 한다. 빠라마는 '최고', '제일'이라는 뜻이고, 알타는 대상이라는 뜻이다. 사띠야는 '진실하다'와 '영구적[063]이다'라는 뜻이다. 그래서 '빠라말타-사띠야/궁극적 진실'(진제)은 '최고의 지혜로 분석하고 인식하는 대상'[064]이다. 그런 대상 중에서도 최고이다. '관습적 진실'(속제)은 마음으로 인식하는 대로 존재하지 않는다. 반면에 '궁극적 진실'(진제)은 '직접인식'(현식)이 인식하는 대로 존재한다. 그런 존재 방식을 가지고 있기에 진실이라고 한

---

061 분석하는: དཔྱོད་དེ, Analyze
062 세간적 의식: ཐ་སྙད་པའི་ཤེས་པ, Conventional Consciousness
063 영구적: རྟག་པ, Permanent
064 대상: ཡུལ, Object

다. 그래서 '궁극적 진실'(진제)은 '최고 대상인 진실'이라는 뜻이다.
'궁극적 진실'(진제)에 대하여 찬드라키르티[065](월칭보살)께서

བདག་མེད་འདི་ནི་འགྲོ་བ་རྣམ་གྲོལ་ཕྱིར། །
ཆོས་དང་གང་ཟག་དབྱེ་བས་རྣམ་གཉིས་གསུངས། །
དེ་ཕྱིར་སྟོན་པས་སྨྲར་ཡང་འདི་ཉིད་ནི། །
གདུལ་བྱ་རྣམས་ལ་ཕྱེ་སྟེ་རྣམ་མང་གསུངས། །
སྟོབས་དང་བཅས་པར་སྟོང་པ་ཉིད། །
བཅུ་དྲུག་བཤད་ནས་མདོར་བསྡུས་ཏེ། །
སླར་ཡང་བཞིར་བཤད་དེ་དག་ནི། །
ཐེག་ཆེན་དུ་ཡང་བཞེད་པ་ཡིན། །

닥메디니도와남돌치르	최당강삭예외남니슝
데치르뙨뻬랄르양디닌니	둘쟈남라체뗴남망슝
뙤당제빠르똥빠닌	쮸둑셰네도르뒤뗴
랄양시르셰데닥니	텍첸두양셰빠인

---

065 찬드라키르티는 월칭보살이라고도 한다. 마디야마까(중관학) 대학의 위대한 불교철학 대스승이셨다. 나가르주나의 저서 및 나가르주나의 제자 아리야데바 저서의 저명한 해설자이셨다. 논서 『쁘리산나빠다』(중론의 주석서) 등을 저술하셨다. -옮긴이 해설 *부록 참고

"중생을 구하기 위하여 '무아의 원리'⁰⁶⁶(무아성)를

현상(다르마, ཆོས།)과 뿌드갈라로 구분하여 두 가지 유형을 설하셨다.

붓다께서 또다시 이것을 구분하여

제자들에게 여러 가지로 설하셨다.

구체적으로 공성을

열여섯 가지로 설하시고, 다시 요약해서

네 가지를 설하셨다.

이것들은 '큰 수레'(대승)에서도 인정한다."

라고 하셨는데 '궁극적 진실'(진제)은 두 가지 유형이 있다는 뜻
이다. 그것은 바로 '뿌드갈라의 무아'⁰⁶⁷(인무아, གང་ཟག་གི་བདག་མེད།)와 '현상
의 무아'⁰⁶⁸(법무아, ཆོས་ཀྱི་བདག་མེད།)이다.

'뿌드갈라의 무아'(인무아)와 '현상의 무아'(법무아)를 구체적으로

---

066 '무아의 원리'를 티베트어로 닥매(བདག་མེད།)라 한다. 모든 존재는 본질적으로 공임을
      말한다. 하나는 '현상의 무아'(법무아)이고, 또 하나는 '뿌드갈라의 무아'(인무아)이
      다. -옮긴이 해설 *부록 참고

067 '뿌드갈라의 무아'를 인무아(人無我)라고도 한다. 뿌드갈라(Pudgala)는 산스크리트
      인데 '정신을 갖춘 모든 이'를 뜻한다. 그런 이의 특성이 되는 공성을 바로 '뿌드갈
      라의 무아'라 한다. -옮긴이 해설 *부록 참고

068 현상의 무아(법무아): 현상(다르마)의 실체 없음을 뜻함. ཆོས་ཀྱི་བདག་མེད།, Selflessness of
      Phenomena, Dharma-Nairātman(다르마-나이라뜨만), 法無我

나누면 네 가지가 있다. 그것은 바로 '작용하는 사물의 공성'[069](유성공, དངོས་པོ་སྟོང་པ་ཉིད།), '작용하지 않는 사물의 공성'[070](무성공, དངོས་པོ་མེད་པ་སྟོང་པ་ཉིད།), '본성의 공성'[071](본성공, རང་བཞིན་སྟོང་པ་ཉིད།), 그리고 '다른 사물의 공성'[072](타성공, གཞན་གྱི་དངོས་པོ་སྟོང་པ་ཉིད།) 들이다. 또한 '안쪽의 공성'[073](내공, ནང་སྟོང་པ་ཉིད།) 등 열여섯 가지 공성, 열여덟 가지 공성과 스무 가지 공성 등이 있다.

'관습적 진실'(속제)

'관습적 진실'(속제)이란 공성이 아닌 모든 '현상'(다르마, ཆོས།)을 말한다.

---

069 작용하는 사물의 공성(유성공): དངོས་པོ་སྟོང་པ་ཉིད།, Emptiness of Functioning Things, Bhāva-Śūnyatā(바와-슈니야따), 有性空

070 작용하지 않는 사물의 공성(무성공): དངོས་པོ་མེད་པ་སྟོང་པ་ཉིད།, The Emptiness of Non-Functioning Things, Abhāva-Śūnyatā(아바와-슈니야따), 無性空

071 본성의 공성(본성공): རང་བཞིན་སྟོང་པ་ཉིད།, The Emptiness of the Essence, Prakṛti-Śūnyatā(쁘라끄르띠-슈니야따), 本性空

072 다른 사물의 공성(타성공): གཞན་གྱི་དངོས་པོ་སྟོང་པ་ཉིད།, The Emptiness of Other Entity[Other than the World], Para-Bhāva-Śūnyatā(빠라-바와-슈니야따), 他性空

073 안쪽의 공성(내공): ནང་སྟོང་པ་ཉིད།, Emptiness of Internal Phenomena, Adhyātma-Śūnyatā(아디야뜨마-슈니야따), 內空

구체적으로 나누는 방식에 대하여 바수반두[074] (세친보살)께서 『아비다르마꼬샤』(아비달마구사론, ཆོས་མངོན་པའི་མཛོད།)에서

སྤུངས་དང་སྐྱེ་སྒོ་རིགས་ཀྱི་དོན། །ཕུང་པོ་སྐྱེ་མཆེད་ཁམས་རྣམས་ཡིན། །

뿡당꼐고릭끼된 풍뽀꼐체캄남인

"쌓임과 생기는 문과 종류의 뜻인데,

차례로 무더기와, 생기는 문, 경계 들이다."

라고 하셨다.

---

074 바수반두는 세친보살이라고도 한다. 장엄 여섯 분 중의 한 분이시며, 아비다르마 전문가이셨다. 인도 간다라 지방 푸루샤푸라성 브라만 출신의 위대한 불교철학 대학자이셨다. 맏형 아상가(무착보살)와 함께 마하야나(큰 수레)인 유식불교를 완성하셨다. 논서 『아비다르마꼬샤』(아비달마구사론) 등을 저술하셨다.(316~396년. Vasubandhu, 世親菩薩) -옮긴이 해설

'다섯 무더기'[075](오온, ཕུང་པོ་ལྔ།), '열두 가지 생기는 문'[076](십이처, སྐྱེ་མཆེད་བཅུ་
གཉིས།), '열여덟 가지 경계'[077](십팔계, ཁམས་བཅོ་བརྒྱད།) 등이 있다.

'다섯 무더기'(오온)

'다섯 무더기'(오온, ཕུང་པོ་ལྔ།) 중 첫째인 '물질 무더기'[078](색온, གཟུགས་ཀྱི་ཕུང་པོ།)

---

075 '다섯 무더기'란 '인간의 육신과 정신의 다섯 가지 요소'라는 뜻이다.
     1)물질 무더기(색온) 2)느낌 무더기(수온) 3)상 무더기(상온) 4)행 무더기(행온)
     5)의식 무더기(식온) – 옮긴이 해설 *부록 참고

076 '열두 가지 생기는 문'을 십이처(སྐྱེ་མཆེད་བཅུ་གཉིས།)라고도 하고 영역이라고도 한다. 티베
     트어로 꼐체(སྐྱེ་མཆེད།)라고 하는데 꼐싱체빠고(སྐྱེ་ཞིང་མཆེད་པའི་སྒོ།)의 줄임말이다. 꼐싱은 '생
     기고'라는 뜻이고 체빠는 '발달되다'라는 뜻이고 '고'는 '문'을 뜻한다. 즉 '생기
     고 발달하게 하는 문'이라는 뜻이다.
     십이처는 눈·귀·코·혀·몸·의식 등 '여섯 기관'과 물질·소리·냄새·맛·감촉·
     현상이라는 '여섯 대상'을 말한다. 눈 등 여섯 기관'과 물질 등 '여섯 대상'을 만나서
     눈의 의식, 귀의 의식, 코의 의식, 혀의 의식, 몸의 의식, 마음의 의식 등 여섯 의식
     이 생긴다. 여섯 기관과 여섯 대상들 열두 가지를 통해서 여섯 의식이 생기기 때문
     에 그 열두 가지를 십이처, 즉 '열두 가지 생기는 문'이라고 한다. – 옮긴이 해설 *부록 참고

077 십팔계(열여덟 가지 경계)는 육근(여섯 가지 감각기관), 육경(여섯 가지 대상), 육식(여섯 가지
     의식)을 말한다. 1)육근: 눈, 귀, 코, 혀, 몸, 의식 2)육경: 물질, 소리, 냄새, 맛, 감
     촉, 현상 3)육식: 눈의 의식, 귀의 의식, 코의 의식, 혀의 의식, 몸의 의식, 마음의
     의식 – 옮긴이 해설 *부록 참고

078 여기서 '색온'이란 물질, 색깔과 형태만이 아니라 물질적인 것 모두, 소리, 빛, 에
     너지, 힘, 중력, 자기력, 눈과 귀 등의 감각기관 등까지 포함하는 개념이다. – 옮긴이
     해설

를 나누면 '눈의 감각기관'[079](안근, ཨྱེ་དབང་།) 등 다섯 가지 '안쪽 물질'[080](내색, ནང་གཟུགས།), '바깥쪽인 물질'[081](외색, གཟུགས།), 소리(སྒྲ།), 냄새(དྲི།), 맛(རོ།), 감촉(རེག་བྱ།) 들의 다섯 가지, 그리고 무표색[082](རིག་བྱེད་མིན་པའི་གཟུགས།) 등 열한 가지가 있다.

둘째인 '느낌 무더기'(수온, ཚོར་བའི་ཕུང་པོ།)는 바로 '고통스러운 느낌'[083](고수, ཚོར་བ་སྡུག་བསྔལ།), '즐거운 느낌'[084](낙수, ཚོར་བ་བདེ་བ།), '고통스럽지도 즐겁지도 않은 느낌'[085](사수, ཚོར་བ་བཏང་སྙོམས།) 들의 '세 가지 느낌'[086](삼수)을 말한다.

셋째인 '상 무더기'[087](상온, འདུ་ཤེས་ཀྱི་ཕུང་པོ།)은 '분별심인'[088](རྟོག་བཅས་ཀྱི་ཤེས་པ།)

---

079 눈의 감각기관(안근): ཨྱེ་དབང་།, Eye Faculty, Cakṣurindriya(짜끄수르인드리야), 眼根

080 안쪽 물질(내색): ནང་གཟུགས།, Internal Form, 內色

081 바깥쪽인 물질(외색): ཕྱི་གཟུགས།, External Form, 外色
     1)물질(색) 2)소리(성) 3)냄새(향) 4)맛(미) 5)감촉(촉) *부록참고

082 '색'(물질)을 종류로 나누면 열한 가지가 있는데 오근(다섯 감각기관)과 오경(다섯 대상) 그리고 무표색(རིག་བྱེད་མིན་པའི་གཟུགས།) 들이다. 그중 무표색(無表色)은 어떤 색의 원인이 된 마음 동기를 표현하지 않는 색이라는 뜻이다. ―옮긴이 해설 *부록참고

083 고통스러운 느낌(고수): ཚོར་བ་སྡུག་བསྔལ།, The Feeling of Pain, 苦受

084 즐거운 느낌(낙수): ཚོར་བ་བདེ་བ།, The Feeling of Pleasure, 樂受

085 고통스럽지도 즐겁지도 않은 느낌(사수): ཚོར་བ་བཏང་སྙོམས།, Neutral Feeling, 捨受

086 세 가지 느낌(삼수): ཚོར་བ་གསུམ།, Sukha–Duḥkhâdi(수카–두카디), 三受

087 '상 무더기'(상온)를 티베트어로 두세끼풍뽀(འདུ་ཤེས་ཀྱི་ཕུང་པོ།)라 하는데 마음이 어떤 대상을 인식할 때 대상의 여러 가지 측면들을 자세히 분별하는 마음작용이다. ―옮긴이해설

088 분별심: རྟོག་བཅས་ཀྱི་ཤེས་པ།, Conceptual · Thoughts, 分別心

'상 무더기'(상온)와 '분별심이 아닌'(ᢁᢙᢙᢙᢙ) '상 무더기'(상온) 두 가지가 있다. 둘 다 '작은, 광대한, 무한한' 세 가지 유형이 있다.

넷째인 '행 무더기'(행온, ᢁᢙᢙᢙᢙ)는 두 가지 유형이 있는데, 첫 번째는 식인 '행 무더기'(행온)이다. 그것은 '느낌 무더기'(수온)와 '상 무더기'(상온)를 뺀 나머지 모두인 '마음작용'[089](심소, ᢁᢙᢙᢙ)들을 말한다. 두 번째는 '식이 아닌 것인 '행 무더기'(행온)인데 '마음과 마음작용 아닌 열네 가지 유위법'[090](십사심불상응행, ᢁᢙᢙᢙᢙᢙᢙ) 들을 말한다.

다섯째인 '의식 무더기'[091](식온, ᢁᢙᢙᢙᢙᢙ)는 '눈의 의식'(안식, ᢁᢙᢙᢙᢙᢙ)부터 '마음의 의식'(의식, ᢁᢙᢙᢙᢙ)까지 '여섯 가지 의식'(육식, ᢁᢙᢙᢙ)을 말한다.

---

089 '마음작용'을 심소라고도 한다. 마음이 대상을 인식할 때 동시에 여러 가지 작용도 생긴다. 그런 작용들은 마음과 상응하고 마음이 대상을 인식하는 것에 협력한다. 마음작용을 종류로 나누면 쉰한 가지 마음작용 등 종류가 많다. - 옮긴이 해설 *부록 참고

090 마음과 마음작용 아닌 열네 가지 유위법(십사심불상응행): ᢁᢙᢙᢙᢙᢙᢙᢙ, The 14 Non-Associated Factors, 十四心不相應行法

091 '의식 무더기'(식온)란 알아차림의 무더기를 뜻하는데 바로 안식(눈의 의식) 등 육식(여섯 가지 의식)을 말한다. - 옮긴이 해설

'열두 가지 생기는 문'(십이처)

'열두 가지 생기는 문'(십이처)는 '안쪽의 생기는 문'[092](내처)과 '바깥쪽의 생기는 문'[093](외처)의 두 가지로 분류한다. 첫째, '안쪽의 생기는 문 여섯 가지'(육근, དང་གི་སྐྱེ་མཆེད་དྲུག)는 '눈의 감각기관'(안근, མིག་གི་དབང་པོ), '귀의 감각기관'(이근, རྣ་བའི་དབང་པོ), '코의 감각기관'(비근, སྣའི་དབང་པོ), '혀의 감각기관'(설근, ལྕེའི་དབང་པོ), '몸의 감각기관'(신근, ལུས་ཀྱི་དབང་པོ), '마음의 기관'(의근, ཡིད་ཀྱི་དབང་པོ) 들이다. 두 번째는 '바깥쪽의 생기는 문 여섯 가지'[094](육경, ཕྱིའི་སྐྱེ་མཆེད་དྲུག)인데, 바로 '물질(색)인 생기는 문'(색처, གཟུགས་ཀྱི་སྐྱེ་མཆེད), '소리인 생기는 문'(성처, སྒྲའི་སྐྱེ་མཆེད), '냄새인 생기는 문'(향처, དྲིའི་སྐྱེ་མཆེད), '맛인 생기는 문'(미처, རོའི་སྐྱེ་མཆེད), '감촉인 생기는 문'(촉처, རེག་བྱའི་སྐྱེ་མཆེད), '현상인 생기는 문'(법처, ཆོས་ཀྱི་སྐྱེ་མཆེད) 들을 말한다.

'눈의 감각기관'(안근)과 '눈의 생기는 문'(안처)은 같은 말이고, '물

---

092 안쪽의 생기는 문(내처): ནང་གི་སྐྱེ་མཆེད, Internal Sources, Internal Fields, Ādhyāmikam Āyatanam(아디야미깜 아야따나), 內處

093 바깥쪽의 생기는 문(외처): ཕྱིའི་སྐྱེད་མཆེད, External Sources, External Fields, Bāhyâyatana(바히야따나), 外處

094 바깥쪽의 생기는 문 여섯 가지(육경): ཕྱིའི་སྐྱེ་མཆེད་དྲུག, The Six External Sources, The Six External Fields, ṣaḍ-Viṣaya(사드-비사야), 六境
   1)'물질'인 생기는 문(색처) 2)'소리'인 생기는 문(성처) 3)'냄새'인 생기는 문(향처)
   4)'맛'인 생기는 문(미처) 5)'감촉'인 생기는 문(촉처) 6)'현상'인 생기는 문(법처)
   *부록 참고

질 무더기'(색온)와 '물질'(색)은 같은 말이다. 그런데 '물질'(색)인 생기는 문'(색처)과 '물질'(색)은 같은 말이 아니다. '물질'(색)인 생기는 문'(색처)은 '눈의 의식'(안식)으로 인식하는 대상인 모양과 색상[095] 따위이다.

소리와 '소리인 생기는 문'(성처)과 '귀의 의식'(이식)의 대상들은 같은 말이고, 냄새와 맛과 감촉들도 마찬가지이다. '안쪽의 생기는 문'(내처)과 '바깥쪽의 생기는 문'(외처)의 처음 다섯 개는 '물질'(색) 종류이다.

마음과 의식과 인식들은 같은 말이다(སེམས་དང་ཡིད་དང་རྣམ་ཤེས་གསུམ་དོན་གཅིག). 따라서 '눈의 의식'(안식) 등 '마음'[096](심왕)인 모두가 다 '의식인 생기는 문'(의식처, ཡིད་ཀྱི་སྐྱེ་མཆེད)이다. 허공과 공성 등 '원인과 조건으로 생기지 않은 현상'[097](무위법)들은 '현상인 생기는 문'(법처)이다.

---

095 모양과 색상: དབྱིབས་དང་ཁ་དོག, Shape and Color

096 마음(심왕): གཙོ་སེམས, Primary Mind, Citta(찟따), 心王

097 원인과 조건으로 생기지 않은 현상(무위법): འདུས་མ་བྱས་ཀྱི་ཆོས, Uncompounded Phenomena, Asaṃskritadharma(아삼스끄리타다르마), 無爲法

'열여덟 가지 경계' (십팔계)

'열여덟 가지 경계'(십팔계, ཁམས་བཅོ་བརྒྱད)는 눈 등 '여섯 가지 감각기관의 경계와 '눈의 의식'(안식) 등 '여섯 가지 의식의 경계', 그리고 물질과 소리 등 '여섯 대상의 경계' 등 열여덟 가지이다.

요약하면, '원인과 조건으로 생기는 현상'[098](유위법)은 '다섯 무더기'(오온)에 포함되어 있으며, 모든 의식의 대상(존재)은 '열두 가지 생기는 문'(십이처)뿐만 아니라 '열여덟 가지 경계'(십팔계)에 포함되어 있다. 따라서 두 가지 진실인 모든 현상은 '열두 가지 생기는 문'과 '열여덟 가지 경계'에 포함된다. 경계를 더 나누면 62계 등이 있다.

간단히 말해서 그들의 정의, 기능, 세부적인 갈래[099], 그리고 그들을 제거해야 할 것인지 아닌지 등을 잘 알아야 한다. 그리고 능숙해야 할 여섯 가지 주제에 능숙해지면서 채택하거나 폐기해야 할 내용을 알고 고통이 모두 다 완전히 없어진 해탈을 얻기 위해 애써야 한다.

---

098 원인과 조건으로 생기는 현상(유위법): འདུས་བྱས།, Saṃskritadharma(삼스끄리따다르마), 有爲法

099 갈래: དབྱེ་བ།, Divisions

3 부처님의 경전들 '세 바구니'(삼장)에 포함되는 것과 삼장을 세우는 이유

'세 바구니'(삼장)

우리가 속에 가지고 있는 마음과 '마음작용'(심소)들은 '괴로운 감정'의 영향을 받기 때문에 우리는 고통스러우며 윤회를 한다. 번뇌의 영향을 없애면 해탈한다는 말이다. 그래서 우리가 마음속에 가지고 있는 애착 등 번뇌를 다스리는 것이 가장 중요하다. 붓다께서는 번뇌를 다스리는 방법으로 팔만 사천 가지 가르침을 말씀하셨다.

'팔만 사천 가지 가르침'은 모두 다 '가르침의 가지 열두 개'[100](십
이분교)에 포함된다. 그것들도 '세 바구니'[101](삼장)라는 '수뜨라 바구
니'(경장), '비나야 바구니'(율장), '아비다르마 바구니'(논장)의 세 가
지에 포함된다. 붓다의 가르침을 '세 바구니'(삼장)로 분별하는 이유
에 대하여 마이트레야[102](미륵보살, ཇེ་བཙུན་བྱམས་པ་མགོན་པོ)께서 『마하야나 수
뜨라알람까라』[103] (대승장엄경론, མདོ་སྡེ་རྒྱན)에서 이렇게 말씀하셨다.

སྲིད་སྐྱོན་དགའ་ནི་གསུམ་མམ་གཉིས་ཀུན་ཙང༌། །
བསྡུས་པའི་ཕྱིར་ན་རྒྱུ་ནི་དགུར་འདོད་དོ། །

데뇐닥니쑴맘니꺙쭝   뒤뻬치르나규니구르되도

---

100 가르침의 가지 열두 개(십이분교): 샤카무니 부처님의 가르침을 내용과 형식에 따라
     열두 가지로 나눈 것. གསུང་རབ་ཡན་ལག་བཅུ་གཉིས།, The Twelve Branches of Buddha's
     Teachings, 十二分敎

101 '삼장'을 세 바구니라고도 한다. 모든 불법 즉 부처님의 말씀을 내용적으로 나누면
     율장과 논장과 경장 등 세 가지가 있다.
     1) 율장을 '비나야 바구니'라고도 하고 계학 즉 계율을 중심 내용으로 한다. 2) 논
     장을 다른 말로 '아비다르마 바구니'라고 하는데 중심 내용은 정학 즉 사마디이다.
     3) 경장을 '수뜨라 바구니'라고 하고 혜학 즉 지혜가 중심 내용이다.
       -옮긴이 해설 *부록 참고

102 마이트레야(미륵보살): ཇེ་བཙུན་བྱམས་པ་མགོན་པོ(제쭌잠뻬), Maitreya, 彌勒菩薩

103 『마하야나 수뜨라알람까라』(대승장엄경론): 『མདོ་སྡེ་རྒྱན』, 『Mahāyāna Sūtrālamkāra』,
     『大乘莊嚴經論』

"바구니는 세 가지이거나 두 가지일 수 있다.

그런데 모든 경전이 삼장에 포함되는 이유는 아홉 가지가 있다."

그러한 아홉 가지는 제거해야 할 번뇌와 관련된 세 가지 이유, '배워야 할 세 가지'[104](삼학)와 관련된 세 가지 이유, 알아야 할 현상과 관련된 세 가지 이유 들이다.

'세 바구니'(삼장)와 '세 가지 번뇌'

첫 번째 이유. 번뇌인 의심, 극단적인 행동[105](ᨯᨶᨲᨦᨡᨦ)을 하게 하는 번뇌, 자신의 견해가 최고라고 인식하는 번뇌들인 '세 가지 번뇌의 해독제[106]'로 각기 '수뜨라 바구니'(경장), '비나야 바구니'(율장), '아비다르마 바구니'(논장)를 설하셨다.

---

104 배워야 할 세 가지(삼학): ᨯᨳᨳᨦᨳᨦᨡ, The Three Trainings, Trisikṣā(뜨리식샤), 三學
     *4장 참고

105 '극단적인 행동'(ᨯᨶᨲᨦᨡᨦ)이란 두 가지가 있다. 하나는 음식과 옷 등 매우 좋고 비싼 것을 사치스럽게 소비하는 것을 말한다(ᨯᨳᨳᨳᨦᨳᨳᨦᨳᨳᨳᨦ). 또 하나는 옷과 음식 등 인생에 필요한 것조차 소비하지 않고 극단적으로 절제하면서 고행을 하는 것을 말한다(ᨯᨳᨳᨦᨳᨳᨦᨳᨳᨦ). -옮긴이 해설

106 '해독제'를 다른 말로 대치법(對治法)이라 한다. 티베트어로 녠뽀(ᨯᨳᨦᨳᨳ)라 한다.
     -옮긴이 해설

'수뜨라 바구니'(경장)에서는 '다섯 무더기'(오온), '열여덟 가지 경계'(십팔계), '열두 가지 생기는 문'(십이처), '열두 가지 의존적 생김의 현상'[107](십이연기), '네 가지 진실'[108](사성제), '여섯 가지 빠라미따'[109](육바라밀) 등 '배워야 할 사마디'(정진학)를 중심으로 설하시고, 현상의 개별적인 특성과 보편적인 특성에 대한 의심을 없애므로 '수뜨라 바구니'(경장)를 '번뇌인 의심의 해독제'로 설하셨다.

'비나야 바구니'(율장)에서는 내적인 대상과 외적인 대상에 대하여 애착하는 극단적인 행동 등 여러 허물(ཉེས་སྐྱོན།)을 금지하였다. 따라서 자신이 가진 좋은 음식과 좋은 옷 등 재물을 극단적으로 마구 사용하는 행동(འདོད་པ་བསོད་ཉམས་ཀྱི་མཐའ།)을 피하기 위한 방법을 가르친다. 또한 '비나야 바구니'(율장)에서는 다음과 같이 가르친다. 사람은 재산에 집착하지 말아야 하는데 음식이나 옷, 집 등 각자의 인

---

107 열두 가지 의존적 생김의 현상(십이연기): རྟེན་འབྲེལ་ཡན་ལག་བཅུ་གཉིས།, The 12 Links of Dependent Origination, Pratītya-Samutpāda(쁘라띠뜨야-사무뜨빠다), 十二緣起

108 '네 가지 진실'을 '네 가지 고귀한 진실'이라고도 한다. 고통의 진실, 원인의 진실, 소멸의 진실, 도·길의 진실을 말한다. 이를 한자로 고집멸도(苦集滅道)라 하는데 부처님께서 해석하신 순서대로 나열한 것이다. 집(集)은 고통의 원인, 고(苦)는 집(集)의 결과, 도(道)는 고통을 없애는(滅) 방법, 멸(滅)은 도(道)의 결과이다.
  -옮긴이 해설 *7장 및 부록 참고

109 여섯 가지 빠라미따(육바라밀): ཕར་ཕྱིན་དྲུག, The Six Perfections, ṣaḍ-Pāramitā(사드-빠라미따), 六波羅蜜
  1)완전한 베풂(보시) 2)완전한 도덕(지계) 3)완전한 끈기(인욕)
  4)완전한 노력(정진) 5)완전한 선정(선정) 6)완전한 지혜(반야바라밀) *부록참고

생에 필요한 만큼만을 꼭 사용해야 한다고 했다. 따라서 극단적인 고행(དཀའ་ཞིང་དུབ་པའི་མཐའ།)을 피하기 위해 방법을 가르친다. 그러므로 '비나야 바구니'(율장)를 '두 가지 극단적인 행동과 관련된 번뇌의 해독제'로 설하셨다.

요약해서 말하자면 음식과 옷과 집 등 좋은 것을 누린다 하더라도 집착과 이기심과 거만함[110] 등 괴로운 감정이 생기지 않는 경우는 허물이 아니다. 그래서 붓다께서 금지하지 않으셨다. 만약에 평범한 음식과 남이 입다 버린 헌옷을 취하더라도 집착 등을 늘리면 허물이 되는 행동이기 때문에 붓다께서 금지하셨다. 따라서 붓다께서 어떤 행동을 금지하는 중심 이유는 집착 등 번뇌가 생기지 않도록 하기 위한 것이며 외부적인 것이 아니다.

'아비다르마 바구니'(논장)에서는 '현상의 개별적인 특성'[111]과 '현상의 보편적인 특성'[112]인 무상[113]과 고통과 무아[114] 등을 바르게 설

---

110 • 집착: ཆགས་པ།, Obsession • 이기심: ང་རྒྱལ།, Egostic Mind • 거만함: རྒྱགས་པ།, Arrogance

111 현상의 개별적인 특성: ཆོས་རྣམས་ཀྱི་རང་གི་མཚན་ཉིད།, Specific Identity of Phenomena

112 현상의 보편적인 특성: ཆོས་རྣམས་ཀྱི་སྤྱིའི་མཚན་ཉིད།, Common Identity of the Phenomena

113 무상: མི་རྟག་པ།, Impermanence, Anitya, 無常

114 • 고통: སྡུག་བསྔལ། Suffering • 무아: བདག་མེད་པ།, Selflessness

명했다. 그것을 듣고 마음 깊이 생각[115]하다 보면 아집[116] 등 그릇된 견해와 그것에 의지해서 생기는 '잘못된 계율과 행동을 최고'로 인식하는 번뇌가 저절로 사라진다. 그런 이유로 '아비다르마 바구니'(논장)를 '자신의 잘못된 견해가 최고라고 인식하는 것의 해독제'로 설하셨다.

'세 바구니'(삼장)와 '배워야 할 세 가지'(삼학)

두 번째 이유. '배워야 할 세 가지'(삼학) 내용을 모두 다 전달하기 위해서 '수뜨라 바구니'(경장)를 설하시고, '배워야 할 계율'(계율학)과 '배워야 할 사마디'(정진학)를 잘 실천하도록 하기 위해 '비나야 바구니'(율장)를 설하셨다. 그리고 '배워야 할 지혜'(지혜학)를 잘 실천하도록 하기 위해서 '아비다르마 바구니'(논장)를 설하셨다. 그런 세 가지 이유로 '세 바구니'(삼장)를 설하셨다.

'수뜨라 바구니'(경장)를 '작은 수레'(소승)의 관점에서 '본인을 해

---

115 마음깊이 생각함: དཔྱད་དེ, Contemplate
116 아집: Self-Grasping Mind

탈하게 하는 윤리'[117](별해탈계)로 마음을 길들이기, 청정한[118] 생활필수품과 집 등을 갖기, 작은 죄라도 두렵게 하는 '완전한 도덕'(지계) 등과, 색계의 '네 가지 선정'(사선정)과 무색계의 '네 가지 선정'(사선정)을 설하셨다. 그리고 '작은 수레'(소승)의 관점에서 '네 가지 진실'(사성제)을 깨닫는 위빠사나의 지혜도 설하셨다. 또한 '수뜨라 바구니'(경장)가 '큰 수레'(대승)의 관점에서 착하지 않은 행동을 제지하는 계율 등과 '배워야 할 사마디'(정진학) 여러 가지를 설하셨다. 그리고 궁극적 진실인 공성을 깨닫는 '지혜'(지혜학)를 설하셨다. 그래서 '수뜨라 바구니'(경장)가 '큰 수레'(대승)와 '작은 수레'(소승) 둘 다의 관점에서 배워야 할 세 가지 모두를 내용으로 설하셨다.

'비나야 바구니'(율장)가 '배워야 할 계율'(계율학)과 '배워야 할 사마디'(정진학)를 어떻게 실천하도록 하는지는 다음과 같다. 그가 없애야 할 것과 취해야 할 것들을 틀림없이 가르치면서 계율을 닦도록 한다. 계율을 닦아 깨끗해지면 마음에 아픔과 후회 등 괴로운 감정이 사라진다. 그렇게 되면 몸이 가벼워지고 유연해진다. 그런 몸을 통해서 마음의 집중력이 늘어난다. 그런 까닭에 '비나야 바구

---

117 '본인을 해탈하게 하는 윤리'(별해탈계)란 수행하는 본인을 해탈하게 하는 계율을 말한다. 티베트어로 '소소 타르뻬 돔빠'(ས་སོ་ཐར་པའི་སྡོམ་པ)라고 한다. 원문에 줄임말이 나올 때는 원문 그대로 '본인 해탈'로 번역하였다. -옮긴이 해설 *부록 참고

118 여기서 '청정한'이란 훔치거나 빼앗는 등 여러 가지 나쁜 방법인 것이 아니라는 뜻이다. -옮긴이 해설

니'(율장)에 '배워야 할 계율'(계율학)과 '배워야 할 사마디'(정진학) 두 가지를 세웠다고 한다.

'아비다르마 바구니'(논장)가 지혜의 실천을 어떻게 시키는지는 다음과 같다. 그것은 모두 현상의 특성을 잘 분별해서 정립하게 한다. 그러므로 '아비다르마 바구니'(논장)를 잘 공부하면 현상의 특성을 틀림없이 인식하는 지혜를 세우고 직접 얻을 수 있다.

'세 바구니'(삼장)와 세 가지 알아야 할 대상[119]

세 번째 이유. '다르마'(법)와 그 내용을 잘 알게 하기 위해서 '수뜨라 바구니'(경장)를 세우셨다. '다르마'(법)와 그 내용을 실천시키기 위해서 '비나야 바구니'(율장)를 세우시고 '다르마'(법)와 그 내용을 자세히 설명하는 데 능숙해지도록 하기 위해서 '아비다르마 바구니'(논장)를 세우셨다. 여기에서 '다르마'(법)란 경전을 말하며 경전의 '내용'에 담겨 있는 내용인 '다섯 무더기'(오온), '열두 가지 생기는

---

119 세 바구니와 세 가지 알아야 할 대상: The 'Three Pitakas' and 'Three Objects to be Known'

문'(십이처), '열여덟 가지 경계'(십팔계), '열 가지 선업'[120](십선업), '여덟 가지 고귀한 길'[121](팔정도) 등을 뜻한다. '수뜨라 바구니'(경장)가 이런 내용을 다 바르게 설명하기에 우리로 하여금 경전의 말투와 내용 모두를 깊이 있게 잘 배울 수 있게 해준다.

'비나야 바구니'(율장)는 우리로 하여금 깨끗한 계율을 닦도록 해주고 '부정관'[122] 등 여러 종류의 명상을 하도록 해준다. 이런 방식으로 괴로운 감정을 이겨낼 수 있게 된다. 따라서 경전의 내용을 잘 배우고 깨닫게 되기에 '비나야 바구니'(율장)에서 배웠던 것을 실천할 수 있게 된다. '아비다르마 바구니'(논장)는 우리로 하여금 경전의 말투와 내용을 남에게 잘 전달하는 방법에 능숙해지도록 해

---

120 열 가지 선업(십선업): དགེ་བ་བཅུ།, The Ten Wholesome Deeds, Daśa-Kuśala(다사-꾸살라), 十善業 1)살아 있는 것을 죽이지 않는 것(불살생) 2)남의 것을 훔치지 않는 것(불투도) 3)성적 비행을 저지르지 않는 것(불사음) 4)남에게 거짓말을 하지 않는 것(불망어) 5)분열적인 말을 하지 않는 것(불악구) 6)거친 말을 하지 않는 것(불양설) 7)쓸데없는 말을 하지 않는 것(불기어) 8)남이 가진 것을 욕심내지 않는 것(불탐욕) 9)남을 향한 해로운 의도·마음을 가지지 않는 것(부진에) 10)그릇된 견해를 가지지 않는 것(불사견) *4장 및 부록 참고

121 여덟 가지 고귀한 길(팔정도): འཕགས་ལམ་ཡན་ལག་བརྒྱད།, Noble Eightfold Path, Āryāṣṭāṅgamārga(아리야스땅가마르가), 八正道 1)바른 견해(정견) 2)바른 사유(정사유) 3)바른 말(정어) 4)바른 행동(정업) 5)바른 생활(정명) 6)바른 노력(정정진) 7)바른 마음챙김(정념) 8)바른 사마디(정정) *7장 및 부록 참고

122 '부정관'(不淨觀)이란 추함을 사유하는 명상을 말하는데, 이것을 수행하는 까닭은 욕심 등 번뇌를 없애기 위해서이다. 이 명상 수행은 많은 번뇌 중에서 애착의 특별한 해독제라 한다. -옮긴이 해설 *부록 참고

준다.

그런 아홉 가지 이유로 '세 가지 수레'[123](삼승)의 중심 수행인 방편과 지혜의 내용이 담겨 있는 붓다의 가르침은 모두 다 '세 바구니'(삼장)에 포함된다. '세 바구니'(삼장)의 내용을 요약하면 '배워야 할 세 가지'(삼학), 즉 '배워야 할 계율'(계율학)과 '배워야 할 사마디'(정진학)와 '배워야 할 지혜'(지혜학)를 수행하는 데 직접 또는 간접적으로 포함된다.

붓다께서 말씀하신 '배워야 할 세 가지'(삼학) 중에서 '배워야 할 계율'(계율학)을 실천하는 것은 직접 또는 간접적으로 나와 남 모두에게 유익이 된다.

비슷하게 붓다께서 말씀하신 사마디의 수행이 '괴로운 감정과 망상(롱지롱메)의 해독제'이다. 따라서 이번 생에도 행복하게 해주고 앞으로 올 다른 생의 행복도 일으킨다. 그뿐만 아니라 우리의 해탈원인도 된다.

붓다의 경전에서 설명한 지혜로 직접 또는 간접적으로 두 가지

---

123 '삼승'(세 가지 수레)이란 성문승(성문의 수레), 연각승(연각의 수레), 보살승(보살의 수레)을 말한다. ─옮긴이 해설 *부록 참고

아집[124], 즉 "'나'가 실제로 존재한다고 인식하는 집착'(인아집)과 '현상이 실제로 존재한다고 인식하는 집착'(법아집) 등 모두의 방해물[125]을 없앨 수 있다. 이런 까닭에 붓다께서 말씀하신 계율과 사마디와 지혜는 다른 것보다 우수하다. 따라서 그것을 특별한 '배워야 할 세 가지'[126](삼학)라고 한다.

---

124 두 가지 아집(현상이나 '나'가 실제로 존재한다고 인식하는 집착): བདག་འཛིན་གཉིས།, The Two
    Self-Grasping Thoughts:
    1)인아집: གང་ཟག་གི་བདག་འཛིན།, The Thought Grasping The Self Of Person, 人我執
    2)법아집: ཆོས་ཀྱི་བདག་འཛིན།, The Thought Grasping the Self of Phenomena. 法我執
    *부록 참고

125 방해물: Obstruction

126 특별한 '배워야 할 세 가지': The Three Special Trainings, The Three Higher
    Trainings

4 '세 바구니'의 내용인 '배워야 할 세 가지' 중 첫째 '배워야 할 계율'에 대하여

'배워야 할 세 가지'[127] (삼학)란 무엇인가? 첫째, '배워야 할 뛰어난 윤리'[128] (계율학) 세 가지는 모두 '공덕'의 바탕인 불교 수행의 중심 내용 중 하나이다. 나가르주나(용수보살)께서 『친구에게 보내는 편

---

127 '삼학'(ཀྱ་པའི་བསླབ་པ་གསུམ།)을 '배워야 할 세 가지'라고도 할 수 있다. 티베트어로 랍빠쑴(བསླབ་པ་གསུམ།)이라고 하는데 랍빠는 '배워야 할 것'이라는 뜻이고 쑴은 '셋'이라는 뜻이다. 삼학을 '특별한 삼학' 또는 '뛰어난 삼학'이라고도 한다. 삼학은 부처님의 가르침인 삼장(세 바구니)의 내용인 계율(계학), 정진(정학), 지혜(혜학)를 말한다. 1)배워야 할 계율(계율학) 2)배워야 할 사마디(정진학) 3)배워야 할 지혜(지혜학)
   ─옮긴이 해설 *부록 참고
128 배워야 할 더 높은 윤리: Training in Higher Ethics

지』[129] (བཤེས་པའི་སྤྲིང་ཡིག)에서,

ཁྲིམས་ནི་རྒྱུ་དང་མི་རྒྱུའི་ས་བཞིན་དུ། །
ཡོན་ཏན་ཀུན་གྱི་གཞི་རྟེན་ལེགས་པར་གསུངས། །

팀니규당미규이사신두   욘뗀꾼기시뗀렉빠르쑹

**"지구는 움직이거나 움직이지 않는 모든 것의 바탕이듯이,
윤리는 모든 공덕의 근원이라고 하셨다."**

라고 하셨다.

윤리에는 '열 가지 악업(십악업)을 없애는 윤리' 등 종류가 많이 있다. 그런데 '본인을 해탈하게 하는 윤리'[130] (별해탈계)와 '보디사뜨와의 윤리'[130] (보살계), '밀교 윤리'[131] (금강계) 등 세 가지에 포함된다.

---

129 『친구에게 보내는 편지』: 나가르주나(용수보살)께서 친구 고타미푸트라·사타바하나 왕께 불교적 조언을 하기 위해 보내신 편지. 칙제로 이루어져 있으며 불교의 전체 행로와 실천에 대한 내용이 포괄적으로 소개되어 있음. 『བཤེས་པའི་སྤྲིང་ཡིག』 (셰뻬띵익), 『Letter to a Friend』, 『Suhṛllekha』 (슐레카)

130 보디사뜨와의 윤리(보살계): བྱང་སེམས་ཀྱི་ཚུལ་ཁྲིམས།, Ethics Of Bodhisattva, Bodhisattva-Sila(보디사뜨바—실라), 菩薩戒

131 '밀교'를 산스크리트어로 만뜨라야나(Mantrayana)라고 하는데, '바즈라야나'(Vajrayāna)와 같은 말이다. ─옮긴이 해설 *부록 참고

'열 가지 악업'[132](십악업)을 없애는 윤리

바수반두(세친보살)께서 『아비다르마꼬샤』[133](아비달마구사론)에서 이렇게 말씀하셨다.

དགེ་དང་མི་དགེ་ཉི་རིགས་པར། །
ལས་ཀྱི་ལམ་ནི་བཅུར་གསུངས་སོ། །

게당미게찌릭빠르   레끼림니쭈르쑹소

"선업과 악업 이 둘 각각에

행위의 길이 열 가지가 있다고 하셨다."

---

132 열 가지 악업(십악업): མི་དགེ་བ་བཅུ།, The Ten Unwholesome Deeds, 十惡業 · 十不善
     業(십불선업)
     1)살아 있는 것을 죽이는 것(살생) 2)남이 가진 것을 훔치는 것(투도) 3)부적절한 성
     적 행위(사음) 4)남에게 거짓말을 하는 것(망어) 5)분열적인 말을 하는 것(양설) 6)
     거친 말을 하는 것(악구) 7)쓸데없는 말을 하는 것(기어) 8)남이 가진 것을 욕심내는
     것(탐욕) 9)남을 향한 해로운 마음을 가지는 것(진에) 10)그릇된 견해를 가지는 것
     (사견) *부록 참고

133 『아비다르마꼬샤』(아비달마구사론): 불법 연구의 창고라는 뜻. 바수반두(세친보살)
     께서 간다라(Gandhara)에서 '외워서 드러낸' 육백여 개의 칙제를 번역하신 경전.
     『ཆོས་མངོན་པ་མཛོད།』, 『Abhidharmakosa』, 『阿毘達磨俱舍論』 *부록 참고

라고 하셨다. '열 가지 악업'(십악업)은 '살아 있는 것을 죽이는 것' (살생)과 '남이 가진 것을 훔치는 것'(투도)과 '부적절한 성적 행위'(사음) 등 '몸으로 하는'[134](신업) 세 가지가 있고, '남에게 거짓말을 하는 것'(망어)과 '분열적인 말을 하는 것'(양설)과 '거친 말을 하는 것'(악구)과 '쓸데없는 말[135]을 하는 것'(기어) 등 '말로 하는'[136](구업) 네 가지가 있고, '남이 가진 것을 욕심내는 것'(탐욕)과, '남을 향한 해로운 마음을 가지는 것'(진에)과, '그릇된 견해를 가지는 것'(사견) 등 '마음으로 하는'[137](의업) 세 가지를 말한다.

'살아 있는 것을 죽이는 것'(살생)에는 조건 다섯 가지가 있다. 첫째, 기본적으로(गཞ) 죽이는 '대상'이 남인 것을 말한다. 둘째, '마음'(བསམ་པ)으로 죽이고 싶은 대상을 착각하지 않는 것을 말한다. 셋째, '실행'(སྦྱོར་བ)은 바로 독을 주거나 아니면 무기로 중생을 자신이 죽이거나 남에게 시켜서 죽이는 것을 말한다. 넷째는 '괴로운 감정'이다. 여기서 감정(ཉོན་མོངས)이란 죽이는 행동의 원인이 된 번뇌를 말

---

134 몸으로 하는 업(신업): ལུས་ཀྱི་ལས, Bodily Deeds·Physical Deeds, Kāya-Karman(까야-까르만), 身業

135 '쓸데없는 말'이란 무의미하고 수행에 방해가 되는 말, 아무 이익이 없는 말을 뜻한다. -옮긴이 해설

136 말로 하는 업(구업): ངག་གི་ལས, Verbal Deeds, Vāk-Karman(바끄-까르만), 口業

137 마음으로 하는 업(의업): ཡིད་ཀྱི་ལས, Mental Deeds, Manas-Karman(마나스-까르만), 意業

한다. 그것은 일반적으로 욕심과 화냄과 무지[138] 등이고, 그중에서도 특정 원인은 화냄이다. 다섯째는 '완료'[139] (མཐར་ཕྱིན) 인데 죽임을 당한 이가 자신의 앞에서 생명을 잃는 것을 말한다. 이 다섯 가지 조건을 모두 충족하면 완전한 '죽인 죄업'이라고 할 수 있다. 그중에서 한 조건이 빠진다면, 그런 행동은 '선하지 않은 업'(불선업)이지만 죽임으로 지은 '선하지 않은 업'(불선업)은 아니다. 이것은 나머지들에도 적용해야 한다.

이것에는 세 가지 종류가 있다. 고기 등을 원해서 집착으로 생명을 죽이는 것과, 복수심이 있기 때문에 화냄으로 생명을 죽이는 것과, 무지로 생명을 죽이는 것은 동물을 희생하는 것 등이다. 생명을 죽이는 '선하지 않은 업'(불선업) 중에서 아라하뜨[140]를 죽이는 것, 자신의 스승을 죽이는 것, 자기 부모를 죽이는 것과 수행자를 죽이는 것들이 가장 큰 죄업이다.

'남이 가진 것을 훔치는 것'(투도)의 '대상'은 남의 소유이거나 '세

---

138 무지: Ignorance

139 완료: མཐར་ཕྱིན, The Completion

140 아라하뜨: '번뇌를 제거한 이'라는 뜻. དགྲ་བཅོམ་པ (다쫌빠), Foe Destroyer, Arahat, 阿羅漢(아라한)

보물'[141] (삼보)께 올린 물건이다. '마음'은 속임수로 빼앗으려는 마음이나 훔치려는 마음이나 강압적으로 훔치고 싶은 마음을 품는 것을 말한다. '실행'은 자신이 직접 훔치거나 그런 일을 남에게 시키는 것이다. '번뇌'는 '세 가지 독'[142] (삼독)이고 그중에서도 특히 탐욕을 말한다. '완료'는 그런 물건을 원래 장소에서 옮기거나 그렇지 않다 하더라도 "이 물건이 내 것이 되었다."라는 마음이 생기는 것을 말한다. 도둑질을 나누면 세 가지 종류가 있다. 강압적으로 훔치는 것[143]과, 몰래 훔치는 것과, 장사할 때 부정확한 척도 사용 등을 통해서 남을 속이는 것들이다. 도둑질 중에서 '세 보물'(삼보)께 올린 것을 훔치는 것이 가장 큰 죄업이다.

　'부적절한 성적 행위'(사음)의 '대상'은, 남의 배우자와 자신의 친척과 계율을 지키는 출가자 등에게 부적합한 짝인 경우이다. 불상 등이 계시는 공간을 부적합한 장소라고 한다. 바로 그날 계를 지킬 때이거나 임신 중일 때 등은 부적합한 시간이라고 말한다. '마음'은 성행위를 하고 싶은 마음이다. '실행'은 그런 일을 실제로 하는 것

141　세 보물(삼보): དཀོན་མཆོག་གསུམ།, The Three Jewels, Triratna(뜨리라뜨나), 三寶
　　　1)깨달은 이(붓다)　2)깨달은 이의 가르침(다르마)　3)'깨달은 이의 가르침을 수행하는 수행자'(승가) 및 수행공동체(승) *부록 참고
142　세 가지 독(삼독): དུག་གསུམ།(둑쑴), The Three Poisons, Tri-Viṣa(뜨리-비사), 三毒
　　　1)집착·탐욕(탐)　2)증오(진)　3)잘못된 생각(치) *부록 참고
143　강압적으로 훔치는 것: Burglary

이다. '번뇌'는 '세 가지 독'(삼독)이고 그 중에서도 특히 애착을 말한다. '완료'는 두 기관을 접촉해서 생기는 느낌에 만족하게 하려고 집착하는 것을 말한다. 부적절한 성적 행위에는 세 가지 종류가 있다. 자기 가족이나 친척과 성관계를 가지는 것과, 남의 배우자와 성관계를 가지는 것과, 출가자와 성관계를 가지는 것들이다. 부적절한 성적 행위 중에서도 자기 부모이고 동시에 아라하뜨인 이와 성관계를 가지는 것이 가장 큰 죄업이다.

'남에게 거짓말을 하는 것'(망어)의 '대상'은 다른 이이다[144]. '마음'은 남을 속이기 위해서 본 적이 없는 것을 본다고 하고 싶은 마음 동기 등을 말한다. '실행'은 그런 일(남을 속이는 일)을 말로나 몸으로 하는 것을 말한다. '번뇌'는 '세 가지 독'(삼독) 중의 하나이다. '완료'는 다른 이가 그 뜻을 이해한 것을 말한다[145]. 이 같은 '실행'은 말로 한 것에만 해당되는 것이 아니다. 몸짓으로도 거짓된 의사소통을 할 수 있다. 남에게 거짓말을 하는 것에는 세 가지가 있다. 신통력 등 공덕을 못 얻었는데도 얻었다고 하는 것과, 나와 남 둘 다를 크

---

144 여기서 '다른 이'란 거짓말을 하는 상대방이 사람인 경우를 충족해야 한다는 뜻이다. 예를 들어 나무에게 거짓말을 하였다면 죄가 완전하게 성립하지는 않는다. –옮긴이 해설

145 '다른 이가 그 뜻을 이해한 것'이란 예를 들어, 어떤 사람이 거짓말을 하고 싶어서 다른 이에게 거짓말을 하였는데 다른 이가 그 의미를 못알아들었다면 죄가 완전하게 성립하지는 않는다는 뜻이다. –옮긴이 해설

게 해치는 큰 거짓말과, 나와 남 둘 다를 해치지 않는 사소한 거짓 말들이다. 남에게 거짓말을 하는 것 중에서도 붓다를 비난하는 것과 자기 스승이나 부모 속이는 것이 가장 죄업이 크다.

'분열적인 말을 하는 것'(양설)의 '대상'은 친한 이를 말한다. '마음'은 분열을 일으키고 싶은 마음 동기이다. '번뇌'는 '세 가지 독'(삼독)이고 그중에서도 화냄을 말한다. '완료'는 다른 이가 그 뜻을 이해한 것을 말한다. 분열적인 말에는 세 가지 종류가 있다. 그것은 바로 친한 이들의 사이를 직접적으로 분열하는 것과, 간접적으로 분열하는 것과, 비밀리에 분열하는 것들이다. 분열적인 말 중에서 스승과 제자 사이를 분열하는 것과, 승가를 분열하는 것이 가장 큰 죄업이다.

'거친 말을 하는 것'(악구)의 '바탕'은 중생이다. '마음'은 듣기 싫은 말을 하고 싶은 마음이다. '실행'은 그런 일을 하려고 애쓰는 것이다. '완료'는 그것을 말하는 것이다. '번뇌'는 '세 가지 독'(삼독)이고 그 중에서도 특히 화냄을 말한다. 이것에는 세 가지 종류가 있다. 그것은 남의 얼굴에 직접 욕하는 것과, 장난으로 남에게 하는 은밀한 욕과, 남의 친한 사람에 대해서 거친 말을 하는 것과 같은 간접적인 욕들이다. 거친 말을 하는 것 중에서 부모와 성현에게 욕하는 것이 가장 큰 죄업이다.

'쓸데없는 말을 하는 것'(기어)의 '대상'은 중생이다. '마음'은 '경솔함'146(방일, བག་མེད་པ།)이며 뜻없는 말을 하고 싶어하는 마음 동기이다. '실행'은 아첨과 노래147를 하는 것 등을 말한다. '완료'는 말로 직접 하는 것이다. '번뇌'는 '세 가지 독'(삼독)이고 그중에서도 특히 무지를 말한다. 쓸데없는 말에는 세 가지 종류가 있다. 외전의 진언을 읽는 것 등 '그릇된 쓸데없는 말'과, 이유 없이 하는 말인 '세속적인 쓸데없는 말'과, 듣고 싶어하지 않는 이에게 붓다의 가르침을 설하는 '내용적으로는 맞는 쓸데없는 말' 들이다. 쓸데없는 말 중에서 수행자에게 경솔한 것이 가장 큰 죄업이다.

'남이 가진 것을 욕심내는 것'(탐욕)의 '바탕'은 남의 소유인 물건이다. '마음'은 남의 물질적 풍요와 물건을 욕심내어 탐내는 마음 동기를 말한다. '실행'은 남의 물질적 풍요와 물건을 반복해서 생각하는 것이다. '번뇌'는 '세 가지 독'(삼독)이고 그중에서도 특히 집착이다. '완료'는 양심과 배려심이 없고 해독제 없이 욕심내는 일을 반복해서 하는 것이다. 그것에는 세 가지 종류가 있다. 자기 가족, 혈통 등 '내 것'을 집착하는 것과, 남의 물질적 풍요 등 '남의 것'을 집착하는 것과, 땅속의 보물 같은 '내 것도 아니고 남의 것도 아닌

---

146 경솔함(방일): བག་མེད་པ།, Carelessness, Pramāda(쁘라마다), 放逸
147 '아첨과 노래'란 경솔함·부주의함의 한 예를 든 것이다. 예를 들어, 기도시간이나 수행시간에 기도나 수행을 하지 않고 쓸데없이 노래를 하는 행위가 경솔함·부주의함이다. -옮긴이 해설

것'을 원하는 탐욕들이다. 탐욕 중에서 수행자의 물건을 탐하고 욕심내는 것이 가장 큰 죄업이다.

'남을 향한 해로운 의도를 가지는 것'(진에)의 '대상'은 중생이다. '마음'은 죽이거나 때려서 해롭게 하고 싶은 마음 동기이다. '실행'은 그런 일을 생각하는 것이다. '번뇌'는 '세 가지 독'(삼독)이고 그중에서도 특히 화냄을 말한다. '완료'는 그런 일을 좋은 것으로 보고 해독제를 적용하고 싶지 않은 것을 말한다. 그것의 종류는 세 가지가 있다. 전쟁터 등에서 남을 죽이려고 하는 것처럼 화냄을 통해서 생기는 것과, 경기 상대방을 해치고 싶어하는 것처럼 질투로 생기는 것과, 악의[148]를 원인으로 생기는 것들이다. '남을 향한 해로운 의도를 가지는 것'(진에) 중에서 '다섯 가지 무간죄'[149](오무간죄)의 동기가 되는 것이 가장 큰 죄업이다.

'그릇된 견해를 가지는 것'(사견)의 '대상'은 선업과 불선업 등이다. '마음'은 선업과 불선업이 존재하지 않는다라는 견해를 가지거나, 업의 개념을 바르지 않게 주장하는 마음 동기를 말한다. '실행'은 그런 일을 반복해서 생각하는 것이다. '번뇌'는 '세 가지 독'(삼독)

---

148 악의 : Grudge

149 '무간죄'(無間罪)는 다섯 가지가 있다. 그런 죄를 짓는 이는 틀림없이 바로 다음생에 지옥에 간다고 한다. 그래서 이런 죄를 무간죄, 즉 '간격이 없는 죄'라고 부른다. ─옮긴이 해설 *부록 참고

이고 그중에서도 특히 무지를 말한다. '완료'는 그렇다고 결정하고 해독제를 찾지 않는 것을 말한다. 이것에는 세 가지 종류가 있다. 선한 업과 선하지 않은 업을 행복과 고통의 원인으로 주장하지 않는 것과 같은 인과와 관련된 그릇된 견해와, 길을 실천하더라도 '소멸의 진실'(멸성제)을 얻지 못할 것이라고 주장하는 것과 같이 '네 가지 고귀한 진실'(사성제)과 관련된 그릇된 견해와, '세 보물'(삼보)을 비하하는 것과 같이 '세 보물'(삼보)과 관련된 그릇된 견해들이다. 그릇된 견해는 마음으로 지은 세 가지 죄업 중에서 가장 무거운 것이다. 이런 열 가지의 죄업을 없애게 하는 것을 '열 가지 악업(십악)을 없애는 계율'이라고 한다.

'본인을 해탈하게 하는 계율'(별해탈계)

'본인을 해탈하게 하는 계율'(별해탈계)은 실천하는 본인을 윤회의 고통에서 벗어나게 하기 때문에 '본인 해탈'(별해탈계)이라고 한다. 그 정의는 '윤회 전체에서 벗어나고 싶어하는 마음'[150](출리심)으로 받는 계율인데, 남을 해치는 것과 그러한 바탕부터 없애는 마음 및 마음

---

150 윤회에서 벗어나고 싶어하는 마음(출리심): རེས་འབྱུང་གི་བསམ་པ།, The Mind of Renunciation, Naiṣkramya-Citta(나이스끄라미야-찟따), 出離心

작용들을 말한다. '본인을 해탈하게 하는 계율'(별해탈계)을 지키는 사람을 나누면 여덟 가지가 있기 때문에 '본인을 해탈하게 하는 계율'(별해탈계)도 여덟 가지가 있다. 그에 대하여 바수반두(세친보살)께서 이렇게 말씀하셨다.

སོ་སོར་ཐར་ཆེས་བུ་རྣམ་བརྒྱད། །
རྫས་སུ་རྣམ་པ་བཞི་ཡིན་ནོ། །

소소르타르쩨쟈남계   제수남빠시인노

"본인 해탈에는 여덟 가지가 있는데,
실질적으로 나누면 네 가지가 있다."

라고 하셨다. '본인을 해탈하게 하는 계율'(별해탈계) 여덟 가지는 바로 '하루 동안 지키는 계율'[151](팔관재계, བསྙེན་གནས་ཀྱི་སྡོམ་པ།), 출가하지 않은 남자 불자(우바새, དགེ་བསྙེན་པ།)의 계율, 출가하지 않은 여자 불자(우바이, དགེ་བསྙེན་མ།)의 계율, 사미(དགེ་ཚུལ་པ།)의 계율, 사미니(དགེ་ཚུལ་མ།)의 계율, 정학녀(དགེ་སློབ་མ།)의 계율, 비구(དགེ་སློང་པ།)의 계율과 비구니(དགེ་སློང་མ།)의 계율들[152]이다. 근주율의 즉 팔관재계에는 지켜야 할 여덟 가지가 있다. 우바새와 우바이 각자가 지켜야 할 계율에는 다섯 가지가 있다. 사미와 사미니가 지켜야 할 계율은 서른여섯 가지가 있다. 정학녀는 사미의 계율에 더하여 '여섯 가지 근본계율'과 '여섯 가지 이차적 계율'을 지켜야 한다. 비구가 지켜야 할 것에는 네 가지 바라이죄, 열세 가지 승잔죄, 120가지 사타죄, 네 가지 제사니죄와, 112가지 돌길라죄 등[153] 253가지가 있다. 비구니가 지켜야 할 것은 8가지 바

---

151 하루 동안 지키는 계율(팔관재계): 출가하지 않고 집에 머무는 수행자가 하루 동안 지켜야 할 여덟 가지 계율을 뜻함. བསྙེན་གནས་ཀྱི་སྡོམ་པ།, Upavasa(우빠와사), 八關齋戒·近住律儀(근주율의)
  1)살아 있는 생명을 죽이지 말라 2)다른 사람이 주지 않는 물건을 가지지 말라
  3)삿된 성적 행위를 하지 말라 4)거짓말을 하지 말라 5)술을 마시지 말라
  6)몸을 치장하거나 향수를 뿌리거나 노래하고 춤추지 말라
  7)높고 넓은 침상에 앉거나 눕지 말라 8)때가 아니면 먹지 말라

152 우바새, 우바이, 사미, 사미니, 정학녀, 비구, 비구니 *부록 참고

153 • 바라이죄: 출가수행자 자격이 박탈되고 승가에서 영구히 쫓겨나는 가장 크고 무거운 죄 • 승잔죄: 일시적으로 출가수행자 자격이 정지되며, 승가에는 남아 있을 수 있고 참회하면 용서받을 수 있는 큰죄 • 사타죄: 탐하는 마음으로 모은 재물을 승가에 내놓으면서 참회해야 하는 죄 • 제사니죄: 비구니의 음식을 구걸하여 먹는 것 등 네 가지가 있음 • 돌길라죄: 비교적 가벼운 죄 *부록 참고

라이죄, 213가지 사타죄, 11가지 제사니죄와 112가지 돌길라죄 등 364가지가 있다.

'본인을 해탈하게 하는 계율'(별해탈계) 여덟 가지의 첫째, 근주율의는 하루 동안 지켜야 할 계율이다. 우바새와 우바이의 계율 등 나머지 일곱 가지는 본인이 죽을 때까지 지켜야 할 계율이다. 이런 계율을 받을 이는 '다섯 가지 무간죄'(오무간죄)를 지은 사람이 아니어야 하고, 왕이나 부모에게 허락을 받지 않은 사람 등 계율을 받지 못하게 하는 방해를 받거나, 받은 계율을 계속하지 못하게 하는 방해 등 여러 가지 방해를 받고 있는 사람이 아니어야 한다. 계율을 받을 사람은 어떤 카스트[154]인지 부자인지 가난한지와 상관없이 자신의 마음 능력에 따라 계율을 받을 수 있다.

계율을 받는 방식은 두 가지가 있다. 하나는 옛날 시대의 방식이다. 이것이 어렵지 않은 방법이다. 또 하나는 요즘 시대의 방식이다. 이것이 훨씬 더 어려운 방식이다. 계율을 받은 후 잘 지키는 방법에도 여러 가지가 있다. 그것이 바로 남에게 의지해서 지키는 방법, 깨끗한 마음을 가지면서 지키는 방법, 계율과 일치하지 않는 일을 잘 확인해서 지키는 방법, 계율을 닦아서 지키는 방법, 편하게 머물 수 있게 해주는 생필품을 가지면서 지키는 방법들이다.

---

154 카스트: 자손 대대로 세습되어 굳어진 계급과 그 신분, 가문의 직업 등을 뜻함.
 Caste, Varna(바르나, 색깔이라는 뜻)

첫 번째, 남에게 의지해서 지키는 방법이란 경전을 잘 배운 학자의 조언을 듣고, 훌륭한 수행자의 행위를 따라서 지키는 것을 말한다. 특히 '비구/비구니의 계율'을 받고 나서는 꼭 자격을 갖추신 스승께 의지해서 계를 지켜야 한다.

두 번째, 깨끗한 마음을 가지면서 지키는 방법이란 계율을 지키는 정진[155], 계와 관련된 행위를 면밀하게 하는 성실함, 자신의 마음을 검사하고 분석하는 마음챙김[156](དྲན་པ།)과, 알아차림[157](ཤེས་བཞིན།), 배려심과 양심 등을 가지면서 지키는 것을 말한다.

세 번째, 계율과 일치하지 않는 일을 잘 알아차리면서 지키는 방법이란 계율을 잃는 원인, 계율이 파괴되는[158] 원인, 계율을 계속 유지하지 못하게 하는 원인, 그리고 마음의 명료함을 방해하는 원인을 알아차리면서 지키는 것을 말한다. 간단히 말해서 계율과 관련된 경전 내용을 읽거나 듣고, 마음 깊이 생각해서 공부를 하면서 계율을 지켜야 하는 것이다.

---

155 '정진'이란 선한 일을 즐겁게 하는 마음 상태를 말한다. -옮긴이 해설 *부록 참고

156 마음챙김: དྲན་པ།, Mindfulness, Pratismrta(쁘라띠스므르따), 正念(정념)

157 알아차림: ཤེས་བཞིན།, Vigilance · Introspection, Saṃprajanya(상쁘라자니야), 正知(정지)

158 '계율이 파괴되는 원인'이란, 예를 들어 출가 수행자가 계율을 받았는데 사람을 죽이는 죄를 지었다면 계율이 없어지는 것이다. -옮긴이 해설

네 번째 계율을 닦아서 지키는 방법이란 포살[159](쏘종, གསོ་སྦྱོང་), '여름 집중수행'[160](하안거, དབྱར་གནས), 쁘라와라나[161](자자, 가예, དགག་དབྱེ) 들의 실천을 잘 애써서 하는 것을 말한다.

　　다섯 번째, 편하게 머물 수 있게 해주는 생필품을 가지면서 지키는 방법이란 옷에 의지해서 생기는 '참회할 죄'[162](타죄), 음식에 의지해서 생기는 참회할 죄, 용기에 의지해서 생기는 참회할 죄, 거주지에 의지해서 생기는 참회할 죄들을 없애면서 잘 지키는 것을 말한다.

　　죄가 생기는 중심적 원인에는 네 가지가 있는데, '죄가 생기는 네 가지 문'이라고 한다. 그것은 바로 모름, 공경하지 않음[163], 성실하

159　'포살'을 티베트어로 쏘종(གསོ་སྦྱོང་)이라고 한다. 포살은 계율을 닦는 방법인 의식인데 사원에 계시는 모든 승가가 모여서 이전에 몸과 말로 지었던 죄를 참회하는 의식이다. 이 의식을 한 달에 두 번씩 한다. -옮긴이 해설 *부록 참고

160　'하안거'(དབྱར་གནས)를 여름집중수행이라고도 한다. 여름 장마철에 승가가 한 곳에서 계시고 삼개월 동안 집중으로 수행만을 하는 행사를 말한다. -옮긴이 해설 *부록 참고

161　'자자'(自恣)는 산스크리트어로 쁘라와라나(Pravarana)라고 한다. 하안거 즉 여름집중수행 마지막 날에 하는 의식을 말한다. 하안거 삼개월 동안 승가 일원들이 하지 말아야 하는 여러 가지가 있다. 그런데 자자 날부터는 그런 일들을 다시 할 수 있다. 자자를 티베트어로 가예(དགག་དབྱེ)라고 하는데 '이전에 금지했던 일을 다시 할 수 있게 한다'라는 뜻이다. -옮긴이 해설 *부록 참고

162　참회할 죄(타죄): ཉེས་བྱས, The 112 Sekhiyas, Sekhiya(세키야), 墮罪

163　여기서 '공경하지 않음'이란 어떤 일이 나쁜 줄 알면서도 무시하면서 그 일을 하는 것을 말한다. -옮긴이 해설

지 않음, 번뇌가 많음 들이다. 이것의 해독제는 위에 말한 계율을 지키는 다섯 가지 방식들이다. 그런 방식을 잘 지키면서 자신의 눈을 잘 챙기듯 계율을 잘 지키기 위해 애써야 한다

'본인 해탈'(별해탈계)은 '큰 수레'(대승)와 '작은 수레'(소승)가 공유한 계율이다. '보디사뜨와의 계율'(보살계)과 '밀교'(바즈라야나)의 계율은 '큰 수레'(대승)의 계율이다. '보디사뜨와의 계율'(보살계)을 받고 나서 지켜야 할 것은 열여덟 가지 근본적인 죄 등이 있고, '밀교'(바즈라야나)의 계율을 받고 나서 지켜야 할 것은 열네 가지 근본적인 죄들이 있다. 그런데 이 둘의 계율과 관련하여 버릴 것과 지키는 방식의 광대한 것들은 이번에는 설명하지 않겠다.

5 둘째, '사마디'(삼매)에 대하여

'배워야 할 세 가지'(삼학) 중에서 두 번째는 '사마디'(삼매)이다. 마음
이 산만하지 않고 어떤 선한 대상에 머무는 것을 '사마디'(삼매)라고
한다. 이것을 사유해서[164] 익숙해지면서 '색계의 선정과 무색계의
선정'을 얻는다. 명상을 통해 이것이 완전하게 익숙해지면 결국 '완
전한 선정'(선정 빠라미따)으로 된다. 이것을 나누면 세간적 사마디와
세간적인 것에서 벗어난 사마디, 두 가지가 있다. 이것을 세우기 위
해 샨티데와[165](적천보살)께서 『입보리행론』에서 이렇게 말씀하셨다.

---

164 사유: 마음 깊이 생각하는 것. བསམ་པ།, Contemplation, 思惟
165 샨티데와(산띠데와)는 적천보살이라고도 한다. 8세기 인도 날랜다 대학의 불교 대학
    자, 시인, 위대한 수행자이셨다. 중관학파의 위대한 스승 중 한 분이셨다. 『입보리행
    론』과 『시크샤사무짜야』(Śikṣāsamuccaya) 등 훌륭한 논서를 저술하셨다. རྒྱལ་སྲས་ཞི་བ་ལྷ།,
    Śāntideva, 寂天菩薩 –옮긴이 해설

ཞི་གནས་རབ་ཏུ་ལྡན་པའི་ལྷག་མཐོང་གིས། །

ཉོན་མོངས་རྣམ་པར་འཇོམས་པར་ཤེས་བྱས་ནས། །

ཐོག་མར་ཞི་གནས་བཙལ་བྱ་དེ་ཡང་ནི། །

འཇིག་རྟེན་ཆགས་པ་མེད་ལ་མངོན་དགས་འགྲུབ། །

시네랍뚜덴뻬학통기   년몽남빠르좀빠르셰제네

톡마르시네쩰쟈데양니   직뗀착빠메라온게둡

"샤마타를 바탕으로 한 위빠사나[166]가

번뇌를 잘 없애준다는 것을 잘 알고서

처음에는 샤마타를 찾아야 한다, 그래야

그것은 세속적 집착 없는 이가 쉽게 성취할 수 있다."

라고 하셨는데 처음에는 '샤마타'(지), 그 다음에는 '위빠사나'(관),
그 다음에는 '샤마타'(지)와 '위빠사나'(관)의 결합인 사마디를 일으
켜야 한다는 말이다.

'샤마타'(지)를 처음에 사유해야 하는 이유는 다음과 같다. '세 가

---

166 • 샤마타(지): 마음이 흩어지지 않고 내면에 머물다라는 뜻. ཞི་གནས།, Calm Abiding,
Shamatha, 止
    • 위빠사나(관): 내면의 관찰을 뜻함. ལྷག་མཐོང་།, Introspection, Vipaśyanā, 觀

지 수레'(삼승)의 공덕은 다 진정한 '샤마타'(지)와 '위빠사나'(관)의 결과이거나, 아니면 '샤마타'(지)와 '위빠사나'(관)에 가까운 분석적 명상[167]과 집중명상의 결과이다. '샤마타'(지)를 성취하면 분석적인 명상 수행 모두 다 자신의 대상을 산만하지 않게 인식하기 때문에 수행이 강해진다. '샤마타'(지)를 어떻게 사유하는지에 대해 마이트레야(미륵보살, ཇེ་བཙུན་བྱམས་པ)께서 『마디얀따-위바가』[168](변중변론송)에서 이렇게 말씀하셨다.

ཉེས་པ་ལྔ་སྤོང་འདུ་བྱེད་བརྒྱད། །
བརྟེན་པའི་རྒྱུ་ལས་བྱུང་བའོ། །

네빠응아뽕두제계   뗀빼규레즁와오

"다섯 가지 허물을 없애는 여덟 가지 해독제를
적용함의 원인으로 생긴다."

---

167 분석적인 명상: དཔྱད་སྒོམ, Analytical Meditation

168 『마디얀따위바가』: 극단과 중도의 구별이라는 뜻. 『དབུ་མཐའ་རྣམ་འབྱེད།』(우타남제), Distinguishing The Middle from the Extremes, 『Madhyanta-Vibhaga』, 『辯中邊論頌』(변중변론송)

라고 하셨는데 다섯 가지 허물을 없애는 여덟 가지 해독제를 활용하면 샤마타가 생긴다라는 뜻이다.

다섯 가지 허물[169]이란 『마디얀따-위바가』(변중변론송)에서,

ལེ་ལོ་དང་ནི་གདམས་ངག་རྣམས། །
བརྗེད་དང་བྱིང་དང་རྒོད་པ་དང་། །
འདུ་མི་བྱེད་དང་འདུ་བྱེད་དེ། །
འདི་དག་ཉེས་པ་ལྔར་འདོད་དོ། །

레로당니담응악남   제당징당괴빠당
두미제당두제데   디닥녜빠응아르되도

"'게으름'(해태)과, '지침을 잊음'(실념)(བརྗེད་ངས),

_____

169 다섯 가지 허물이란 다음과 같다.
    1)게으름(해태) 2)요의법을 잊기(실념) 3)혼침(가라앉음)과 들뜸(도거) 4)(필요할 때) 해
    독제를 적용하지 않기 5)(필요 없을 때) 해독제를 적용하기 −옮긴이 해설 *부록 참고

'혼침'(가라앉음)(ᢓᢆᢅᢅᢅ᠋᠇᠁᠁), '들뜸'[170] (도거)(ᢓᢆᢅᢅᢅ᠋᠁᠁),

해독제를 적용하지 않는 것과 적용하는 것,

이 다섯 가지를 허물이라고 말한다."

라고 하셨는데 사마디를 사유하는 것에 즐거움이 없는 '게으름'(해태)과, 마음챙김의 대상을 '잊음'(실념), 대상을 잊지 않았더라도 '가라앉음'(혼침)이나 '들뜸'(도거)이 생김, 마음이 '가라앉음'(혼침)이나 '들뜸'(도거)에 의해 통제되는 것을 알고도 해독제를 적용하지 않음, '가라앉음'(혼침)이나 '들뜸'(도거)이 생기지 않았더라도 대상을 집중적으로 인식하지 않고 '가라앉음'(혼침)이나 '들뜸'(도거)의 해독제를 적용하는 것 등으로 다섯 가지 허물을 제거하여 샤마타 명상을 해야 한다.

이런 허물을 없애는 여덟 가지 해독제를 어떻게 적용하는지에 대해 『마디얀따-위바가』(변중변론송)에서 다음과 같이 말씀하셨다.

---

170 '게으름'(해태)이란 실천의 대상에 기뻐하지 않고 원하지 않게 하는 마음작용이다. '지침'(요의법)이란 붓다의 뜻이 아주 분명하게 드러난 가르침을 뜻한다. '혼침'(가라앉음)이란 몸과 마음이 무겁고 유연성이 없게 하며 마음의 대상을 명확하지 않게 하는 마음작용인데 거친 것과 아주 미세한 것들이 있다. '들뜸'(도거)이란 탐욕의 힘으로 마음이 대상에 머물지 않고 흩어지게 하는 마음작용을 말한다.
　－옮긴이 해설 *부록 참고

གནས་དང་དེ་ལ་གནས་པ་དང་།།

རྒྱུ་དང་འབྲས་བུ་ཉིད་དུ་བོ།།

དམིགས་པ་བརྗེད་པར་མ་གྱུར་དང་།།

བྱིང་དང་རྒོད་པ་རྟོགས་པ་དང་།།

དེ་སྤོང་མཚན་པར་འདུ་བྱེད་དང་།།

ཞི་ཚེ་རྣལ་དུ་འཇུག་པའོ།།

네당델라네빠당   규당데부닌두오

믹빠제빠르마규르당   징당괴당똑빠당

데뽕응온빠르두제당   시체넬두죽빠오

"근원과 그것을 의지해서 머무는 것,

원인과 결과로 되어 있음,

대상을 잊지 않는 것과,

'가라앉음'(혼침)이나 '들뜸'(도거)을 알아차리는 것과,

그것을 없애는 능력과,

사라질 때 자연스럽게 머무는 것이다."

라고 하셨다.

마음이 산만함[171] 없이 선한 대상에 머무는 것을 사마디라고 한다

다섯 가지 허물 중에서 첫째, 게으름의 해독제는 네 가지가 있고, 나머지 허물들은 해독제가 각자 하나씩 있다. 게으름의 네 가지 해독제는 '믿음'(신심, དད་པ)과 '열망'(འདུན་པ)과 '정진'[172](བརྩོན་འགྲུས)과 '유연성'[173](경안, ཤིན་སྦྱངས)들이다. 둘째, '잊음'(실념)의 해독제는 '마음챙김'(정념, དྲན་པ)이다. 셋째, '가라앉음'(혼침)이나 '들뜸'(도거)의 해독제는 '알아차림'(정지, ཤེས་བཞིན)이다. 넷째, 적용하지 않는 허물의 해독제는 '적용하려고 하는 마음'이다. 다섯째, 적용하는 허물의 해독제는 평정[174](བཏང་སྙོམས)이다. 그러한 여덟 가지를 적용하면서 명상을 해야 한다. 그것은 '마음의 머묾 아홉 가지'(구주심)와, '여섯 가지 힘'(육력)

---

171 산만함: རྣམ་གཡེང, Distraction

172 • 믿음: དད་པ, Faith, 信心 • 열망: འདུན་པ, Aspiration • 정진: བརྩོན་འགྲུས, Joyous Effort

173 '경안'을 티베트어로 신장(ཤིན་སྦྱངས)이라 하는데, 기도하거나 명상하거나 좋은 일을 할 때 마음이 어둡고, 졸리고, 잠이 오고, 힘이 없고, 몸도 힘들어서 그것을 잘 못하는 허물이 없어져 아프거나 힘들지 않은 상태가 되고(샤마타) 몸과 마음 둘 다 자기 마음대로 명상을 할 수 있게 되는 상태를 말하며, 이 문장의 믿음, 열망, 열정, 신장 모두 마음작용의 단어들이다. —옮긴이 해설 *부록 참고

174 '평정'이란 마음을 자연스럽게 놓아두는 것을 말한다. —옮긴이 해설 *부록 참고

을 통해서 성취되는 방식, '네 가지 대상으로 이끎'[175](사작의, ᠑ᢆᢆᢆᢆᢆᢆᢆᢆᢆᢆ
ᢆᢆᢆᢆ)에 포함되는 것들을 배우면서 명상을 하면 청정한 사마디를 쉽
게 성취할 수 있다. '마음의 머묾 아홉 가지'[176](구주심)에 대해 마이
트레야(미륵보살)께서 『마하야나 수뜨라알람까라』(대승장엄경론)에서 이
렇게 말씀하셨다.

དམིགས་པ་ལ་ནི་སེམས་གཏད་ནས། །དེའི་རྒྱུན་རྣམ་པར་གཡེང་མི་བྱ། །

རྣམ་གཡེང་མྱུར་དུ་རྟོགས་བྱས་ནས། །དེ་ལ་སྣར་ནི་སྣུན་པར་བྱ། །

བློ་ལྡན་གོང་ནས་གོང་དུ་ཡང་། །སེམས་ནི་ནང་དུ་བསྡུ་བར་བྱ། །

དེ་ནས་ཡོན་ཏན་མཐོང་བའི་ཕྱིར། །ཏིང་ངེ་འཛིན་ལ་སེམས་འདུལ་བ། །

རྣམ་གཡེང་ཉེས་པ་མཐོང་བའི་ཕྱིར། །དེ་ལ་མི་དགའ་ཞི་བར་བྱ། །

ཆགས་སོགས་ཡིད་མི་བདེ་ལ་སོགས། །ལྡངས་པ་དེ་བཞིན་ཞི་བར་བྱ། །

དེ་ནས་ཙོལ་བཙོན་ཅན་གྱིས་ནི། །སེམས་ལ་མཚོན་པར་འདུ་བྱེད་བཅས། །

རང་གི་ངང་གིས་འབྱུང་བ་འཚོག །དེ་གོམས་པ་ལས་འདུ་མི་བྱེད། །

믹빠라니셈뗀네   데균남빠르옝미쟈   남옝뮤르두똑계네   델라라르니레빠르쟈

---

175 '마음의 머묾 아홉 가지'(ᢆᢆᢆᢆᢆᢆᢆᢆ)란 명상을 통해 얻는 마음의 아홉 가지 단계
    를 말한다. 티베트에서는 '마음을 머물게 하는 아홉 가지'를 '마음의 머묾'으로
    줄여서 말한다. −옮긴이 해설 *부록 참고
176 '대상으로 이끎'이란 마음을 대상으로 들어가게 하는 작용을 말한다. −옮긴이 해설

로덴공네공두양   셈니낭두듀와르쟈   데네네욘뗀통위치르   뗑에진라셈둘와

남엥녜빠통위치르   델라미가시와르쟈   착속인미델라속   랑빠데신시와르쟈

데네돔쬔쩬기니   셈라옹온빠르두졔제   랑기앙기쯩와톱   데곰빠례두미졔

"마음을 대상에 집중하고,

그 흐름이 흩어지지 않게 하고,

흩어짐을 곧 알아차리면서,

그것(마음)을 다시 (대상에) 돌아가게 해야 한다.

지혜를 갖춘 이는 더욱더

마음을 속으로 머물게 해야 하고,

그 다음 좋은 점을 보면서

마음을 사마디로 다스려야 한다.

흩어짐의 허물을 보면서

사마디를 싫어함[177]을 사라지게 해야 한다.

애착 등이나 마음의 불편감 등이

생기자마자 사라지게 해야 한다.

그 다음에는 수행자의 마음에

(해독제를) 적용하는 노력이

---

177 '사마디를 싫어함'이란 사마디 수행을 즐겁게 하지 못하는 마음 상태를 말한다.
　　 ─옮긴이 해설

저절로 생길 것이고

그것에 익숙해지면 (해독제를) 적용하지 않아도 되는 상태가 된다.”

라고 하셨다.

마음을 머물게 하는 아홉 가지 사마디'[178](구주심, སེམས་གནས་དགུ)란,

'마음을 안쪽에 놓기'[179](안주심, སེམས་ནང་དུ་འཇོག་པ), '계속 놓기'[180](섭주심,

རྒྱུན་དུ་འཇོག་པ), '다시 놓기'[181](해주심, སླར་ཏེ་འཇོག་པ), '더 강하게 놓기'[182](전주심, ཉེ་

བར་འཇོག་པ), '길들이기'[183](복주심, དུལ་བར་བྱེད་པ), '사라지게 하기'[184](식주심, ཞི་བར

---

178 '마음을 머물게 하는 아홉 가지 사마디'를 티베트어로 '셈네구'라 하는데, 아홉 가지
    마음의 머묾을 말한다. -옮긴이 해설 *부록 참고
179 첫째, '마음을 안쪽에 놓기'란 마음을 대상에 고정하거나 놓아둔다는 뜻인데 집중
    명상의 첫걸음을 말한다. -옮긴이 해설
180 둘째, '계속 놓기'란 첫째 단계 때 놓았던 마음이 대상에서 흩어지지 않고 계속해서
    대상에 머물 수 있도록 노력하는 것을 말한다. -옮긴이 해설
181 셋째, '다시 놓기'란 대상에 놓았던 마음이 흩어질 때 그것을 알면서 다시 대상에 머
    물게 하는 것을 말한다. -옮긴이 해설
182 넷째, '더 강하게 놓기'란 전보다 더 강한 노력으로 마음을 대상에 머물게 하는 것
    을 말한다. -옮긴이 해설
183 다섯째, '길들이기'란 선정의 여러 가지 이익을 잘 사유하면서 사마디 수행을 즐거
    워하는 마음을 생기게 하는 것을 뜻한다. -옮긴이 해설
184 여섯째, '사라지게 하기'란 산만한 마음의 허물을 잘 알면서 선정수행을 즐거워하
    지 못하는 마음이 사라지게 하는 일을 주로 하는 단계를 뜻한다. -옮긴이 해설

ཉེད་པ།), '완전하게 사라지게 하기[185]'(멸주심, རྣམ་པར་ཞི་བར་བྱེད་པ།), '한 점에 몰입'[186](성주심, རྩེ་གཅིག་ཏུ་བྱེད་པ།), '마음을 평정하게 놓기'[187](지주심, མཉམ་པར་འཇོག པ།) 들이다.

여섯 가지 힘(སྟོབས་དྲུག)이란 '들음의 힘'(문력, ཐོས་པའི་སྟོབས།), '사유함의 힘'(사력, བསམ་པའི་སྟོབས།), '마음챙김의 힘'(정념력, དྲན་པའི་སྟོབས།), '알아차림의 힘'(정지력, ཤེས་བཞིན་གྱི་སྟོབས།), '정진의 힘'(정진력, བརྩོན་འགྲུས་ཀྱི་སྟོབས།), '익숙해짐의 힘'[188](습관력, ཡོངས་སུ་འདྲིས་པའི་སྟོབས།) 들이다.

'네 가지 대상으로 이끎'[189](사작의, ཡིད་བྱེད་བཞི།)이란 '집중하면서 대상으로 이끎'(역려운전작의, བསྐྱམས་ཏེ་འཇུག་པའི་ཡིད་བྱེད།), '간헐적으로 대상으로 이끎'(유간결운전작의, ཆད་ཅིང་འཇུག་པའི་ཡིད་བྱེད།), '지속적으로 대상으로 이끎'(무간결운전작의, ཆད་མེད་དུ་འཇུག་པའི་ཡིད་བྱེད།), '노력 없이 대상으로 이끎'(무공용운전작의, རྩོལ་མེད་དུ་འཇུག་པའི་ཡིད་བྱེད།) 들이다.

먼저 첫째 힘, '들음의 힘'(문력)은 마음 대상에 머무는 방식에 대

---

185 일곱째, '완전하게 사라지게 하기'란 마음속에 애착, 우울한 마음, 무기력, 졸음 등이 생길 때 그것을 완전하게 없애도록 하는 것을 말한다. -옮긴이 해설

186 여덟째, '한 점에 몰입'이란 노력을 조금씩 해서 명상을 하면 오랫동안 '가라앉음'과 '들뜸'이 없이 마음을 집중상태로 유지할 수 있는 상태를 말한다. -옮긴이 해설

187 아홉째, '마음을 평정하게 놓기'란 마음챙김과 알아차림 등을 적용하려고 노력하지 않더라도 마음이 흩어지지 않고 저절로 평정하게 머무는 상태를 말한다. -옮긴이 해설

188 여섯 가지 힘: སྟོབས་དྲུག, The Six Powers, 六力(육력) *부록 참고

189 네 가지 대상으로 이끎(사작의): ཡིད་ལ་བྱེད་པ་བཞི།, The Four Mental Engagements, 四作意 *부록 참고

해 가르침을 듣는 것이다. 들음에 따라 마음을 흩어지지 않게 안쪽으로 거두어 들이면서 대상에 집중을 시키는 것이 첫째의 '마음을 안쪽에 놓기'(안주심)이다. 그때는 마음이 대상에 잘 집중하지 못한다. 여러 가지 '거친 생각'[190](망념, རྣམ་རྟོག)들이 폭포처럼 지속적으로 생긴다. 그때 '거친 생각'(망념)이 예전보다 더 많이 생기는 것처럼 느낀다. 그는 '거친 생각'(망념)을 살펴서 알아차릴 뿐이다. 예전에는 마음이 안쪽으로 향하지 않아서 '거친 생각'(망념)을 인정하지 못했지만, 이번에는 길에 다니는 많은 보행자를 살피는 것[191]처럼 '마음 챙김'(정념)과 '알아차림'(정지)을 활용해서 많은 '거친 생각'(망념)을 인정하는 것이기에 허물이 아니다.

그런 다음 점진적으로 명상하다 보면 두 번째 힘인 '사유함의 힘'[192](사력)이 마음을 대상에게 고정시키고 있는 것을 계속해서 유지하도록 해준다. 따라서 전보다 좀더 오랫동안 마음이 대상에게 머물 수 있게 되는데 그때 바로 둘째의 '계속 놓기'(섭주심)가 되는 것이다. 그때 때때로 '거친 생각'(망념)이 사라지고 때때로는 '거친 생

---

190 거친 생각(망념): རྣམ་རྟོག, Discursive Thoughts, 妄念

191 길을 갈 때 사람들을 살펴보면 놀랄 정도로 사람이 많다는 것을 알 수 있는데, 사람들은 원래 있었지만 내가 잘 살펴보지 않아서 못 본 것이다. -옮긴이 해설

192 '사유함의 힘'이란, 예를 들어 무상에 대해 지침(요의법)을 들으면 다음에는 반복해서 논리적으로 사유하는 것을 뜻한다. -옮긴이 해설

각'(망념)이 갑자기 생겨서 명상하는 본인은 '거친 생각'(망념)이 쉬고 있다는 것을 느낀다. 이 두 가지 수준에서는 '가라앉음'(혼침)과 '들 뜸'(도거)이 많이 생기고 사마디는 적게 생긴다. 따라서 그 때 마음을 대상에게 고정시킬 때 노력을 많이 해야 한다. 그 때는 바로 '네 가지 대상으로 이끎'(사작의) 중에서 첫째의 '집중하면서 대상으로 이 끎'이 나타날 때이다.

그 다음으로 마음이 대상에서 흩어지면 셋째 힘인 '마음챙김의 힘'(정념력)으로써 바로 인정하고 마음을 대상에게 고정시킨다. 그것 이 바로 셋째의 '다시 놓기'(해주심)이다.

그 다음에는 '마음챙김의 힘'(정념력)으로 처음부터 마음을 흩어지 지 않도록 하고, 본래 광대한 마음이 저절로 더 미세해지면서 넷째 의 '더 강하게 놓기'(전주심)가 생긴다.

그 다음으로 넷째 힘인 '알아차림의 힘'(정지력)으로 마음이 '거친 생각'(망념)과, '이차적 번뇌의 마음작용'[193](수번뇌심소, ཉེ་ཉོན)의 대상으 로 흩어짐의 허물을 알아차린다. 마음이 그런 두 가지 대상 때문에

---

193 '이차적 번뇌'(ཉེ་ཉོན)를 수번뇌라고도 한다. 수번뇌를 나누면 20가지가 있는데 다 음과 같다.
  1)화냄 2)원한 3)은폐 4)앙심 5)질투 6)인색 7)위선 8)부정직 9)자랑
  10)해침 11)양심 없음 12)무배려 13)무기력(혼미) 14)들뜸 15)불신 16)게으름
  17)부주의(방일) 18)잊음(실념) 19)알아차림 없음(부정지) 20)산란·산만
  -옮긴이 해설 *부록 참고

흩어지지 않도록 하고 사마디의 유익함을 사유한다. 따라서 사마디 실천을 즐거워하는 마음이 생기는데 그것이 다섯째의 '길들이기'(복주심)이다.

'알아차림'(정지)을 통해서 산만함의 허물을 알고 사마디 실천을 싫어하는 마음을 없애면서 여섯째의 '사라지게 하기'(식주심)가 생긴다.

그 다음으로 다섯째 힘인 '정진의 힘'(정진력)을 통해서 집착, 산만함, 가라앉음(혼침), 무명[194] 등 미세한 것이 생겨도 그것까지도 곧 거절하고 제거하면서 일곱째의 '완전하게 사라지게 하기'(멸주심)이라는 것이 생긴다. 세 번째 '마음의 머묾'(주심)부터 일곱 번째의 '마음의 머묾'(주심)까지 다섯 가지 '마음의 머묾'(주심) 때는 마음이 사마디 상태로 잘 머무는데 '가라앉음'(혼침)과 '들뜸'(도거)의 방해를 당하기에 '네 가지 대상으로 이끎'(사작의) 중에서 '간헐적으로 대상으로 이끎'이 생길 때이다.

그 다음에는 '정진의 힘'(정진력)으로 '마음챙김'(정념)과 '알아차림'(정지)을 적용하면 '가라앉음'(혼침)과 '들뜸'(도거) 등 허물이 사마디를 방해하지 못하게 된다. 이 때 사마디가 지속적으로 생기는데

---

194 '무명'을 옛 경전에서 시적으로 표현하기를 '빛이 없는 것'이라 하였다. 빛으로 모든 것을 볼 수 있고 지혜가 생기면 다 깨달을 수 있는데, 지혜가 없는 상태가 바로 무명이다. −옮긴이 해설 *부록 참고

여덟 번째인 '한 점에 몰입'(성주심)이 생긴다. 이 때는 노력을 계속하면 '가라앉음'(혼침)과 '들뜸'(도거)의 방해 없이 사마디 명상을 오랫동안 유지할 수 있는데, 이 때 셋째의 '지속적으로 대상으로 이끎'이 생긴다.

그 다음에 점차적으로 명상하면 여섯 번째 힘인 '익숙해짐의 힘'(습관력)으로 '마음챙김'(정념)과 '알아차림'(정지)을 적용할 필요가 없이 마음이 대상에 저절로 들어간다. 그 때 아홉 번째인 '마음을 평정하게 놓기'(지주심)가 생긴다. 이 때는 예를 들면 경전을 외우는 것에 익숙해지면 처음에 집중해서 외우기를 시작하면 다음에 마음이 흩어져도 경전을 저절로 빠짐없이 외울 수 있듯이, 그 때는 마음을 대상에게 고정시키려고 처음에 마음챙김을 한번 키우면 그 다음 '마음챙김'(정념)과 '알아차림'(정지)을 적용시킬 필요없이 저절로 사마디를 지속적으로 오랫동안 유지할 수 있게 되는데, 그것이 바로 '노력 없이 대상으로 이끎'이다.

그런 노력이 없이 마음 전체적으로 사마디에 들어가는 아홉 번째의 '마음을 평정하게 놓기'(지주심)가 샤마타에 가까운[195](ཏིང་འཛིན་པ།) 마음 상태이다. 이전부터 갖추어 있었던, 작은 '유연성'(경안)의 안락함이 늘어난다. 마음이 원하는 대로 선한 일에 사용하지 못하게

---

195 가까운: ཏིང་འཛིན་པ།, Similitude

하는 '나쁜 성향'(습기)이 사라지면서 마음의 '유연성'(경안)이 생긴
다. 그 힘으로 몸의 '나쁜 성향'(습기)이 사라지면서 아름다운 질
감인 몸의 '유연성'(경안)이 생길 때 몸에 매우 편안한 느낌이 생긴
다. 그에 의존하여 마음에도 '크나큰 기쁨'(환희심)을 느끼게 된다.

그런 크나큰 기쁨도 차례로 적어진 다음에 마음이 단단히 대상
에 머무는 사마디와 일치하고 흔들리지 않는 유연성이 생긴다. 동
시에 첫째 선정의 예비적 단계[196](ཉེར་བསྡོགས།)인 샤마타를 성취한다.

그렇게 진정한 샤마타가 성취되고 나서 마음 명상을 차례로 하
면 '세 가지 세계'[197](삼계)와 '아홉 가지 땅'[198](구지)에서의 '아랫땅에
대한 집착'이 없어지고 '윗땅'의 마음인 샤마타를 얻는다. 그런 선
정 명상의 원인 결과로 '물질 세계'(색계)와 '물질 없는 세계'(무색계)

---

196 예비적 단계: ཉེར་བསྡོགས།, Preparation Stage
197 '세 가지 세계'란 욕계(욕망 세계), 색계(물질 세계), 무색계(물질 없는 세계)를 뜻한다.
　　　-옮긴이 해설 *부록 참고
198 '구지'의 '지'를 여기서는 '땅'으로 번역하였다. 티벳어로 '사'(ས་དག)라 하는데 땅이
　　　라는 뜻이다. 욕계(욕망 세계), 색계(물질 세계), 무색계(물질 없는 세계)의 아홉 단계 각각
　　　에서 보는 관점에서 위쪽인 곳을 윗땅, 아래쪽인 곳을 아랫땅이라 부른다. 아홉
　　　가지 땅(구지)이란,
　　　1)욕망 세계(욕계)
　　　2)첫째 선정(초선천) 3)둘째 선정(이선천) 4)셋째 선정(삼선천) 5)넷째 선정(사선천)
　　　6)무한한 허공(공무변처지) 7)무한한 의식(식무변처지) 8)아무것도 존재하지 않음(무
　　　소유천) 9)윤회의 꼭대기(무상천)
　　　이 중에서 2)~5)까지는 색계의 땅이고, 6)~9)까지는 무색계의 땅이다.
　　　-옮긴이 해설 *부록 참고

의 천신으로 태어난다. 우선 그런 원인이 되는 '디야나/선정'을 얻기 위해 어떻게 명상을 해야 하는지에 대해서 아자르야 아상가(무착보살)께서 저술한 『아비달마 사무차야』[199](아비달마집론)에는 다음과 같이,

"'정신적 주의력 일곱 가지'[200](칠종작의, ཡིད་ལ་བྱེད་པ་བདུན།)를 통해서 '첫째 선정'(초선)에 들어간다. '정신적 주의력 일곱 가지'란 무엇인가? '개별적 특성을 깨닫는 정신적 주의력'(요상작의, མཚན་ཉིད་སོ་སོར་རིག་པ་ཡིད་བྱེད།), '믿음에서 생겨난 정신적 주의력'(승해작의, མོས་པ་ལས་བྱུང་བ་ཡིད་བྱེད།), '완전한 없앰인 정신적 주의력'(원리작의, རབ་ཏུ་དབེན་པ་ཡིད་བྱེད།), '기쁨을 모으는 정신적 주의력'(섭락작의, དགའ་བ་སྡུད་པ་ཡིད་བྱེད།), '분석적인 정신적 주의력'(관찰작의, དཔྱོད་པ་ཡིད་བྱེད།), '마지막 예비인 정신적 주의력'(가행구경작의, སྦྱོར་བ་མཐའི་ཡིད་བྱེད།), '마지막 예비의 결과인 정신적 주의력(가행구경과작의, སྦྱོར་བ་མཐའི་འབྲས་བུ་ཡིད་བྱེད།) 들이다."

라고 하셨는데 첫째부터 여섯째까지는 '첫째 선정'(초선)의 예

---

199 『아비달마 사무차야』(아비달마집론): 줄여서 『아비달마집론』 또는 『집론』, 『ཆོས་མངོན་པ་ཀུན་ལས་བཏུས་པ།』, 『Mahāyānābhidharma-Samuccaya』, 『大乘阿毗達磨集論』

200 여기서 '정신적 주의력'을 '작의'라고도 하는데 이 일곱 가지는 마음작용 중 작의 뿐만 아니라 마음 전체를 대상에게 집중시키는 한 부분의 마음을 말한다. -옮긴이 해설 *부록 참고

비 단계이고, 일곱 번째는 '첫째 선정'(초선)의 진정한 '디야나/선
정'이다.

첫째, '개별적 특성을 깨닫는 정신적 주의력'(요상작의)이란 낮은
세계인 '욕망 세계'(욕계)를 허물이 많은 것으로 보고, 높은 세계인 '첫
째 선정'(초선)을 좋은 점이 많은 것으로 보아 '들음의 지혜'(문혜)와
'사유함으로 얻는 지혜'(사혜)로써 분석하는 마음 상태를 말한다.

'믿음에서 생겨난 정신적 주의력'(승해작의)이란 위의 마음 상태가
'명상으로 얻는 지혜'[201](수혜, སྒོམ་བྱུང་གི་ཤེས་རབ།)가 되는 것을 말한다. '완
전한 없앰인 정신적 주의력'(원리작의)이란 '욕망 세계'(욕계)의 명백
한 번뇌의 세 가지 큰 종류(འདོད་ཆེན་མཚན་འགྱུར་བ་ཆེན་པོ་སྐོར་གསུམ།)를 없애는 상태
이고, '기쁨을 모으는 정신적 주의력'(섭락작의)이란 욕망 세계의 명
백한 번뇌의 세 가지 중간 번뇌도(འདོད་ཆེན་མཚན་འགྱུར་བ་འབྲིང་སྐོར་གསུམ།) 없애는
상태이다.

'분석적인 정신적 주의력'(관찰작의)이란 '욕망 세계'(욕계) 번뇌의
세 가지 작은 번뇌로 마음을 더럽히는지 않는지를 조사하고 분석
하는 마음 상태를 말한다. '마지막 예비인 정신적 주의력'(가행구경작
의)이란 그렇게 분석하면서 '욕망 세계'(욕계)의 세 가지 미세한 번뇌

---

201 세 가지 지혜(삼혜): ཤེས་རབ་གསུམ།, The Three Wisdoms, 三慧
　　1)들음의 지혜(문혜) 2)사유함으로 얻는 지혜(사혜) 3)명상으로 얻는 뛰어난 지혜
　　(수혜) *부록 참고

까지도 해독제로 없애는 마음 상태를 말한다.

그런 여섯 가지 정신적 주의력을 통해서 그 결과로 '첫째 선정'(초선)의 진정한 '디야나/선정'이 성취된다. 그런 정신적 주의력들은 아랫땅이 허물 많고 거친 상태임을 파악한다. 윗땅이 허물 없고 평화스러운 상태임을 파악한다. 그것들은 세간적인 길과 세간[202]에서 벗어난 길의 공통적인 바탕이다.

'첫째 선정'(초선)의 진정한 '디야나/선정'에는 다섯 개의 가지[203]가 있다. 조사함(རྟོག་པ)과 분석[204](དཔྱོད་པ)은 해독제의 가지이고 행복[205](དགའ་བ)과 기쁨[206](བདེ་བ)은 이익의 가지이다. 사마디(སེམས་རྩེ་གཅིག་པ)는 '바탕'의 가지이다. 조사함과 분석 둘 다를 갖춘 '첫째 선정'(초선)의 진정한 '디야나/선정'은 일반적인 '디야나/선정'이고, 조사함 없이 분석

---

202 '세간적인 길과 세간'이란 이번 생만을 목표로 수행하는 것을 말하며, 그런 방법으로는 세속에서 벗어난 깨달음을 얻을 수 없다는 뜻이다. 샤마타는 두 가지가 있는데 하나는 세간에서 벗어나게 하는 방법인 샤마타이고, 또 다른 하나는 윤회하게 하는 원인이 되는 샤마타이다. -옮긴이 해설

203 가지: ཡན་ལག, Branch

204 '조사함'은 티베트어로 똑빠(རྟོག་པ)라 하며 어떤 개념에 대해 대강, 거칠게 분석하는 작용을 하는 마음작용을 말한다. '분석'은 티베트어로 쬐빠(དཔྱོད་པ)라 하는데 어떤 개념에 대해 자세히, 미세하게 분석하는 작용을 하는 마음작용을 말한다. '쬐빠'와 '똑빠' 둘 다 조사(Investigation)하고 분석하는 것을 뜻하지만 위와 같은 차이가 있다. -옮긴이 해설 *부록 참고

205 행복: དགའ་བ, Bliss, Priti(쁘리띠), 喜(희)

206 기쁨: བདེ་བ, Joy, Sukha(수카), 樂(락)

만 갖춘 것을 특별한 '디야나/선정'이라고 한다. '둘째 선정'(이선, བསམ་གཏན་གཉིས་པ།)의 예비를 통해서, '첫째 선정'(초선, བསམ་གཏན་དང་པོའི་བསམ།)은 허물이 있고 '둘째 선정'(이선, བསམ་གཏན་གཉིས་པའི་བསམ།)이 허물 없이 좋은 점을 갖춘 것으로 파악하게 된다. 따라서 '첫째 선정'(초선)에 대한 애착이 제거될 때 '둘째 선정'(이선정)의 진정한 '디야나/선정'을 얻는 것이다.

'둘째 선정'(이선)의 진정한 '디야나/선정'은 '내면의 명확성'(ནང་རབ་ཏུ་དང་བ།) 등 네 개의 가지가 있다. '내면의 명확성'(ནང་རབ་ཏུ་དང་བ།)은 해독제의 가지이고, 사마디로 생기는 행복과 기쁨은 이익의 가지이다. 사마디는 바탕의 가지이다. 여기서 내면의 명확성이란 '마음챙김'(정념), '알아차림'(정지), 평정함(བཏང་སྙོམས།) 들 세 가지를 말한다. 마음속 거친 마음 상태인 조사함을 완전하게 없앤 상태[207]이므로 '내면의 명확성'이라고 한다.

여섯 가지 주의력을 통해 '둘째 선정'(이선)은 허물이 있고 '셋째 선정'(삼선)은 좋은 점을 갖춘 것으로 파악함으로써 '둘째 선정'(이선)에 대한 애착이 제거될 때 '셋째 선정'(삼선)의 진정한 '디야나/선

---

207 '둘째 선정'은 '조사함'이라는 마음작용도 없앤 마음상태이다. 왜냐하면 조사함은 거친 마음작용이고 둘째 선정은 미세한 상태이기 때문이다. 참고로 '첫째 선정'은 마음이 거친 상태이기에 '조사함'이 필요하다. '셋째 선정'은 마음이 좀더 미세한 상태, '넷째 선정'은 마음이 아주 미세한 상태이다. -옮긴이 해설

정'을 얻는다. '셋째 선정'(삼선)의 진정한 '디야나/선정'은 다섯 개의 가지를 갖고 있다. '마음챙김'(정념), '알아차림'(정지), 평정함 등 세 가지는 해독제의 가지이고, 기쁨은 이익의 가지이다. 사마디는 바탕의 가지이다. 여섯 가지 '예비적 선정'으로 '셋째 선정'(삼선)은 허물이 있고, '넷째 선정'(사선)은 유리한 것으로 파악하면서 '셋째 선정'(삼선)에 대한 애착이 없어질 때 '넷째 선정'(사선)의 진정한 '디야나/선정'을 얻는다. '넷째 선정'(사선)의 진정한 선정은 네 개의 가지를 갖고 있다. 청정한 '마음챙김'(정념)과 평정함이 해독제의 가지이고, '고통스럽지도 즐겁지도 않은 느낌'(사수)은 이익의 가지이고, 사마디는 바탕의 가지이다.

여기서 청정한 '마음챙김'(정념, དྲན་པ་ཡང་དག)이란 '디야나/선정'의 여덟 가지 허물(བསམ་གཏན་གྱི་སྐྱོན་བརྒྱད)이 없어서 완전히 정화된다는 의미이다. 그런 여덟 가지 허물은 '첫째 선정'(초선)의 불같은 조사함과 분석함, '둘째 선정'(이선)의 '감각기관의 의식'[208](근식, དབང་ཤེས)인 고통스러운 느낌(ཚོར་བ་སྡུག་བསྔལ)과 기쁨의 느낌(ཚོར་བ་བདེ)과, '셋째 선정'(삼선)의 의식인 마음의 기쁨의 느낌과 고통스러운 느낌과 '넷째 선

---

208 '감각기관의 의식'(근식)이란 여섯 의식인 눈, 귀, 코, 혀, 몸, 마음의식 중에서 마음의식을 뺀 나머지를 말한다. '감각기관의 의식'을 티베트어로 '왕뽀셰빠'(དབང་ཤེས, 줄임말 왕셰)라 하는데, 여기서 왕뽀는 감각기관을 뜻하고, 셰빠는 의식을 뜻한다. 예를 들면, 안식(눈의 의식)은 안근(눈의 감각기관)에 의지해서 생기듯이 왕셰란 물질적인 감각기관을 의지해서 생기는 의식을 뜻한다. -옮긴이 해설 *부록 참고

정'(사선)의 숨을 내쉬기(དབུགས་འབྱུང་བ)와 숨을 들이마시기(དབུགས་རྔུབ་པ) 들을 말한다.

이런 '디야나/선정'의 가지들은 명칭으로 열여덟 개가 있는데, 실질적으로는 열한 가지가 있다. 아자르야 바수반두(세친보살)께서 저술하신 『아비다르마꼬샤』(아비달마구사론)에서 다음과 같이 말씀하셨다.

དང་པོ་ལ་ལྔ་རྟོག་དཔྱོད་དང་། །

དགའ་དང་བདེ་དང་ཏིང་འཛིན་རྣམས། །

གཉིས་པ་ལ་ནི་ཡན་ལག་བཞི། །

རབ་དང་དང་ནི་དགའ་བ་སོགས། །

གསུམ་པ་ལ་ལྔ་བཏང་སྙོམས་དང་། །

དྲན་དང་ཤེས་བཞིན་བདེ་དང་གནས། །

ཐ་ན་བཞི་དྲན་བཏང་སྙོམས་དང་། །

བདེ་མིན་སྡུག་མིན་ཏིང་འཛིན་རྣམས། །

རྫས་སུ་བཅུ་གཅིག །

당뽀라웅아똑죄당   가당데당띵진남

니빠라니엔락시   랍당당니가라속

쑴빠라웅아땅뇸당   덴당셰신데당네

타나시덴땅뇸당   데민둑민띵진남 제수쭈찍

"첫째는 다섯 개가 있는데 조사함과 분석함,

행복과 기쁨과 사마디들이다.

둘째는 네 개의 가지가 있는데

내면의 명확성과 행복 등이다.

셋째는 다섯 개의 가지가 있는데 평정함과

마음챙김, 알아차림, 기쁨과 사마디들이다.

마지막은 네 가지가 있는데 마음챙김과 평정함과

고통스럽지도 즐겁지도 않은 느낌과 사마디들이다.

실질적으로 열한 가지이다."

라고 하셨다. 이런 '디야나/선정'들의 결과는 '물질 세계'(색계)로
태어나는 것이다. '첫째 선정'(초선)의 진정한 '디야나/선정'은 작은
것, 중간 것, 큰 것 등 세 가지가 있는데 그것을 실천하면 '첫째 선
정의 하늘'[209](초선천) 중에서 '브라흐마 백성의 하늘'(범중천, ཚངས་རིས།)이
라는 처소(གནས།) 등에 태어난다. 그리고 '넷째 선정'(사선정)의 진정한

---

209 첫째 선정의 하늘(초선천) : བསམ་གཏན་དང་པོ།, The First Dhyana, 初禪天
　　1)브라흐마 백성의 하늘(범중천) 2)브라흐마 신하의 하늘(범보천) 3)위대한 브라흐
　　만의 하늘(대범천) *부록 참고

'디야나/선정'의 작은 것, 중간 것, 큰 것들을 실천함으로써 '넷째 선정'인 '구름 없는 하늘'(무운천) 등에 태어난다. 넷째 선정 각각의 작은 것, 중간 것, 큰 것인 진정한 선정을 완전히 실천함으로써 '넷째 선정의 하늘'[210](사선천)의 각각의 처소에서 '익어감의 열매'[211](이숙과, རྣམ་སྨིན་གྱི་འབྲས་བུ) 등을 경험한다. 어떤 선정의 하늘 처소에 태어나서 얻은 몸이 '익어감의 열매'(이숙과)이고, 선정인 마음이 '원인과 일치하는 열매'[212](등류과, རྒྱུ་མཐུན་གྱི་འབྲས་བུ)이다. 태어난 곳의 '자원'은 '환경의 열매'[213](증상과)이다.

---

210 넷째 선정의 하늘(사선천) : བསམ་གཏན་བཞི་པ, The Fourth Dhyana, 四禪天
   1)구름 없는 하늘(무운천) 2)복이 생기는 하늘(복생천) 3)열매로 가득한 하늘(광과천)
   4)광대하지 않은 하늘(무번천) 5)고통 없는 하늘(무열천) 6)아름다운 외모의 하늘(선
   현천) 7)수승한 시력의 하늘(선견천) 8)아래가 아닌 하늘(색구경천) *부록 참고

211 '익어감의 열매'(이숙과)란 예전에 지었던 까르마가 익어서 맺는 열매. 예를 들면, 예
   전에 계율 등의 실천을 통해서 지었던 선업으로 인간으로 태어나는 따위를 말한
   다. -옮긴이 해설 *부록 참고

212 '원인과 일치하는 열매'(등류과)란 예전에 지었던 까르마와 일치하는 열매를 말한다.
   예를 들면, 예전에 생명을 죽여서 지었던 악한 까르마 때문에 이번 생에도 생명을
   죽이는 일을 좋아하는 습관을 갖게 되는 것, 병이 많고 빨리 죽어가는 것 따위이
   다. -옮긴이 해설 *부록 참고

213 '환경의 열매'(증상과)란 예전에 지었던 까르마 때문에 생기는 이번 생의 환경 조건
   을 말한다. 예를 들면, 예전에 계율 등의 실천을 통해서 지었던 선업으로 이번 생에
   자신이 태어난 곳의 환경에 좋은 점이 많은 것 따위이다. -옮긴이 해설 *부록 참고

'무한한 허공'(공무변처지, ནམ་མཁའ་མཐའ་ཡས།), '무한한 의식'[214](식무변처지, རྣམ་ཤེས་མཐའ་ཡས།), '아무것도 존재하지 않음'[215](무소유처지, ཅི་ཡང་མེད།), '윤회의 꼭대기'[216](무상천, སྲིད་རྩེ།)는 '물질 없는 세계의 네 가지 디야나/선정'[217](사무색정)이다. '넷째 선정'(사선천)의 마음을 얻고, 그 다음에 물질은 만지거나 보거나 인식할 수 없는 것으로 보고 모든 현상이 허공같이 무한하다고 완전하게 사유하는 것이 '무한한 허공의 선정'(공무변처정, རྣམ་མཁའ་མཐའ་ཡས་ལས་སྐྱེ་མཆེད་ཀྱི་སྙོམས་འཇུག)이다. 그 다음에 의식도 허공처럼 무한하다고 완전하게 사유하는 것이 '무한한 의식의 선정'(식무변처정, རྣམ་ཤེས་མཐའ་ཡས་ལས་སྐྱེ་མཆེད་ཀྱི་སྙོམས་འཇུག)이다. 그 둘이 거친 생각(འདུ་ཤེས་རགས་པ)인 것을 알면서 의식의 대상에 대해 아무것도 소유하지 않는다는

---

214 '무한한 의식'(식무변처지)이란 물질 없는 세계의 두 번째 땅이며 물질적인 것뿐만 아니라 의식, 마음도 허공과 같다고 미세하게 사유하는 마음상태를 말한다.
   - 옮긴이 해설

215 '아무것도 존재하지 않음'(무소유처지)이란 물질 없는 세계의 세 번째 땅이며, 거친 생각은 없고 미세한 생각은 있는 상태의 마음이다. - 옮긴이 해설

216 '무상천'을 다른 말로 '상이 없고 상 없는 것이 아님'(비상비비상처지)이라고 하는데 '거친 생각이 없고 미세한 생각은 있는 상태'를 말한다. 이 위에 더 이상 윤회의 세계가 존재하지 않아서 '윤회의 꼭대기'라고도 한다. - 옮긴이 해설 *부록 참고

217 물질 없는 세계의 네 가지 선정(사무색정): གཟུགས་མེད་ཀྱི་སྙོམས་འཇུག་བཞི, The Four Formless Dhyanas, Catsra Ārūpya-Samāoattaya(짜뜨스라 아루뻬야-사마오앗따야), 四無色定
   1)무한한 허공의 선정(공무변처정) 2)무한한 의식의 선정(식무변처정) 3)아무것도 존재하지 않음의 선정(무소유처정) 4)윤회의 꼭대기의 선정(무상천정) *부록 참고

것을 완전하게 사유하는 것이 '아무것도 존재하지 않음의 선정' (무소유처정)이다. 그 세 가지 다 거친 것(དུ་ཤེས་རགས་པ)임을 알면서, 거친 생각이 없고 미세한 것이 존재하지 않는 것이 아니다라고 사유를 완전하게 하는 것이, '상이 없고 상 없는 것이 아님의 디야나/선정' (무상천정)이다. 그 다른 이름은 '윤회의 꼭대기의 선정' (무상천정)이라고 한다. '물질 없는 세계' (무색계) 네 가지는 서로 우월함과 열등함의 차이와 수명의 길이에서 차이도 있다. 그리고 사마디의 광대함과 힘에도 차이가 있다. 그런 차이들은 '물질 없는 세계 (무색계)의 디야나/선정' (무색계정) 네 가지를 실천함에 따라 생기는 결과이다.

'물질 세계' (색계)의 네 가지 '디야나/선정'을 통해서 '한량 없는 네 가지 마음'[218](사무량심)이 성취되고 '신성한 눈' (천안통), '신성한 귀' (천이통), '다른 이의 마음을 앎' (타심통), '전생에 태어난 곳을 기억하는 능력' (숙명통), '죽음과 태어남을 앎' (생사통) 등 '세간적인 신통들 다

---

218 '한량 없는 네 가지 마음' (사무량심)이란 자애의 마음, 자비의 마음, 기쁨의 마음, 평등한 마음이다.
1) '자애의 마음'이란 모든 중생에게 행복과 행복의 원인을 바라는 마음이다. 2) '자비의 마음'이란 모든 중생에게 괴로움과 그 원인이 없는 상태를 바라는 마음이다. 3) '기쁨의 마음'이란 모든 중생이 행복 및 그 원인과 헤어지지 않는 상태를 바라는 마음이다. 4) '평등한 마음'이란 모든 중생이 애착과 화냄이 없는 상태에 머무는 것을 바라는 마음을 말한다. 예를 들면 마음상태에 따라 어떤 사람에게는 사랑으로 대하고 어떤 사람에게는 화를 내는 상태가 아니라, 모두에게 평등하게 대하기를 바란다는 뜻이다. -옮긴이 해설 *부록 참고

섯 가지'[219]도 성취된다. 이 다섯 가지는 '물질 세계'(색계)와 '물질 없는 세계'(무색계)의 특징적인 공덕이다.

'세 가지 수레'(삼승)의 길로 들어간 이들도 우선 이러한 사마디를 성취하고서 그 다음 높은 수준인 길을 성취해야 한다. '넷째 선정'(사선천)의 진정한 '디야나/선정'(བསམ་གཏན་བཞི་པའི་དངོས་གཞི།)인 마음 상태로 '상이 없는 디야나/선정'(འདུ་ཤེས་མེད་པའི་སྙོམས་འཇུག)을 성취하고, '윤회의 꼭대기'(무상천, སྲིད་རྩེ)의 진정한 '디야나/선정'(སྲིད་རྩེའི་དངོས་གཞི།)인 마음 상태로는 '거친 마음이 멈춘 디야나/선정'(멸진정, འགོག་པའི་སྙོམས་འཇུག)이 성취된다. 이런 사마디들은 불교와 외전 다 공통으로 취해야 하고 성취해야 할 것이다. 붓다의 가르침을 실천하는 길에 들어가는 이들이 예비해야 할 실천이다. 따라서 이것들을 잘 배우면서 익숙해지도록 실천해야 한다.

---

219 세간적인 신통들 다섯 가지: 1)신성한 눈(천안통): 모든 영역을 즉각 보는 높은 지식 2)신성한 귀(천이통): 모든 소리를 즉각 듣는 높은 지식 3)타심통 4)숙명통 5)천명통 *부록 참고

6 셋째, 지혜에 대하여

'배워야 할 세 가지'(삼학) 중에서 지혜란 조사함과 분석함으로 현상을 완전하게 분별하는 지혜를 뜻한다. 그것을 실천하면서 완전하게 익숙해지면 '지혜 빠라미따'[220](반야바라밀)가 된다. 지혜는 세 가지로 분류한다. 그중에서 궁극적(དོན་དམ) 현상을 깨닫는 지혜란 공성을 분별심을 통해서 '관념적'(의공상)[221]으로 인식하거나 직접적으로 인식하는 지혜를 말한다. 관습적 진실(ཀུན་རྫོབ)을 깨닫는 지혜란 다섯

---

220 지혜 빠라미따(반야바라밀): 완전한 지혜라는 뜻. ཤེས་རབ་ཕར་ཕྱིན།, The Perfection of Wisdom, Prajñā-Pāramitā(쁘라갼-빠라미따), 般若波羅蜜多(반야바라밀다)

221 '의공상'이란 '생각에서 인지되는 현상'인데 이것을 티베트어로 된찌(དོན་སྤྱི)라 한다. 의식의 종류 중 분별인식(분별식)으로 어떤 대상을 인식할 때 마음으로 상상하는 형상을 말한다. 예를 들어 '컵이다'라고 생각했을 때 컵 그대로의 이미지가 마음에 나오는 것 등을 말한다. -옮긴이 해설 *부록 참고

가지 지식[222]을 잘 아는 지혜를 말한다. 중생의 복지를 인식하는 지혜란 중생의 현재와 미래의 복지를 성취하는 방식을 아는 것을 말한다.

그중에서 중심인 무아를 깨닫는 지혜를 성취해야 한다. 무아라는 개념의 의미에도 불교 네 학파의 여러 주장이 있다. 그런 여러 가지 해설들도 다 중관학파의 귀류논증파의 견해를 잘 깨닫기 위해서 해설한 것이다. 따라서 이번에는 귀류논증파의 주장을 중심으로 설명하려고 한다. 찬드라키르티(월칭보살)께서,

ཉོན་མོངས་སྐྱོན་རྣམས་མ་ལུས་འཇིག་ཚོགས་ལ། །
ལྟ་ལས་བྱུང་བར་བློ་ཡིས་མཐོང་གྱུར་ཏེ། །
བདག་ནི་འདི་ཡི་ཡུལ་དུ་རྟོགས་བྱས་ནས། །
རྣལ་འབྱོར་པ་ཡིས་བདག་ནི་འགོག་པར་བྱེད། །

논몽꾠남마류직촉라   따레즁와르로이통규르떼
닥니디이율두똑계네   네르죠르빠이닥니곡빠르계

---

222 '다섯 가지 지식(위디야)'이란 언어학, 논리학, 예술, 의학, 심리학을 말한다.
    ─옮긴이 해설 *부록 참고

"'괴로운 감정'(번뇌)과 허물[223]은 다 아집으로(འཛིན་ཆོས་ལ་སྟ་པ)

　생기는 것임을 지혜로 깨달으면서

　'나'가 이것(견해)의 대상임을 깨닫고

　수행자가 '나'를 부정해야 한다."

　라고 하셨는데 세간의 모든 허물의 뿌리는 '실제로 존재한다고'
인식하는 집착(실집, བདེན་འཛིན)과 그러한 '습기'(습관적 성향) 들이다. 그
것을 없애는 방법은 무아를 깨닫는 지혜 외에 다른 것이 없다. 그
러므로 무아의 개념을 깨닫는 위빠사나를 성취하기 위해서 애써
야 한다.

　무아는 '뿌드갈라의 무아'(인무아)와 '현상의 무아'(법무아) 두 가지
가 있다. 그 둘 중에 '뿌드갈라의 무아'(인무아)를 명백히 알면 현상
의 무아를 쉽게 알 수 있다. 그러므로 '뿌드갈라의 무아'(인무아)라는
개념을 먼저 세워야 한다.

　그에 대해 샨타락시타(적호보살)[224]께서 『마디야마까알람까라』(중

223　여기서 '허물'이란 죽음이나 병 등 우리에게 생길 수 있는 나쁜 점 모두를 뜻한다.
　　　－옮긴이 해설

224　샨타락시타(샨따락시따)는 적호보살이라고도 한다. 8세기 인도의 저명한 불교철학
　　　대학자이셨다. 날랜다 대학의 켄뽀(མཁན་པོ, Khenpo)이셨으며 티베트에 초대되어 티
　　　베트 최초의 사원인 쌈예사원을 세우는 등 티베트 불교 발전에 중요한 역할을 하
　　　셨다. 논서 『마디야마깔랑까라』(중관장엄)를 저술하셨다. －옮긴이 해설 *부록 참고

관장엄)에서,

བདག་དང་གཞན་སྐྱེས་དངོས་འདི་དག །
ཡང་དག་པར་ནི་གཅིག་པ་དང་། །
དུ་མའི་དངོས་དང་བྲལ་བའི་ཕྱིར། །
རང་བཞིན་མེད་དེ་གཟུགས་བརྙན་བཞིན། །

닥당셴메옹외디닥   양닥빠르니찍빠당

두메옹외당델외치르   랑신메데쑥녠신

"나와 남이 제안했던 현상들은

궁극적으로는 하나도 아니고

여럿도 아니기 때문에

자성 없음은 거울에 비춰진 얼굴과 같다."

라고 하셨는데 네 가지 핵심을 갖춘 '하나도 여럿도 아니라는 논법'[225](ངོས་ལ་དགོད་པ་གཞི་དུ་ཐལ་གྱི་གཏན་ཚིགས།)을 적용하는 것이 중요하다. 네 가지 핵심이란 부정해야 할 바[226]를 명확히 알기, 충족함을 명확히 알기, 하나가 아님을 명확히 알기, 여럿이 아님을 명확히 알기 등이다. 샨티데와(적천보살)께서,

བཅགས་པའི་དངོས་ལ་མ་རེག་པར། །

དེ་ཡི་དངོས་མེད་འཛིན་མ་ཡིན། །

딱뻬응외라마렉빠르 데이응외메진마인

"'구성된 사물'[227] (가립)을 만나지 않는다면

---

225 '하나도 여럿도 아니다'라는 논법'(ངོས་ལ་དགོད་པ་གཞི་དུ་ཐལ་གྱི་གཏན་ཚིགས།)이란 인도 날란다 대학에서 초기 불교 원형 그대로 전승된 티베트 '불교논리학'에서 사용하는 '논법'의 하나이다. 사물의 본성을 분석할 때 적용한다. 이 논법의 과정은 다음과 같다.
1) '진실로 존재하는 하나'도 아니고, '진실로 존재하는 여럿도 아닌 사물'이면,
2) '진실로 존재하지 않는 것'을 충족한다. 예를 들면 거울 속 얼굴과 같다.
3) X도 '진실로 존재하는 하나'도 아니고, '진실로 존재하는 여럿도 아닌 사물'이다. -옮긴이 해설

226 여기서 '부정해야 할 바'란 무아, 공성이라는 개념을 깨닫기 위해 부정해야 할 것을 뜻한다. -옮긴이 해설

227 '구성된 사물'이란 예를 들어, 테이블은 테이블을 구성하는 부분들이 모인 것이고 이것에 테이블이라고 이름을 붙여서 임시적으로 존재하는 것을 말한다. -옮긴이 해설
*부록 참고

그것이 실재하지 않음을 파악하지 못한다."

라고 하셨다. 무아의 의미를 찾을 때 '실제로 존재한다고 인식하는 집착'(실집)이 파악하는 대로의 부정할 대상을 인정하는 것이 매우 중요하다라는 뜻이다. 부정할 대상에 대해서도 거친 것밖에 미세한 것을 인정하지 못하면 부정할 때도 거친 것만 부정하고 미세한 것을 부정하지 못한다. 그래서 부정할 것이 남아 있기 때문에 아집을 해치지 못하고 '영원한 존재라고 인정하는 견해'[228](상견, རྟག་པར་ལྟ་བ)에 빠지게 된다.

만약에 '여섯 가지 의식'(육식)의 대상인 모든 것이 부정해야 할 것이다라고 인정한다면 '관습적인 진실'(속제)이 존재하지 않는다고 인식하는 견해 즉 단견의 위험이 크다. 그러므로 '나'가 자성으로 존재하는 것을 인식하는 '타고난 아집'의 인식하는 방식을 자세히 분석하면 다음과 같다. '나'라는 것은 '다섯 무더기'(오온) 등 아무것에 의지하지 않고 자주적으로 존재한다고 파악한다. 이것은 바르게 아는 것이 첫째 핵심인 '부정해야 할 바를 명확히 알기'라는 것이다.

만약 '나'가 자성으로 존재한다면 몸 등 '무더기'(온)와 본질적으

---

228   영원한 존재라고 인정하는 견해(상견): རྟག་པར་ལྟ་བ, Eternalistic View, 常見

로 하나이거나, 아니면 다른 것이어야 한다. 그 둘 외에 다른 존재 방식이 없다는 것을 아는 것이 둘째 핵심인 충족함을 확실히 아는 것이다.

나와 '무더기'(온) 둘의 본질은 진실로 같다고 한다면 절대 차이가 없는 하나이어야 한다. 본질적으로 하나이고 '분별심으로 인지되는 상'[229](반체)이 다르므로(ངོ་བོ་གཅིག་ལ་ལྡོག་པ་ཐ་དད་) 인식되는 그런 존재 방식과 마음에 나타나는 방식 두 가지가 '일치하지 않는 것'이 관습적 사물의 존재 방식이다. 게다가 진실로 성립한다면 그런 존재 방식과 마음에 나타나는 방식 두 가지가 일치하지 않을 수가 없고, 진실을 인식하는 마음에 대상의 본질이 있는 그대로 나타나야 한다. 그러므로 나와 '무더기'(온) 둘이 진실로 하나라면, 한 명의 사람에게 '무더기'(온)가 여러 가지 있는 것처럼 '나'도 여럿이 되어야 한다는 허물이 있다. 그리고 '나'가 하나밖에 없는 것처럼 '무더기'(온)들도 하나가 되어야 하고, '무더기'(온)가 생기고 사라지는 것과 같이 '나'도 생기고 사라져야 한다는 허물이 있다. 그렇게 논리적으로 여러 측면에서 분석하면 '나'와 '무더기'(온)는 자성으로 하

---

229 '분별심으로 인지되는 상'은 '반체'라고도 한다. 만약 두 가지 사물의 반체가 같다고 한다면 둘이 아무 차이 없는 하나여야 한다는 뜻이다. 한자로 '체성일(體性一) 반체이(返體異)'라고 하는데 '본질이 같고 반체 즉 분별심으로 인지되는 상이 다르다'(Identically the Same & Conceptually Different)라는 뜻이다. -옮긴이 해설 *부록 참고

나가 아님을 알게 되는 것이 셋째 핵심인 '하나가 아님을 확실히 아는 핵심'이다.

'나'와 '무더기'(온) 둘이 진실로 다르다고 한다면 논리적 분석을 버틸 만큼의 다름(རིགས་པས་དབྱེ་བརྩོན་གྱི་བ་དང་)이어야 한다. 따라서 본질과 실체 등 모든 측면에서 관계가 없는 다름이어야 한다. 왜냐하면 '분별심으로 인지되는 상'(반체)이 다르고 본질이 다르지 않은 것이 '거짓된 현상'[230]의 존재 방식이니, 자성으로 존재한다고 한다면 이것이 들어맞지 않는다. 만약 그런 관계가 없는, 다른 것이라고 한다면 '무더기'(온)인 몸이 병에 걸리거나, 늙어가거나, 버려질 때 '나'가 병에 걸린다거나 늙어간다거나 등의 일이 일어나지 않아야 하기 때문에 '나'에게는 생김, 사라짐 등 '무더기'(온)의 특성이 없다고 해야 하게 되고, '다섯 무더기'(오온) 각각을 뺀다 하더라도 그 외에 '나'라는 무엇이 존재한다라고 해야 하게 되는 허물 등이 생긴다. 그래서 '나'는 '무더기'(온)와 자성으로 다르지 않음을 결정하는 것이 넷째 핵심인 '여럿이 아님을 확실히 아는 핵심'이다.

그렇게 자성으로 하나와 여럿 어떤 것으로도 성립되지 않음을 깨닫는 것이, 성립해야 할 자성이 존재하지 않음을 논하는 논증(རྟགས་ སམ་གཏན་ཚིགས་)을 깨닫는 심식 즉 마음이다. 그를 통해서 '나'가 자성으

---

230 '거짓된 현상'이란 허위성(虛僞性)을 말하는데 '관습적인 진실'(속제)과 같다.
　　-옮긴이 해설

로 존재하지 않음을 어떻게 깨닫는가 하는 것은 다음과 같다. 예를 들면, 소 한 마리를 어떤 곳에서 잃었는데 그곳에 소가 갈 만한 곳은 두 골짜기밖에 없는 상태이다. 그 두 골짜기 전체를 샅샅이 찾았지만 소가 없는 것을 깨달았을 때 찾아야 할 소가 존재하지 않는 것을 깨닫게 된다. 그와 같이 부정해야 할 바를, '실제로 존재한다고 인식하는 집착'(실집)이 어떻게 파악하는지를 미리 확인하고, 그 다음에 '하나와 여럿이 아니다라는 논증'으로 분석한다. 분석해서 하나와 여럿이 아님을 깨우칠 때, 마음속에 익숙해 있고 부정해야 할 '나'가 존재하지 않는 것임을 깨달을 때 '뿌드갈라의 무아'(인무아)를 깨닫는 것이고 중관의 견해를 깨닫는 것이다.

'현상의 무아'(법무아)란 『사마디라자 수뜨라』[231] 에서,

ཇི་ལྟར་ཁྱོད་ཀྱིས་བདག་གི་འདུ་ཤེས་ནི། །
ཤེས་པ་དེ་བཞིན་ཀུན་ལ་བློས་སྦྱར་བྱ། །
ཆོས་རྣམས་ཐམས་ཅད་དེ་ཡི་རང་བཞིན་ཏེ། །
ཡོངས་སུ་དག་པ་ནམ་མཁའ་ལྟ་བུ་ཡིན། །

지따르쾨끼닥기두셰니

---

231 『사마디라자 수뜨라』: 『ཏིང་ངེ་འཛིན་རྒྱལ་པོའི་མདོ』, King Of Concentration Sutra, 『Samadhiraja Sutra』

셰빠데신꾼라뢰쟈르쟈

최남탐쩬데이웅오오닌

용수닥빠남카따부인

"그대는 '나'에 대한 생각을,

깨닫는 대로 모두에게 적용해야 한다.

모든 현상도 그와 같고,

자성 없음이 허공과 같다."

라고 설하셨다. 앞에서 뿌드갈라(ㅠㄷㅋㅋ)에 대해 말한 것처럼 항아리 같은 경우에도 다음과 같다. 항아리 같은 것도 실질적인 원인인 여러 가지 미세한 입자들이 모아진 것과 협력적인 원인인 만드는 이의 행동 등 많은 원인과 조건에 의지해서 성립된 것이다. 그 아무것에도 의지하지 않고 저절로 독립적으로 성립하는 항아리란 존재하지 않는다. 그와 마찬가지로 아무 현상이라고 해도 원인과 조건, 그리고 부분을 의지해서 성립되는 것일 뿐이니, 그 외에 자성으로 존재하는 것이란 없다. 그렇게 존재하지 않아도 마음에 나타나고, 나타나는 대로 파악하는 의식을 '현상의 아집'(법아집)이라고 한다. 그런 의식이 대상을 파악하는 방식을 알면서, 전에 말했던 충족함을 확실히 아는 핵심 등 네 가지 핵심으로 분석해야 한다. 분석하고 나서, 그런 의식으로 파악한 대상이 공성으로 사라지고 '의존적인 현상'(연기)의 모임일 뿐인, '명칭으로 세워졌던 것'[232](유언가유, ཏེན་འབྲེལ་ཚོགས་ཚས་ཀྱི་མེང་རྐྱང་བཏགས་ཡོད)일 뿐임이 마음에 나타날 때 '현상의 무아'(법무아)를 깨닫는 것이다. 그렇게 원인과 결과의 현상이 자성으로 존재하지 않음을 깨닫게 된다. 그 깨달음의 힘으로, 의존하여 세웠던(འཏེན་ནས་བཏགས་པ) '의존적인 현상'의 개념이 더 확실해진다. '명칭으로 세워졌던 것'(유언가유)일 뿐인 '의존적인 현상'을 깨달음으로써 자성이 없는 공성의 개념이 더욱더 확실해진다. 그 때는 공성이 의존적인 존재의 의미가 되고, 의존적인 존재는 공성의 뜻이 된다라는 것이 붓다의 최고 생각이고 바른 견해를 그대로 깨닫는 것이다.

또한 그런 공성의 개념을 깨닫기 위한 방법은 전에 말했던 '하나와 여럿이 아니다라는 논법'(གཅིག་དུ་བྲལ་གྱི་གཏན་ཚིགས)뿐만 아니라 '다이아몬드 가루 논법'(རྡོ་རྗེ་གཟེགས་མའི་གཏན་ཚིགས), '존재하는 생김과 존재하지 않음의 생김을 부정하는 논법'(ཡོད་མེད་སྐྱེ་འགོག་གི་གཏན་ཚིགས), '네 가지 생김을 부정하는 논법'(མུ་བཞི་སྐྱེ་འགོག་གི་གཏན་ཚིགས), '의존적 존재(연기법)의 논법'(ཏེན་འབྲེལ་གྱི

---

232 명칭으로 세워졌던 것(유언가유): ཏེན་འབྲེལ་ཚོགས་ཚས་ཀྱི་མེང་རྐྱང་བཏགས་ཡོད, A Merely Designated Phenomenon, 有言假有

གདན་ཚིགས།) 등[233] 많다. 그런 여러 논법을 통해서 무아의 개념인 공성을 바르게 깨달은 다음에 그 개념을 분석적으로, 집중적으로 더욱더 실천하는 것이 뛰어난 지혜학의 수행이다.

---

233 날랜다 불교대학에서 전승된 수행법인 티베트 불교논리학 논법들은 여러 가지가 있다.
   1)'하나와 여럿이 아니다라는 논법'(རོ་གཅིག་དུ་བྲལ་གྱི་གཏན་ཚིགས།)은 사물의 본성을 분석할 때 적용한다. 2)'다이아몬드 가루 논법'(རྡུལ་ཕྲན་རྡོ་རྗེ་གཟེགས་མའི་གཏན་ཚིགས།)은 사물의 원인을 분석할 때 적용한다. 3)'존재하는 생김과 존재하지 않는 생김을 부정하는 논법'(ཡོད་མེད་སྐྱེ་འགོག་གི་གཏན་ཚིགས།)은 사물의 결과를 분석할 때 적용한다. 4)'네 가지 생김을 부정하는 논법'(མུ་བཞི་སྐྱེ་འགོག་གི་གཏན་ཚིགས།)은 사물의 수를 분석할 때 적용한다. 5)'의존적 존재(연기법)의 논법'(རྟེན་འབྲེལ་གྱི་གཏན་ཚིགས།)은 '논법의 왕'이라고 한다. –옮긴이 해설

7 '배워야 할 세 가지'를 통해서 성문과 연각의 길에 들어가는 방식

그런 '배워야 할 세 가지'(삼학)에 의지해서 어떤 이는 '작은 수레'(소승)의 길에 들어가면서 신성한 해탈인 성문 아라하뜨와 연각 아라하뜨의 경지에 도달한다. 또 다른 이는 '큰 수레'(대승)의 길에 들어가면서 붓다의 경지에 도달한다. 성문의 길과 연각의 길 둘 중에 첫째, 성문의 길에는 '쌓음의 길'(자량도), '예비의 길'(가행도), '보임의 길'(견도), '명상함의 길'(수도), '무학의 길'(무학도)[234]들이 있다. 그런 '다섯 가지 길'(오도)에 들어가는 방식에 대해 찬드라키르티(월칭보살)

---

[234] '쌓음의 길'(촉람), '예비의 길'(졸람), '보임의 길'(통람), '명상함의 길'(곰람), '무학의 길'(밀룹람). 이 다섯 가지 길은 수행자의 마음 발전 단계를 뜻한다.
  -옮긴이 해설 *부록 참고

께서 『뜨리사라나사쁘따띠』[235](귀의에 대한 70게송)에서,

དེ་ཕྱིར་ཐར་པའི་ཆ་འཐུན་ནི། །   데치르타르뻬차네니

བཙམས་ཏེ་རྟག་ཏུ་དགེ་བ་ལ། །   쩜떼딱뚜게와라

ཉན་ཐོས་ཉིད་ཕྱིར་འབད་ན་ནི། །   녠퇴닌치르베나니

རིམ་གྱིས་ཉན་ཐོས་ཉིད་དུ་འགྱུར། །   림기녠퇴닌뚜규르

"그러므로 해탈과 일치하는 것부터,

성문의 경지를 위해서

항상 선함을 위해 애쓰면

꼭 차례차례 성문의 길에 들어갈 것이다."

라고 하셨다. 그 뜻은, 윤회[236]에서 세 가지 고통[237]으로 어떻게 괴로운지를 잘 알아야 한다는 것이다. 거기에서 벗어나려는 마음이 생기고, 찾는 목적인 해탈을 원하는 마음이 진정으로 생길 때 성문

---

235 『뜨리사라나사쁘따띠』(귀의에 대한 70 게송): 『སྐྱབས་འགྲོ་བདུན་ཅུ་པ།』, 『Triśaraṇasaptati』

236 '윤회'란 까르마와 번뇌에 의존하여 자유 없이 반복적으로 태어남과 죽음을 반복하는 과정에 있는 오염된 무더기의 흐름을 말한다. -옮긴이 해설

237 '세 가지 고통'이란 괴로움의 고통, 바뀜의 고통, 유위의 고통(무상함을 조건으로 한 고통)을 말한다. -옮긴이 해설 *부록 참고

의 '쌓음의 길'(자량도)에 들어간 것이다.

성문의 '쌓음의 길'(자량도)에는 작은 것, 중간 것, 큰 것 등 세 가지
가 있다. 그 때 부정관을 사유하고, 호흡을 기억하는 사마디, '네 가
지 마음 챙김'[238](사념처), '네 가지 바른 노력'[239](사정근), 사신족[240] 등
을 사유한다. 그러한 명상의 힘으로 고통이 깨끗하고 기쁨이고 영
구적이고 '나'라고 여기는 그릇된 의식과 애착과 화냄 등의 감정들
을 압도하게 된다. 따라서 윤회의 세속적인 자원 등을 원하지 않고
해탈의 방향으로만 노력하고 초자연적인 힘(ཪྱུ་འཕྲུལ)과 '다섯 가지 신
통력'(오신통) 등을 갖추게 된다.

그 다음 '예비의 길'(가행도)를 갈 때는 '쌓음의 길'(자량도) 때 갖추
어 있던 공덕 종류를 다 유지하는 것뿐만이 아니다. '예비의 길'(가
행도)은 '열'(난), '꼭대기'(정), '인욕'(인), '세간의 최고법'(세제일법) 등

---

238 '마음챙김'이란 몸, 느낌, 마음, 그리고 현상들의 각각의 특성을 분석해서 명상하는
    지혜 등을 뜻한다.
    1)몸을 대상으로 한 마음챙김(신념처) 2)느낌을 대상으로 한 마음챙김(수념처)
    3)마음을 대상으로 한 마음챙김(심념처) 4)현상을 대상으로 한 마음챙김(법념처)
    -옮긴이 해설 *부록 참고

239 네 가지 바른 노력(사정근): ཡང་དག་སྤོང་བ་བཞི, The Four Right Endeavors, 四正勤
    1)아직 일어나지 않은 불선업이 생기게 하지 않기 2)이미 일어난 불선업을 없애기
    3)아직 일어나지 않은 선업이 생기게 하기 4)이미 일어난 선업을 늘리기 *부록 참고

240 사신족: ཪྱུ་འཕྲུལ་གྱི་ཀང་པ་བཞི, The Four Bases of Supernatural Power, Riddhi-Pāda
    (릿디-빠다), 四神足
    1)욕신족 2)정진신족 3)심신족 4)사유신족 *부록 참고

네 가지가 있다.[241] 그 네 가지 각각 때는 '네 가지 진실'(사성제)의 본
질을 인식하는 뛰어난 '명상으로 얻는 지혜'(수혜)를 차례로 얻는
다. 무상, 고통, 공성, 무아의 개념을 더욱더 명확하게 인식하게 되
고 '다섯 가지 근'[242](오근)과 '다섯 가지 힘'[243](오력) 등 상상할 수 없
는 공덕들이 갖추어진다.

'예비의 길'(가행도)의 '세간의 최고법'(세제일법)에서 '보임의 길'(견
도)에 들어갈 때 '네 가지 진실'(사성제)의 '사성제의 열여섯 가지 성
질(양상)'[244](십육행상)에 포함된 공성(དཀོན་མ ཆྱིད)을 '직접인식'(현식)으로 지

---

241 '예비의 길'인 열(뒈), 꼭대기(쩨모), 인욕(쉐빠), 세간 제일의 현상(쵸촉, 세간의 최고법)
　　모두 마음 상태를 말한다. '열'은 나무에 불이 나기 전에 따듯해지는 것처럼 '예비
　　의 길'이 생길 때 그 다음인 '보임의 길'이 빨리 생기는 것을 상징한다는 말이다. '꼭
　　대기'는 세간적인 선함 중에 제일 높은 것이며, 아직 세간에서 벗어나지 않은 것이
　　다. – 옮긴이 해설 *부록 참고

242 다섯 가지 근(오근): རྩ་བྱང་གི་དབང་པོ་ལྔ, The Five Faculties, 五根
　　1)믿음(신근) 2)정진(진근) 3)마음챙김(염근) 4)선정(정근) 5)지혜(혜근) *부록 참고

243 다섯 가지 힘(오력): རྩ་བྱང་གི་སྟོབས་ལྔ, The Five Powers, 五力
　　1)믿음(신력) 2)정진(진력) 3)마음챙김(염력) 4)선정(정력) 5)지혜(혜력) *부록 참고

244 '고집멸도'(苦集滅道)의 사성제(네 가지 진실)의 특징인 성질 즉 양상이 네 가지가 있
　　다. 그 열여섯 가지 성질 즉 양상은 다음과 같다.
　　• 고성제(고통의 진실): 1)무상(無常) 2)고통(고苦) 3)공성(공空) 4)무아(無我)
　　• 집성제(원인의 진실): 5)원인(인因) 6)근원(집集) 7)생김(생生) 8)조건(연緣)
　　• 멸성제(소멸의 진실): 9)멈춤(멸滅) 10)고요함(정靜) 11)완벽한 상태(묘妙) 12)확
　　실한 벗어남(이離)
　　• 도성제(도·길의 진실): 13)길(도道) 14)적절한 양상(여如) 15)실천의 양상(행行) 16)
　　확실히 제거된 양상(출出) – 옮긴이 해설 *부록 참고

각하게 된다(མཚན་ཉིད་དུ་ཐོགས།). 따라서 '세 가지 세계'(삼계)의 '보임의 길'
(견도)로 버려야 할 '백십이 가지 번뇌'(백십이종번뇌)를 씨앗까지 없애
버리게 된다. 따라서 성현의 특성을 얻게 되기에 승보[245](དགེ་འདུན་དཀོན་མཆོག་
འདུན་དཀོན་མཆོག)로 된다.

'보임의 길'(견도)을 얻은 다음에는 '타고난 번뇌'[246](구생번뇌)의 씨
앗을 제거하기 위하여 '여덟 가지 고귀한 길'(팔정도)을 통해서 공성
(དཀོན་ཉིད)을 직접인식(현식)이 직접적으로 지각한 것을 더욱더 오랫동
안 사유한다. '여덟 가지 고귀한 길'(팔정도)이란 '바른 견해'(정견),
'바른 사유'(정사유), '바른 말'(정어), '바른 행동'(정업), '바른 생활'(정
명), '바른 노력'(정정진), '바른 마음챙김'(정념), '바른 사마디'(정정) 등
여덟 가지이다.

그 정의와 기능은 다음과 같다.

'바른 견해'(정견)란 '선정지혜'[247](선득지, མཉམ་བཞག་ཡེ་ཤེས།)로 '네 가지 고
귀한 진실'(사성제)의 실재를 깨달은 것을 '선정지혜 후에 얻은 지
혜'[248](후득지, རྗེས་ཐོབ་ཡེ་ཤེས།)로 분석해서 확실하게 깨닫는 견해이다.

---

245 승보: 세 보물의 하나. དགེ་འདུན་དཀོན་མཆོག, Saṃgha-Ratna(상가 라타), 僧寶
246 타고난 번뇌(구생번뇌): ཉོན་མོངས་ལྷན་སྐྱེས།, Innate Afflictive Emotions, Sahaja(사하자),
   俱生煩惱
247 선정지혜(선득지): མཉམ་བཞག་ཡེ་ཤེས།, 先得智 · 禪定智(선정지) · 根本智(근본지)
248 선정지혜 후에 얻은 지혜(후득지): རྗེས་ཐོབ་ཡེ་ཤེས།, 後得智

'바른 사유'(정사유)란 공성의 깊은 개념을 깨닫는 것을 논리적으로 분석하고, 그것과 경전의 속뜻을 다른 이에게 해설하고 알려주는 것이다.

'바른 말'(정어)이란 관습적으로 말로 표현할 수 있는 공성의 실재를 다른 이에게 설명하고, 논리 토론, 글쓰기를 통해서 다른 이에게 보여주면서 '바른 견해'(정견)를 갖추고 있다는 신뢰를 주고, 그리고 거짓말 등이 없이 청정한 말을 하는 것을 뜻한다.

'바른 행동'(정업)이란 가르침과 일치하지 않은 행동이 없고, 모든 행동이 가르침과 일치하니 청정한 계율이 갖추어 있다고 믿게 하는 청정한 몸의 행위를 말한다.

'바른 생활'(정명)이란 선하지 않은 것을 해서 얻는 것이 아니고 잘못된 생활과 뒤섞인 것이 아닌 것인데, 몸의 위선[249]과 기만적 말[250] 등이 없이 바른 생활을 함을 믿게 하는 것을 말한다.

'바른 노력'(정정진)이란 공성의 개념을 반복해서 사유함으로써 '명상함의 길'(수도)에서 제거해야 할 번뇌(སྒོམ་སྤང་ཉོན་མོངས།)의 해독제가 되는 것을 말한다.

'바른 마음챙김'(정념)이란 샤마타와 위빠사나 둘의 대상을 잊지

---

249 '몸의 위선'(Physical Hypocrisy)이란 남이 나를 수행자로 보도록 하여 존경하도록 몸으로 척하는 것 등의 위선을 말한다. -옮긴이 해설

250 기만적 말: Verbal Deception

않고 인식함으로써 '이차적 번뇌'[251] (수번뇌)인 '잊음'(실념, དྲན་པ་ང་བ་)의 해독제로 되는 것이다.

'바른 사마디'(정정)란 '가라앉음'(혼침)과 '들뜸'(도거) 등 허물이 없는 사마디를 세워서 이 길의 공덕이 더욱더 늘어나게 하면서, '버려야 할 것'[252]의 해독제가 되는 것을 말한다.

그것을 요약하면 네 개의 가지로 나뉜다. 그에 대해 마이트레야 (미륵보살)께서 『마디얀따-위바가』(변중변론송)에서 다음과 같이 말씀하셨다.

ཡོངས་སུ་གཅོད་དང་གོ་བྱེད་དང་།། 　 용수쬐당고제당

རྣམ་གསུམ་གནས་ཡིན་ཆེས་པར་བྱེད།། 　 남쑴셴인체빠르제

མི་མཐུན་ཕྱོགས་ཀྱི་གཉེན་པོར་ནི།། 　 미뛴촉끼녠뽀르니

ལས་ཀྱི་ཡན་ལག་དེ་བཅུད་དོ།། 　 람기옌락데곈도

"분별하고 이해하게 해주고,

---

251 '번뇌'에는 '뿌리번뇌'(여섯 가지)와 '이차적 번뇌'(스무 가지)가 있다. -옮긴이 해설

252 모든 번뇌는 '버려야 할 것', '일치하지 않는 것'이라 한다. 예를 들어, 나의 목표가 해탈인데 이룰 수 있게 하는 것은 '일치하는 것'이고 이룰 수 없게 하는 것은 '일치하지 않는 것'이다. 또 다른 예를 들자면, 내 목적이 나무를 잘 키우는 것이면 나무를 잘 키우는 것이 '목적'이고 나무에 물주기를 하는 것도 '일치하는 것'이다.
　-옮긴이 해설

세 개의 가지는 남에게 신뢰를 준다.

'버려야 할 것'의 해독제로

길의 가지 여덟 개가 있다."

라고 하셨는데, '바른 견해'(정견)는 분별하는 것이고 '바른 사유'(정 사유)는 이해하게 해주는 가지이다. '바른 말'(정어), '바른 행동'(정업), '바른 생활'(정명), 이 세 개의 가지는 남에게 신뢰를 주는 가지이다. 나머지 세 개의 가지는 해독제의 가지이다.

공성의 개념을 미리 깨닫는 것을 반복해서 사유함으로써 '명상 함의 길'(수도)로 제거해야 할 큰 것인 번뇌(སྒོམ་སྤང་ཉོན་མོངས།)의 직접적인 해독제가 생겼을 때 '명상함의 길'(수도)을 얻는 것이다. 그것은 버 릴 것들을 '차례로 없애는 것'과 '동시에 없애는 것', 두 가지가 있다. 버릴 것들을 '차례로 없애는 것'이 세간적인 '명상함의 길'(수 도)로 버려야 할 '욕망 세계'(욕계)의 번뇌인 '명상함의 길(수도)로 버 려야 할 아홉 가지'[253]를 큰 것부터 차례로 없앤다. 그리고 '윤회의 꼭대기'(무상천)의 번뇌인 '명상함의 길(수도)로 버려야 할 아홉 가지' 도 차례로 없앤다. 그러므로 '명상함의 길(수도)로 버려야 할 81가 지 번뇌'의 직접적인 해독제들도 작은 것부터 차례로 생긴다. 마지

---

253 '세 가지 세계'인 욕망 세계, 물질 세계, 물질 없는 세계를 아홉 가지 땅으로 나누는 데, 버려야 할 번뇌도 각 땅마다 아홉 가지씩 있다. —옮긴이 해설

막으로 '명상함의 길'(수도)의 '다이아몬드 같은 사마디'[254](금강유정)에 의지하여 생기는 '해탈의 길'[255](해탈도)을 얻을 때 성문의 '무학의 길'(무학도)인 성문 아라하뜨의 경지를 얻는다.

'버릴 것을 동시에 없애는 것'들은 '세 가지 세계'(삼계)와 '아홉 가지 땅'[256](구지)의 '명상함의 길로 버려야 할 아홉 가지' 큰 것의 큰 번뇌를 동시에 없앤다. 마찬가지로 '아홉 가지' 큰 것의 중간 것인 번뇌를 동시에 없애는 것부터, 작은 것의 작은 '아홉 가지'도 동시에 없애는 것까지의 길을 떠남으로써 아라하뜨의 경지를 얻는다.

'작은 수레'(소승)의 연각의 길에 대해서도 『뜨리사라나사쁘따띠』(귀의에 대한 70게송)(གསུམ་འགྲོ་བདུན་ཅུ་པ།)에서,

གང་ཞིག་རང་བྱུང་ཡེ་ཤེས་འདོད།		강식랑중예셰되
རང་རྒྱལ་བྱང་ཆུབ་དོན་གཉེར་བས།		랑랑곌장춥된녜르외
བརྩོན་པ་དེ་ཡང་རང་རྒྱལ་གྱི།		쮠빠데양랑곌기
བྱང་ཆུབ་ཁོན་དེས་འཐོབ་བོ།		장춥코나데톱보

---

254 다이아몬드 같은 사마디(금강유정): རྡོ་རྗེ་ལྟ་བུའི་ཏིང་ངེ་འཛིན།, Diamond-Like Samadhi, Vajropamā-Samādhi(바즈로빠마-사마디), 金剛喩定

255 해탈의 길(해탈도): རྣམ་གྲོལ་ལམ།, Mokṣa-Patha(모끄사-빠타), Path of Liberation, 解脫道

256 세 가지 세계와 아홉 가지 땅(삼계구지): 세 가지 세계인 욕계(욕망 세계), 색계(물질 세계), 무색계(물질 없는 세계)를 다시 아홉 가지로 나눈 것. ཁམས་གསུམ་ས་དགུ, The Three Realms & the Nine Levels, 三界九地

"저절로 생기는 지혜를 원하는 이가,

연각의 깨달음을 찾으니,

그런 노력으로는 연각의,

깨달음만을 얻을 뿐이다."

라고 하셨는데 원해서 찾는 깨달음이 같지 않고, 복덕을 수많은 겁 동안 쌓았는지 아닌지의 차이 외에는 '다섯 가지 길'(오도) 등이 거의 성문과 같다.

8 '큰 수레'(대승) 중에서 '빠라미따야나'(현교)[257]

'큰 수레'(대승)는 '빠라미따야나'(현교)와 '밀교'(바즈라야나) 두 가지가 있다. 첫째, '빠라미따야나'(현교)도 '작은 수레'(소승)와 같이 '쌓음의 길'(자량도) 등 '다섯 가지 길'(오도) 등이 있다. 고통스럽고 행복이 부족한 모든 중생을 내가 유익하게 하겠다는 책임감을 가지는 자애심과 연민심이라는 마음 동기로 붓다의 경지를 구하는 진정한 마음이 생길 때 천신과 인간 등 모든 세간이 존경하는 보살이 되는 것이고 '큰 수레'(대승)의 '쌓음의 길'(자량도)을 얻는 것이다. 보리심이 생기자마자 수많은 죄업인 장애가 사라지고 훌륭한 복덕을 순식간에 모을 수 있는 등 수없는 공덕을 갖추게 된다. '큰 쌓음의 길'(대

---

257 빠라미따야나(현교): པར་ཕྱིན་ཐེག་པ, Paramitayana, 顯教

자량도)에 이를 때 진정한 '디아나/선정'에 의지하여 신통력이 생겨서 '온 우주'[258](시방세계)에 가서 수많은 붓다를 섬기고 존경하게 된다. '법의 흐름의 선정'[259](ཆོས་རྒྱུན་གྱི་ཏིང་ངེ་འཛིན།)을 얻는 힘으로 그 붓다들께 한없이 깊고 광대한 가르침을 듣고 듣는 대로 잘 실천하는 상태 등이 된다.

그 다음에는 '모든 현상이 진실로 공하다'라는 공성의 개념을 '관념적(의공상)으로' 인식하는 샤마타와 위빠사나의 결합인 '예비의 길'(가행도)을 얻는다. '예비의 길'(가행도)은 '열'(난), '꼭대기'(정), '인욕'(인), '세간의 최고법'(세제일법) 네 가지가 있다. 그 각각의 단계에서는 '실제로 존재한다고 인식하는 집착'(실집)의 거친 '관습적 진실의 현현'[260](이종현현)이 더욱더 미세해진다. 따라서 공성의 개념에 대한 명확성이 더욱더 커진다. 그 힘으로 인식과 인식의 대상이 진실로 성립된다라고 파악하는 분별심이 약해지게 된다. 낮에 방편과 지혜의 실천을 많이 하니 밤에 꿈속에서조차 모든 현상을 꿈과 같이 자성이 없는 것으로 본다. '작은 수레'(소승)의 경지를 구하

---

258 온 우주(시방세계): ཕྱོགས་བཅུའི་འཇིག་རྟེན་ཁམས།, Worlds of the 10 Directions, Daśa-Dig-Loka-Dhātu(다사-디그-로까-다뚜), 十方世界

259 '법의 흐름의 선정'(ཆོས་རྒྱུན་གྱི་ཏིང་ངེ་འཛིན།)은 사마디 종류의 이름이다. 이 사마디가 생기면 듣는 법문을 잊지 않고 유지하게 된다. -옮긴이 해설

260 '관습적 진실의 현현'이란 '관습적 진실'(속제)을 인식하는 분별심에 나타나는 이미지를 말한다. -옮긴이 해설 *부록 참고

는 마음이 생기지 않게 되고 모든 중생에게 가르침을 설하는 마음 등을 내게 된다. '네 가지 요소'(사대: 땅, 물, 불, 바람)의 해침과 질병과 귀신의 해침 등 해침의 종류들을 사라지게 할 수 있는 '진실의 말'[261] 등 '정가행'[262]을 얻는 표징을 갖게 된다. 근기가 큰 보살은 '예비의 길'(가행도)에 이르면 '완전한 깨달음'에서 돌아오지 않는다는 표징을 얻을 때 수없는 신기한 공덕을 갖추게 된다.

그 다음에는 공성을 '직접인식'(현식)으로 직접 인식하는 '큰 수레'(대승)의 '보임의 길'(견도)인 '장애 없는 길'[263](무간도)이 '세 가지 세계'(삼계)의 '분별번뇌인 방해물'[264](분별번뇌장) 백십이 가지와 '분별인식인 방해물'[265](분별소지장) 백팔 가지의 씨앗을 동시에 없앤다. 그런 '보임의 길'(견도)을 얻을 때 업과 번뇌에 의존하여 생기는 태어

---

261 '진실의 말'이란 진언(眞言)의 힘이 담겨 있는 말을 뜻한다. 수행자들이 자연재해나 악귀 등을 보고 "없애게 하소서." 하면 없어지는 경우가 있는데, 그런 것을 '진실의 말'이라고 한다. ─옮긴이 해설

262 '정가행'이란 팔현증(八現證) 중의 하나이다. 팔현증에 대해서는 『현증장엄론』(Abhisamayālankāra)을 참고하기 바란다. ─옮긴이 해설

263 장애 없는 길(무간도): བར་ཆད་མེད་ལམ།, Uninterrupted Path, Sātatya(사따띠야)·Ānantarya(아난따리야), 無間道

264 분별번뇌인 방해물(분별번뇌장): ཀུན་བྟགས་ཀུན་བདགས།, The Artificial Afflictive Obstruction, Kleśâvaraṇa(끌레사와라나)

265 분별인식인 방해물(분별소지장): ཤེས་བྟགས་ཀུན་བདགས།, The Artificial Cognitive Hindrances, Jñeyâvaraṇa(즈녜야와라나)

남, 늙음과 죽음의 고통 등이 제거된다. '모든 현상에 편안하게 들어가는 사마디'266를 얻는다. 따라서 독과 무기와 불 등 해를 끼치는 아무 조건을 만나더라도 즐거움만을 경험하고 고통이 생기지 않는다.

그 다음으로 '명상함의 길'(수도)에 포함된 첫째 땅부터 열 번째 땅까지 '열 가지 땅'267(십지)인 '명상함의 길'(수도)로 제거해야 하는 열여섯 가지 번뇌와, '명상함의 길'(수도)로 제거해야 하는 '인식인 방해물'(소지장) 백팔 가지 씨앗을 큰 것부터 차례로 제거하는 것 등 해독제인 공덕이 증가한다.

'열 가지 땅'(십지)이란 '매우 기쁨의 땅'(환희지), '오염 없는 땅'(이구지), '빛을 만드는 땅'(발광지), '빛을 내는 땅'(염혜지), '이겨내기 어려운 땅'(난승지), '다가가는 땅'(현전지), '멀리 간 땅'(원행지), '움직이지 않는 땅'(부동지), '선한 지혜의 땅'(선혜지), '법의 구름'(법운지) 들이다.

---

266 '모든 현상에 편안하게 들어가는 사마디': ཆོས་ཐམས་ཅད་ལ་བདེ་བར་འགྲོ་བ་ཞེས་བྱ་བའི་ཏིང་ངེ་འཛིན།, Samadhi Known As Engaging With Every Dharma

267 '십지'의 '지'를 산스크리트로 부미(Bhumi)라고 한다. 영어로는 Ground 또는 Stage 라고 한다. 티베트어로 '사'(ས)라고 하는데 '땅'이라는 뜻이다. 그래서 여기서는 '십지'를 '열 가지 땅'이라고 번역하였다. '열 가지 땅'은 다음과 같다.
1)매우 기쁨의 땅(환희지) 2)오염 없는 땅(이구지) 3)빛을 만드는 땅(발광지) 4)빛을 내는 땅(염혜지) 5)이겨내기 어려운 땅(난승지) 6)다가가는 땅(현전지) 7)멀리 간 땅(원행지) 8)움직이지 않는 땅(부동지) 9)선한 지혜의 땅(선혜지) 10)법의 구름(법운지) -옮긴이 해설 *부록 참고

'열 가지 땅'(십지) 각각 때 수많은 겁 동안 수없는 붓다들께 공양하고 가르침을 유지하게 된다.

'제자를 모으고 챙기는 네 가지 방편'[268](བསྡུ་བའི་དངོས་པོ་བཞི།)으로 '무한한 중생을 익게 하기' 등 '열 가지 땅'(십지) 각각에 '허물이 없어지고 공덕이 완전해지는 성질'(용종, ཡོངས་སྦྱང་།)과 표징 등 상상도 할 수 없고 말로 표현할 수 없을 만큼의 공덕이 있다.

그러한 '열 가지 땅'(십지)을 차례로 얻으면서 결국 열 번째 땅의 끝인 순간에 '마지막 흐름'[269]인 '장애 없는 길'(무간도)로 미세한 '인식인 방해물'(소지장)을 없애고 무한한 공덕의 붓다의 경지를 얻을 것이다.

---

268 '제자를 모으고 챙기는 네 가지 방편'(བསྡུ་བའི་དངོས་པོ་བཞི།)은 다음과 같다.
첫째, 필요한 것 주기. 둘째, 좋은 말을 하기. 셋째,(제자들에게) 가르침의 내용을 실천하게 하기. 넷째, 가르치는 대로 자신도 실천하기 -옮긴이 해설

269 '마지막 흐름'이란 중생인 상태의 마지막 흐름을 말한다. 그 다음 순간부터 붓다가 된다. -옮긴이 해설

9 '큰 수레'(대승) '밀교'에 대하여

두 번째, '다이아몬드 수레'(금강승)인 '밀교'[270]는 아자르야 트리피타
카말라[271](삼장만)께서 저술하신 『뜨리실라–디빰』에서,

 དོན་གཅིག་ན་ཡང་མ་རྟོངས་དང་། 됀찍나양마몽당

ཐབས་མང་དཀའ་བ་མེད་པ་དང་། 탑망까와메빠당

---

270 '밀교'를 티베트어로 쌍악(གསང་སྔགས)이라 한다. 여기서 '밀'(密)이란 적절한 제자에게
   가르친다는 뜻이며, 제자가 잘못 배우면 계율을 안 지키고 실수할 수 있으므로 먼
   저 현교의 계율을 잘 받고 그것을 바탕으로 밀교 수행을 한다. 밀교 수행을 할 때도
   외부에 드러나지 않도록 종소리도 비밀리에 내고 염주 돌리기도 보이지 않게
   하는 수행자들도 계신다. –옮긴이 해설

271 트리피타카말라(뜨리삐따까말라)를 삼장만이라고도 한다. 10세기 인도의 논사이
   자 딴뜨라의 해설자이셨다. 탄트라 해설서 『Trishiladipam』(뜨리실라–디빰)을 저
   술하셨다. སྡེ་སྣོད་གསུམ་པ་ད་ཀ་མ་ལ, Tripitakamala, 三藏曼 –옮긴이 해설

དབང་པོ་རྣོན་པོའི་དབང་བྱས་པས། །　왕뾘눤뾔왕졔뻬

ᢌᢐᢛᢛᢈᢈ᢫ᢌᢈᢌᢈᢤᢈᢌ᢯ᢌᢤᢈᢋ᢯᢯᢯᢯ᢌ᢯᢯᢯ 응악끼텍빠쪠빠르팍

"같은 목적인데 무지가 없음과,

방편이 많고 어려움이 없음과,

더 지혜로운 이를 위해서이니,

'만뜨라야나'[272] (진언승)가 더 뛰어나다."

　　라고 설하셨는데, '빠라미따 수레'(바라밀승)보다 훨씬 더 뛰어나다는 뜻이다. 하지만 이 수레와 '빠라미따 수레'(바라밀승) 둘의 목적인 붓다의 경지에는 우월과 열등의 차이가 없다. 그 두 가지 수레의 차이점은 결과인 붓다의 경지를 얻기 위한 원인에 있다. 결과인 붓다의 몸은 '다르마의 몸(법신)[273]'과 '물질의 몸(색신)[274]', 두 가지가 있다. 그 둘의 개별적인 원인도 두 가지가 있어야 하니, '깨달음의

272　만뜨라야나(진언승): གསང་སྔགས་ཐེག་པ།, Mantrayāna, 眞言僧

273　'다르마의 몸'이란 붓다께서 가지신 지혜, '소멸의 진실'(멸성제)까지를 포함한 것이
　　다. -옮긴이 해설
　　다르마의 몸(법신): ཆོས་ཀྱི་སྐུ།, The Truth Body, Dharmakāya(다르마까야), 法身

274　물질의몸(색신): གཟུགས་ཀྱི་སྐུ།, TheFormBody, Rūpa-Kāya(루빠—까야), 色身

마음'[275](보리심)과 결합된 공성을 깨닫는 지혜가 '다르마의 몸'(법신)의 개별적 원인이고, '물질의 몸'(색신)의 협력적인 원인임은 현교와 밀교 둘 다 같다.

'물질의 몸'(색신)의 개별적 원인이 된 광대한 방편을 인정하는 것이 '다이아몬드 수레'(금강승)이고, 그런 방편 없이 '깨달음의 마음'(보리심)과 '여섯 가지 빠라미따'(육바라밀) 등의 방편만 갖고 있는 것이 '빠라미따의 수레'(바라밀승)이다. 그 원인으로 '빠라미따의 수레'(바라밀승)에 의존한다면 많은 생이 지난 다음에 붓다의 경지를 얻을 수 있는 것 이외에는 한 생에 얻지 못한다. 밀교의 길에 의존하는 지혜로운 이는 한 생, 또는 몇 년의 수행으로도 붓다가 될 수 있으니 밀교의 길이 더 빠르다.

밀교 '다이아몬드 수레'(금강승)의 관점이 구별되는 특징인 '물질의 몸'(색신)의 특별한 원인이 무엇이냐 하면 결과인 '물질의 몸'(색신)의 진정한 거주지 및 몸(གནས་ལུས་ལོངས) 등과 비슷한 '본존 요가'[276]를 관상하는 최고의 방편이 현교에 없는 광대한 방편이다.

---

275 깨달음의 마음(보리심): བྱང་ཆུབ་ཀྱི་སེམས།(장춥기셈), The Mind of Enlightenment, Altruistic Mind, Bodhicitta(보디찟따), 菩提心

276 '본존 요가'를 티베트어로 하이넬조르(ལྷའི་རྣལ་འབྱོར)라 한다. 본존이란 주로 관상하는 부처님이나 보살님을 말한다. -옮긴이 해설 *부록 참고

밀교의 분류에 대한 『바즈라빤자라 딴뜨라』[277] (ﾟ堷ﾟﾟﾟﾟﾟﾟﾟﾟﾟ)

13장에서,

ﾟﾟﾟﾟﾟﾟﾟﾟﾟﾟﾟ| |　　　멘빠남라쟈외균

ﾟﾟﾟﾟﾟﾟﾟﾟﾟﾟ| |　　　쟈메녜르죠르데딱라오

ﾟﾟﾟﾟﾟﾟﾟﾟﾟﾟ| |　　　녜르죠르촉니셈쩬촉

ﾟﾟﾟﾟﾟﾟﾟﾟﾟﾟ| |　　　녜르죠르라메데딱라오

"'소작 딴뜨라'[278] (소작부)는 낮은 이를 위한 것이고,

'행 딴뜨라'[279] (행부)는 그 위의 이들을 위한 것이고,

'요가 딴뜨라'[280] (유가부)는 최고 유정[281]을 위한 것이고,

'무상요가 딴뜨라'[282] (무상유가부)는 그 위의 이들을 위한 것이다."

라고 하셨는데 제자들의 근기 수준에 따라서 '다이아몬드 수레'

---

277 『바즈라빤자라 딴뜨라』: 『ﾟﾟﾟﾟﾟﾟﾟﾟﾟﾟ』, 『Vajrapañjara Tantra』

278 소작 딴뜨라(소작부) : ﾟﾟﾟﾟ, Action Tantra, Kriya Tantra, 所作部

279 행 딴뜨라(행부): ﾟﾟﾟﾟ, Performance Tantra, Charya Tantra, 行部

280 요가 딴뜨라(유가부): ﾟﾟﾟﾟﾟ, Yoga Tantra, Yoga Tantra, 瑜伽部

281 '유정'(有情)이란 마음을 가진 모든 중생을 뜻한다. −옮긴이 해설 *부록 참고

282 무상요가 딴뜨라(무상유가부): ﾟﾟﾟﾟﾟﾟﾟ, The Highest Yoga Tantra, Anuttarayoga Tantra, 無上瑜伽部

(금강승)가 네 가지로 분류된다는 뜻이다. 그들의 길의 정의와 분류에 차이가 있다. 그리고 경전에서 설하는 방식도 다르고, 길의 속도도 다르니 차이점은 많다. 그런데 그 미세하고 상세한 내용은 다이아몬드 수레[283]의 만달라에 들어갔고 '관정'[284] (입문식)으로 마음이 성숙해져서 적합한 제자들에게만 비밀리에 설할 수 있지만, 우연히 사람의 모임에서 설하면 안 되기 때문에 여기서 설하지 않겠다.

요약해서 말하면, 밀교의 일반적 수행은 다음과 같다. 공통한 길인 '윤회에서 벗어나려는 마음'[285] (출리심)과 '깨달음의 마음' (보리심)의 진정한 상태를 이루거나, 그렇지 않더라도 그에 가까운 수행의 경

---

283 '만달라'(Mandala)는 티베트어로 낄코르(དཀྱིལ་འཁོར།)라고 하는데 뜻이 많고 종류도 많다. 보통 우리가 많이 알고 있는 만달라 그림과 유색모래로 만드는 만달라는 본존요가 수행을 할 때의 주요 본존과 그 제존(諸尊) 그리고 그분들이 계시는 궁전을 상징하는 예술이다. 이런 예술적 방법을 통해서 복잡한 본존요가 명상을 할 때 관상하는 것 등이 잘 된다고 한다. 만달라는 선정 만달라, 몸 만달라, 그림 만달라, 그리고 유색 모래 만달라 등이 있다. -옮긴이 해설

284 '관정'을 티베트어로 '왕'(དབང་།)이라 하는데, 밀교 수행을 하는 데 적절한 마음 상태가 생기게 하는 방법인 '의식'을 말한다. 다른 말로 하면 수행자들에게 밀교 수행에 참여할 수 있는 권한을 부여하는 '과정'이나 '의식'을 뜻한다. -옮긴이 해설

285 윤회에서 벗어나려는 마음(출리심): ངེས་འབྱུང་གི་བསམ་པ།, The Mind of Renunciation, Naiṣkramya-Citta(나이스끄라미야-쩻따), 出離心

험을 미리 한 이가 우선 '자격이 있는'(མཚན་ཉིད་དང་ལྡན་པ།) 스승'[286]을 만나서 네 가지 밀교 부파 중에서 하나의 만달라에 들어가기 위해서 '관정'(입문식)을 받아야 한다. 그 다음에 서약과 계율을 잘 지키는 것을 바탕으로 만달라를 집중적으로 인식하고 사유하면서 결과인 붓다의 '물질의 몸'(색신)이 이루어진다. 내면적인 '기'(쁘라냐)와 '기맥'(나디)와 '정수'(다뚜) 등[287]을 잘 다스릴 수 있는 방편으로 마음을 '마하무드라'[288](대수인)에 들어가게 하는 수행에 노력함으로써 결과인 붓다의 '지혜법신'[289](ཡེ་ཤེས་ཆོས་སྐུ།)이 이루어진다.

---

286 '여섯 가지 빠라미따', 보리심, 연민심 등의 수행을 완전히 하고, 밀교의 수행도 빠짐 없이 하고, 그리고 율장에서 설하신 계율도 청정하게 지키는 것 등을 바탕으로 하시면서 밀교의 경전을 가르치는 능력을 갖추신 스승을 여기에서 '자격이 있는(Qualified) 스승'이라고 한다. -옮긴이 해설

287 • 기(쁘라냐): 역동적 에너지 · 바람을 뜻함. རླུང་།(룽), Wind, Prāṇa, 氣
   • 기맥(나디): 에너지의 통로를 뜻함. རྩ།(짜), Channels, Nadi, 氣脈
   • 정수(다뚜): ཁམས།(캄), Essence, Dhatu, 精髓

288 마하무드라(대수인): 위대한 새겨짐(각인)이라는 뜻. ཕྱག་རྒྱ་ཆེན་པོ།(Chakgya Chenpo), The Great Seal, Mahamudra, 大手印

289 지혜법신: ཡེ་ཤེས་ཆོས་སྐུ།, Wisdom Truth Body, Jñāna Dharmakāya(간나 다르마까야), 智慧法身

10 붓다의 네 가지 몸, 공덕, 행위에 대하여

앞에서 설명했던 현교와 밀교의 길을 의존하여 얻으신 붓다의 몸
에 대해서 '마이트레야'(미륵보살)께서 저술하신 『아비사마야알랑까
라』[290](현증장엄론)에서,

ཏ་པོ་ཉིད་ལོངས་རྫོགས་བཅས་དང་།།　응오워닌롱족제당

དེ་བཞིན་གཞན་པ་སྤྲུལ་པ་ནེ།།　데신셴바뚤빠니

ཆོས་སྐུ་མཛད་པ་དང་བཅས་པ།།　최꾸제빠당제빠

---

290 『아비사마야알랑까라』(현증장엄론) : 5세기 인도의 마이트레야(미륵보살)께서 저술하신
논서. 일체상지(모든현상을깨닫는지혜)와 '붓다의 몸' 등 팔현증(八現證)에 대해 설명되어
있고, 수행의 실천 과정이 272개의 구절로 정리되어 있다. 모두 여덟 장. 『མངོན་རྟོགས་
རྒྱན།』, The Ornament of Realization, 『Abhisamayālankāra』, 『現證莊嚴論』

རྣམ་པ་བཞིར་ནི་ཡང་དག་བརྗོད། །　남빠시르니양닥죄

"자성신[291] (ངོ་བོ་ཉིད་སྐུ) 과 보신[292] (ལོངས་སྐུ) 등,

그것 외에 화신[293] (སྤྲུལ་སྐུ) 과

법신 행위까지는

네 가지가 있다고 설하셨다."

라고 '자성신'과 '지혜법신'[294] (ཡེ་ཤེས་ཆོས་སྐུ) 과 '보신'과 '화신' 등 네 가지가 있다고 하셨다. 첫째인 자성신은 두 가지가 있다. '열 가지 땅'(십지)의 마지막 흐름이자 '명상함의 길'(수도)인 '다이아몬드 같은 사마디'(금강유정)로 '인식인 방해물'(소지장)을 완전하게 없애고 나서 그런 '장애 없는 길'(무간도)의 원인으로 '해탈의 길'(해탈도)을 얻을 때 '두 가지 방해물'[295] 들이 다 제거되는 소멸 상태가 된 '소멸의 진

291　자성신: 붓다의 자성(自性) 몸을 뜻함. ངོ་བོ་ཉིད་སྐུ, Nature Body, Svabhavikakaya(스와바위까까야), 自性身·自性法身(자성법신)

292　보신: ལོངས་སྐུ, Enjoyment Body, Sambhogakaya(삼보가까야), 報身

293　'화신'(化身)을 티베트어로 '뚤꾸'(སྤྲུལ་སྐུ)라 하는데 부처님의 나투신 몸을 뜻한다. -옮긴이 해설 *부록 참고

294　지혜법신: ཡེ་ཤེས་ཆོས་སྐུ, Wisdom Dharma Body, Jñāna Dharmakaya(갼나 다르마까야), 智慧法身

295　'두 가지 방해물'이란 '번뇌인 방해물'(번뇌장), '인식인 방해물'(소지장)을 뜻한다. -옮긴이 해설 *부록 참고

실'(멸성제)이 '일시적 오염 없는 깨끗해진 몸'[296](객진청정신)이다. 붓다의 마음 즉 '모든 현상을 깨닫는 지혜'[297](일체상지)의 본질인 공성이 바로 '자성적 오염 없는 깨끗해진 몸'[298](자성청정신)이다. 그런 자성신은 붓다의 경지를 얻을 때만 일어난다. 그런데 무상이 아니며, 원인으로 생기지도 않고 본성이 다른 것으로 변하지 않는 영구적인 현상이다.

두 번째, '지혜법신'은 '궁극적 진실'(진제)과 '관습적 진실'(속제)에 포함된 모든 현상이 자신의 앞에 직접 존재한 듯이 '직접인식'(현식)으로 직접 보이는 '모든 현상을 깨닫는 지혜'(일체상지)를 말한다. 그것도 분류하면 '깨달음 쪽인 다르마 서른일곱 가지'[299](삼십칠보리분법)부터 '모든 현상을 깨닫는 지혜'(일체상지)까지의 '오염되지 않은

---

296 '오염'에는 두 가지가 있는데 하나는 '자성적 오염'(본질적 오염)이고, 또 하나는 '일시적 오염'이다. '일시적 오염'이란 번뇌 종류들 모두를 뜻한다. -옮긴이 해설
일시적 오염 없는 깨끗해진 몸(객진청정신): ग्लོ་བུར་རྣམ་དག་གི་ཆར་གྱུར་པའི་ངོ་བོ་ཉིད་སྐུ།,
The Nature Body Purified from Adventisious Defilement, 客塵清淨身

297 모든 현상을 깨닫는 지혜(일체상지): རྣམ་པ་ཐམས་ཅད་མཁྱེན་པའི་ཡེ་ཤེས།, Omniscient Mind,
Sarvâkāra-Jñatā(사르바까라-즈냐따), 一切相智

298 자성적 오염 없는 깨끗해진 몸(자성청정신): རང་བཞིན་རྣམ་དག་གི་ཆར་གྱུར་པའི་ངོ་བོ་ཉིད་སྐུ།,
The Nature Body Purified from Natural Defilement, 自性清淨身

299 깨달음 쪽인 다르마 서른일곱 가지(삼십칠보리분법): བྱང་ཆུབ་ཕྱོགས་ཀྱི་ཆོས་སོ་བདུན།, The 37
Factors of Enlightenment, 37 Bodhipakṣa Dharma(보디빠끄사 다르마), 三十七菩提分法

지혜'[300](무루지)의 분류 스물한 가지가 있다. 그에 대해서는 아래에서 붓다의 '마음의 공덕'을 말할 때 분명해질 것이다. 그런 '자성신'과 '지혜법신'은 붓다들끼리 '직접인식'(현식)으로 보이는 대상일 뿐이다.

세 번째, '보신'은 붓다가 되기 전에 '땅을 깨끗하게 하는 예비'[301](청정찰토가행, ཞིང་དག་སྦྱོར་བ)를 명상함으로써 성취하는 '밀엄정토'[302](འོག་མིན་སྟུག་པོ་བཀོད་པའི་ཞིང་)라고 하는 붓다의 땅에서 처음 얻으신 붓다의 '물질의 몸'(색신)이 '다섯 가지 확신'을 갖추는 것이고 화신이 나타나는 바탕이다. '보신'의 '다섯 가지 확신'은 다음과 같다. '장소의 확신'이란 밀엄정토에만 계심, '몸의 확신'이란 서른두 가지 대인상과 80가지 종호[303]를 완전하게 갖추심, '권속의 확신'[304]이란 주

---

300 '오염되지 않은 지혜'(무루지)란 '번뇌로 인해 오염되지 않은 지혜'를 말한다. 반대말은 '오염된 지혜'(유루지)이다. ─옮긴이 해설

301 땅을 깨끗하게 하는 예비(청정찰토가행): ཞིང་དག་སྦྱོར་བ, Preparations For Purifying Land, 清浄刹土加行

302 밀엄정토: 시간과 공간을 초월하여 다르마의 본체로서 우주만물을 비추시는 '아디-붓다'(대일여래)가 계시는 깨끗한 땅. འོག་མིན་སྟུག་པོ་བཀོད་པའི་ཞིང་, 密嚴淨土

303 • 대인상: 붓다 몸의 큰 특징을 뜻함. མཚན་བཟང་, Marks of Great Person, Mahāpuruṣa-Lakṣaṇa(마사뿌루사-라끄사나), 大人相
   • 종호: 붓다 몸의 세부적인 특징을 뜻함. དཔེ་བྱད, Minor Marks, Anuvyañjana (아누위얀자나), 種好

304 여기서 '법'이란 부처님의 가르침을 말한다. ─옮긴이 해설

변에 제자로는 보살이신 성자만 계시고 범부 및 성문과 '홀로 깨달은'(연각) 성자들이 직접 뵙지 못함, '법의 확신'이란 '큰 수레'(대승)의 법문만 하시는 것, '때의 확신'이란 윤회의 끝까지 열반하지 않고 계시는 것을 말한다. 요약해서 말하면, 보신이란 '다섯 확신'을 갖추신 '물질의 몸'(색신)이다. 그 '물질의 몸'(색신)은 진실을 '직접인식'(현식)으로 직접 깨닫는 '큰 수레'(대승) 성자들이 대상이 될 수 있다.

네 번째, '화신'이란 범부인 제자들도 뵐 수 있고 '다섯 확신'을 갖추지 않은 '물질의 몸'(색신)을 말한다. '화신'은 '최고의 화신'(최승화신, མཆོག་གི་སྤྲུལ་སྐུ), 사업화신과 수생화신 등 '세 가지 화신'[305](སྤྲུལ་སྐུ་གསུམ) 이 있는데 그중에서 '최고의 화신'(최승화신)이란 '보신'을 바탕으로 하여 여러 세계에 나타나신다. 그것도 열두 가지 행위로 제자 중생의 이익을 위해 행하시고 대인상과 종호의 '몸의 특징'을 갖추신 붓다의 몸을 말한다. 예를 들면, 우리의 설법자 붓다 샤꺄무니 등이시다.

'열두 가지 행위'란 설법자 샤꺄무니 스승님 같은 경우에는 다음과 같다. 도솔천에서 이동하심, 어머니 태에 들어가심, 룸비니 정원

---

305 세 가지 화신: སྤྲུལ་སྐུ་གསུམ, Three Types of Emanation Body
1)최고의 화신(최승화신): 샤꺄무니처럼 기쁨의 몸을 바탕으로 중생의 이익을 위해 서른두 가지 위대한 모습과 여든 가지 몸의 특징을 가지고 나투시는 몸 2)사업화신: 중생을 가르쳐 이끌고자 나투어 여러 가지 일을 하시는 몸 3)수생화신: 중생을 구제하기 위하여 나투어 다양한 모습으로 태어나는 몸 *부록 참고

³⁰⁶에 태어나심, 예술을 잘 배우고 무예 종류들 즐기시는 행위, 태자비를 두고 나라와 관련된 정치적 일을 하심, 도시의 사방으로 다니면서 여러 이유로 마음이 슬프면서 출가하심, 니라자나 강 옆에서 육 년 고행하심 , 보디나무³⁰⁷ 쪽에 다니면서 나무 아래에 계심, 모든 마구니³⁰⁸를 제거하시는 행위, 완전한 깨달음을 얻으심, '네 가지 진실'(사성제)에 대한 '법의 바퀴'(법륜)를 돌리심, 쿠시나가르에서 열반하시는 행위 들이다. 일반인에게는 이런 열두 가지 행위 중 어떤 것은 보살의 행위이고 어떤 것은 붓다의 행위로 보인다. 사실은 첫째부터 모든 행위가 붓다만의 행위이시다.

　'사업화신'이란, 예를 들면 샤꺄무니께 '간다르바'³⁰⁹(건달바)의 왕 '랍가'를 다스리시기 위해 삐왕(류트)를 켜는 이의 모습으로 나타나신 것과 같은 것을 말한다. '수생화신'이란, 예를 들면 '뚜시따'³¹⁰(도솔천)에 계신 '담빠똑까르뽀'³¹¹ 등이시다. 네 가지 몸 중에서 '자성

---

306 룸비니 정원: 고타마 싯다르타(Siddhartha Gautama)께서 기원전 623년 태어나신 곳. ལུམྦི་ནི།, Lumbini

307 보디나무: བྱང་ཆུབ་ཤིང་།(장춥싱), Bodhi Tree

308 마구니: བདུད།, Demon, Māra · Māra-Camū(마라-까무), 魔仇尼 · 魔軍(마군)

309 간다르바: དྲི་ཟ།, Smell Dweller, Gandharva. 健達婆(건달바)

310 뚜시따(도솔천): དགའ་ལྡན་གྱི་གནས།, Tusita Heaven, Tuṣita, 兜率天 · 知足天(지족천) · 妙足天(묘족천) · 喜足天(희족천)

311 담빠똑까르뽀: དམ་པ་ཏོག་དཀར་པོ།, Shvetaketu

신'과 '지혜법신' 두 가지는 제자들이 직접 뵐 수 없다. 두 가지 '물질의 몸'(색신)인 '보신'과 '화신'이 제자들을 직접 대상으로 하시어 나타나시면서 중생의 이익을 광대하게 하신다.

붓다의 몸을 종류로 나누는 방식에는 여러 가지가 있다. 앞에서 말했던 것처럼 넷으로 나누는 방식과, '자성신'과 '지혜법신' 둘은 '다르마의 몸'(법신)이라고 하나로 해서 '법신'과 '보신'과 '화신' 들 셋으로 나누는 방식, 그리고 또한 '보신'과 '화신' 둘은 '물질의 몸'(색신)이라고 하나로 해서 '다르마의 몸'(법신)과 '물질의 몸'(색신) 둘로 나누는 방식들이 있다.

붓다의 공덕 또한 종류로 나누는 방식이 여러 가지가 있는데 여기서 '몸의 공덕', '말씀의 공덕', '마음의 공덕', '행위의 공덕' 들 넷으로 나누면서 설한다면 다음과 같다.

'몸의 공덕'은 '상'과 '종호' 두 가지가 있다. '상'이란 손바닥과 발바닥에 분명한 수레바퀴의 모양이 있으신 것 등 '32상'을 말한다. '종호'란 손톱과 발톱이 구릿빛처럼 적동색이고 색깔이 윤택함 등 '80종호'를 말한다. 그런 '상'과 '종호'를 갖추신 붓다의 몸은 보기만으로도 보는 이의 마음속에 해탈의 씨앗이 생기게 한다. '상'과 '종호'의 본질도 우리의 오염된 몸과 같지 않으며 모든 현상을 깨닫는 지혜의 본질 자체이다. 따라서 '상'과 '종호' 각각과 머리카락 한 가닥이 모든 현상을 직접적으로 깨닫는다. 무한한 시방의 땅

중에 어떤 곳에 태어나시는 것과, 또 다른 곳에 '법의 바퀴'(법륜)를 돌리시는 것, 또 다른 곳에서는 열반에 들어가시는 것 등 몸의 모습이 여러 가지로 신비술같이 동시에 나타난다. 그런 행위를 통해서 중생을 선한 길에 들어가게 하신다. 몸의 모공 단 하나 속에도 삼세[312]의 모든 붓다의 몸과 붓다의 땅의 모습을 나타내시고, 보디사뜨와의 모든 행위를 분명하게 나타나게 하시는 것 등 몸의 특징이 여러 가지가 있다.

'말씀의 공덕'은 중생의 성향과 관심에 따라 마음속에 선업의 뿌리를 생기게 하고 늘리게 하시기에 말씀이 유연하고, 듣기만으로도 듣는 이의 마음을 편하게 하기에 말씀이 부드러우시고, '두 가지 진실'(이제)과 연기법 등 선한 내용을 설하시기에 듣는 이의 마음에 들고, 말씀 자체가 좋아서 듣는 이의 마음에 드는 것 등 예순 가지 말씀의 특징이 붓다의 말씀 한마디에도 있으시다. 또한 붓다께서 말씀을 한마디 하셔도 그곳에 모여 있는 천신, 나가[313], 사람, 동물 들이 자신의 언어로 듣고 마음속에 있는 의심이 제거되는 것 등

---

312 삼세: དུས་གསུམ། , The Three Periods Of Time, Sarvâdhvaka(사르바드와까), 三世
   1)과거세(過去世), 2)현재세(現在世), 3)미래세(未來世)가 있음.
313 우주는 크게 세 가지 세계로 나뉘는데 맨 위는 하늘, 즉 땅 위의 천신세계이다. 가운데는 '사람이 사는 땅 표면의 세계', 즉 지구·땅이다. 맨 아래 '물을 포함한 땅 밑의 세계가 '나가(Nāga)의 세계'이고 '나가'는 윤회육도 중에 축생의 세계에 포함된다. -옮긴이 해설

이 말씀의 특징이다.

'마음의 공덕'에는 '오염되지 않는 지혜의 분류 스물한 가지'(21가지 무루지)가 있다. 그중에서 성문과 '홀로 깨달은 이'(연각)와 공통된 것들은 건너뛰고 붓다만이 갖추신 특징을 설하겠다. 붓다만이 갖추신 특징 중에서 '근원과 근원이 아닌 것을 아시는 힘'(처비처지력), '업과 그 결과를 아시는 힘'(업이숙지력), '선정과 해탈 등을 아시는 힘'(정려해탈등지지력), '근기를 아시는 지혜'(근승렬지력), '다양한 성향과 관심을 아시는 힘'(종종승해지력), '열여덟 가지 경계 등의 분류를 아시는 힘'(종종계지력), '윤회와 열반에 들어가는 길을 아시는 힘'(변취행지력), '전생의 상황을 아시는 지혜'(숙주수념지력), '죽음과 태어남을 아시는 힘'(사생지력), '오염과 그 소멸을 아시는 힘'(누진지력) 등 '열 가지 힘'[314](십력)인 특징이 있으시다.

또한 자신의 이익이 된 모든 현상을 직접적으로 인식하는 완전한 깨달음을 얻었다고 주장하시는 것에 두려움이 없으심, 모든 방

---

314 열 가지 힘(십력): ཀྱེ་བས་བཅུ།, The Ten Strengths of the Buddha, Daśabalāni(다사발라니), 十力
   1)근원과 근원이 아닌 것을 아시는 지혜 2)업과 그 결과를 아시는 지혜 3)선정과 해탈 등을 아시는 지혜 4)제자의 근기를 아시는 지혜 5)다양한 성향과 관심을 아시는 지혜 6)여러 경계들을 아시는 지혜 7)윤회와 열반에 들어가는 길을 아시는 지혜 8)전생의 상황을 아시는 지혜 9)죽음과 태어남을 아시는 지혜 10)오염과 그 소멸을 아시는 지혜 *부록 참고

해물을 없애는 상태인 완전한 소멸을 얻었다고 주장하시는 것에 두려움이 없으심, 타인의 이익을 위해 애착 등이 해탈의 장애물임을 주장하시는 것에 두려움이 없으시고, '네 가지 고귀한 진실'(사성제)의 본질을 인식하는 길이 해탈의 길임을 주장하시는 것에 두려움이 없으신 것 등 '두려움이 없는 네 가지'[315](사무외)라는 특징도 있다.

법문을 하실 때 잘 듣는 제자에게는 집착하지 않으시고, 잘 듣지 않는 제자에게 화를 내지도 않으신다. 그리고 때로는 잘 듣고 때로는 잘 듣지 않는 제자에게 집착하지도 않으시고 화를 내지도 않으신다. 그런 집착 등을 없애는 것이 '세 가지 평등한 마음'[316](삼념주)이다.

'세 가지 문'[317](삼문)의 잘못을 남이 알게 될까봐 "내가 이것을 숨겨야 한다."라는 생각이 없으시다. 그것을 '세 가지 무보호'[318](삼무호)라고 한다.

남의 이익에 위한 몸과 말씀의 행위를 지속적으로 기억하시기에

---

315 두려움이 없는 네 가지(사무외): ཨི་འཇིགས་པ་བཞི།, The Four Fearlessnesses, Catur-Vaiśāradya(짜뚜르-바이사라디야), 四無畏·四種無畏(사종무외)

316 세 가지 평등한 마음(삼념주): དྲན་པ་ཉེ་བར་བཞག་པ་གསུམ།, The 3 Mindfulnesses, Trīṇi Smṛty-Upasthānāni(뜨리니 스므르띠-우빠스타나니), 三念住

317 '세 가지 문'이란 몸, 말, 마음의 문을 뜻한다. -옮긴이 해설 *부록 참고

318 세 가지 무보호(삼무호): བསྲུང་བ་མེད་པ་གསུམ།, The 3 Non-Defenses, 三無護

'잊음이 없는 본질'[319](염무실)이라는 특징도 있으시다.

'번뇌인 방해물'(번뇌장), '인식인 방해물'(소지장)의 씨앗을 완전하게 없애시는 특징, "누구를 다스려야 할까?"라는 생각으로 모든 중생에게 밤낮없이 항상 이익을 성취하시는 '크나큰 연민심'(대비)의 특징 등이 있으시다.

성문 및 '홀로 깨달은 이'(연각) 등과 공통되지 않는 붓다의 '열여덟 가지 공덕'[320](십팔불공불법)은 다음과 같다. 마을과 도시와, 사람이 살지 않는 외진 곳 등에 가실 때 강도와 호랑이 등을 두려워하는 것과 같은 망상이 없으시다. 길을 잃어서 큰소리를 지르거나 습관적으로 큰소리로 웃는 등의 듣기 싫은 소리가 없으시다. 잊어버려서 일을 못하거나 마감 시간에 못하듯 기억력의 나빠짐이 없으시다. 선정에 들어가거나 들어가지 않아도 공성의 뜻을 기억하시지 않는 때가 없으시다. 윤회는 본질적으로 불리하고 해탈이 본질적으로 편안함임을 인식하는 생각이 없으시다. 중생을 다스리는 때 등을 살피지 않아서 그 이익을 무시하는 경우가 없으시다. 그 여섯 가지는 행위에 포함된다.

---

319 잊음이 없는 본질(염무실): བརྗེད་པ་མི་མངའ་བའི་ཆོས་ཉིད།, 念無失

320 열여덟 가지 공덕(십팔불공법): སངས་རྒྱས་ཀྱི་ཆོས་མ་འདྲེས་པ་བཅོ་བརྒྱད།, The 18 Unshared Qualities of the Buddha, Aṣṭādaśâveṇika-Buddha-Dharma(아스따다사웨니까-붓다-다르마), 十八不共法 · 十八不共佛法(십팔불공불법)

'자애의 마음'과 '연민의 마음'과 중생의 이익을 위해서 하시는 일에 대한 지속적인 열망, 중생 한 사람만을 위해서도 갠지스 강의 모래보다 더 많은 붓다의 땅에 즐겁게 가시는 정진, 모든 중생의 마음 상태와 그 다스리는 방법 등을 항상 잊어버리지 않으시는 마음챙김과, 모든 현상의 공성을 인식하시는 선정, 팔만 사천 가지 법문 중에서 제자의 번뇌를 없애는 해독제로 어떤 것이 맞는지를 아시는 지혜, 모든 장애물이 완전하게 제거된 해탈에서 떨어지지 않으신다. 이 여섯 가지는 '깨우침의 공덕'[321]에 포함된다.

행위에 포함되는 세 가지는, 빛을 방출하시는 것과, '네 가지 행동'[322] 등 몸의 행위, 중생들의 관심에 맞게 법문을 하시는 말씀의 행위, 대자대비를 갖추고 계신 마음의 행위들이다.

과거와 미래와 현재의 모두 현상을 집착과 걸림 없이 직접적으로 인식하시는 지혜에 포함된 세 가지 공덕 등은 붓다의 공통되지 않는 '열여덟 가지 공덕'이다.

'무더기'(온)와 '열여덟 가지 경계'(십팔계)와 '열두 가지 생기는 문'(십이처) 등에 포함된 모든 현상을 '직접인식'(현식)으로 직접 깨닫는 '모든 현상을 깨닫는 지혜'(일체상지) 등 훌륭하고 놀라운 공덕을

---

321 깨우침의 공덕: རྟོགས་པ།, Realization
322 '네 가지 행동'이란 서기, 걷기, 눕기, 앉기를 말한다(The Four Behaviors of Going, Strolling, Lying Down and Sitting). -옮긴이 해설

무한하게 갖추고 계신다.

'연민의 마음'의 공덕은, 붓다께서 예전에 '배움의 길'(유학도)을 실천하셨을 때 자비심을 반복해서 실천하셨다. 그런 실천이 완전해질 때 고통스러운 중생을 대상으로 자비심이 생길 수밖에 없다. 여러 가지 고통을 겪는 중생은 하늘의 넓이만큼 항상 존재한다. 붓다께서 이것을 모르시는 때도 없으시다. 따라서 그런 중생을 대상으로 한 자비심도 지속적으로 생기신다. 그런 자비심을 통해서 중생의 이익에 위한 행위도 지속적으로 하신다.

'행위의 공덕'은 두 가지가 있다. 그중의 하나는 노력이 필요가 없는 행위이다. 그러한 32대인상과 80종호를 갖추시고 네 가지 행동과 여러 가지 신비한 활동을 하신 붓다의 '물질의 몸'(색신)에 노력과 분별적인 생각이 존재하지 않으신다. 하지만 운이 좋은 이가 그것을 봄으로써 '깨달음의 마음'(보리심)을 키우고 '여섯 가지 빠라미따'(육바라밀) 등을 실천해서 붓다의 경지를 얻을 수 있게 된다. 그것이 붓다 몸의 행위가 자발적으로 성취되는 방식이다.

붓다께는 "이것을 가르치겠다."라는 것과 같은 분별적인 생각이 없으시다. 그런데 제자의 관심에 맞게 법을 무한하게 가르치시는 것이 말씀의 행위를 자발적으로 성취하시는 방식이다.

붓다들께서는 마음 동기가 된 분별심이 없이 크나큰 연민의 마음으로 중생의 좋은 태어남, 해탈, 붓다의 경지를 성취하는 바른 방식으로 법의 비를 내리시는 것이 마음의 행위를 자발적으로 성취하시는 방식이다.

세속적인 일반인들은 '세 가지 문'(삼문)의 노력 없이는 절대 행동을 하지 못한다. '여덟 번째 땅에서부터' 법을 가르치는 등의 동기가 된 거친 노력이 사라진다. 따라서 자발적으로 중생의 이익을 위해서 행위를 하신다. 그런데 그 때 몸과 말의 행동의 동기가 된 미세한 분별심을 아직 없애지 않으신다. 남의 이익을 위해 자발적으로 하지 못하게 하는 미세한 장애는 '인식인 방해물'(소지장) 쪽인 '열두 가지 의존적 생김의 현상'(십이연기) 중에서 '오염되지 않는 업'(무루업)이다. 그것이 몸과 말의 행위의 동기가 된 미세한 분별심이다. 그런 동기가 된 미세한 분별심을 없앨 때부터 남의 이익을 위해 자발적으로 할 수 있게 된다.

붓다의 행위는 지속적이시다. 그 뜻은, 붓다께서 예전에 길을 실천하셨을 때부터 보디사뜨와의 열 가지 땅을 차례대로 얻으시면서 '두 가지 자량'[323](삼바라)에 포함된 특별한 공덕들이 생기시며, 유지하고 늘어나게 하는 완전한 원인이 앞서기 때문에 행위가 끊임없이 계속되신다. 그뿐만 아니라 중생의 마음의 본질은 자성적인 오

---

323 '두 가지 자량'에는 복덕과 지혜, 두 가지가 있다. —옮긴이 해설 *부록 참고

염 없는 본성이고 그것을 바로 불성[324]이라고 한다. 그런 불성의 장애가 되는 것은 번뇌와 그 씨앗까지이다. 그 일시적인 오염을 제거하는 해독제인 크나큰 자비심으로 중생을 보시고 그 방식을 가르치시기에 붓다의 자발적이고 지속적인 행위가 생기는 것이다.

　여기까지 말했던 것들은, 바탕인 '두 가지 진실'(이제)의 개념을 깨달으면서 붓다의 말씀, '세 바구니'(삼장)의 내용인 '방편'과 '지혜의 길'의 실천, '배워야 할 세 가지'(삼학) 들을 통해서 '큰 수레'(대승)와 '작은 수레'(소승)의 길을 실천하는 방식, 그리고 결과인 '붓다의 네 가지 몸과 행위'까지의 내용을 요약해서 설한 것이다. 글이 많아질 수 있기 때문에 설명은 상세하고 길게 하지 않았다.

324　불성: སངས་རྒྱས་ཀྱི་རིགས།. The Buddha Nature, Buddha-Dhātu(붓다-다뚜), 佛性

11 티베트에 존재하는 불교 종파들에 대하여

우리 티베트에 존재하는 붓다의 가르침의 귀한 전통을 보존해온 종
파들에 대해서 요약해서 말하고자 한다. 티베트의 세 지역[325](촐카쑴,
ཆོལ་ཁ་གསུམ)마다 붓다의 가르침이 발전되어 있지 않은 곳이 없다. 붓다
의 가르침은 햇빛처럼 퍼져 있다.

　역사적으로 티베트에는 불교의 초기 발전과 불교의 후기 발전이
라는 두 시대가 있었다.

---

325 '촐카쑴'(ཆོལ་ཁ་གསུམ, Cholkhasum)이란 세 지역이라는 뜻이다. 촐카가 지역을 뜻한다.
　　티베트는 크게 세 지역으로 이루어져 있는데 서티베트인 우창(Ü-Tsang) 촐카, 동티
　　베트의 도메 촐카 즉 암도(Amdo)와, 도뙤 촐카 즉 캄(Kham) 촐카가 있다.
　　－옮긴이 해설

티베트의 제33대 황제이신 송쩬감뽀[326]께서 열세 살에 황제가 되셨고 라사 쭉락캉[327]과 트라둑 사원, 타둘 사원, 양둘 사원, 루논 사원 등 많은 사원을 지으셨다. 당신의 장관인 톤미삼보따[328]를 인도에 보내어 언어학과 글자를 배우게 하셨다. 톤미삼보따께서 인도의 글자를 모델로 하여 티베트 글자를 만들고[329] 문법에 대한 여덟 권의 논서를 저술하셨다.

인도에서 아자르야 쿠마라와 아자르야 샹카라, 그리고 네팔의 아자르야 실라만준 등을 모셔서 붓다의 말씀인 현교와 밀교의 여러 가지 경전을 번역하고 불교를 도입하셨다. 붓다의 가르침을 공

---

326 황제 송쩬감뽀는 티베트에서 다르마의 왕이며 티베트에 불교왕국의 토대를 세워 큰 존경과 숭배를 받는 위대한 황제(쭌뽀, ཙན་པོ)이셨다. 토번(티베트) 최초로 통일제국을 세워 국위를 크게 높이셨다. 557(또는 569)~649년. ཁྲུལ་པོ་སྲོང་བཙན་སྒམ་པོ, Songtsen Gampo - 옮긴이 해설

327 라사쭉락캉(ལྷ་སའི་གཙུག་ལག་ཁང) 즉 라사 사원을 라사 조캉(Jokhang Temple)이라고도 한다. 티베트의 수도인 라사에 위치해 있고 이 사원에 티베트 최고의 국보인 붓다의 상이 계신다. 트라둑 사원(ཁྲ་འབྲུག་གཙུག་ལག་ཁང, Tra-Druk Temple), 타둘 사원(མཐའ་འདུལ, Ta-Dul), 양둘 사원(ཡང་འདུལ, Yang-Dul), 루논 사원(རུ་གནོན་གྱི་གཙུག་ལག་ཁང, Ru-Non)은 황제 송쩬감뽀께서 사원을 건축할 당시 여러 가지 방해를 제거하기 위해 이들 사원을 지었다고 전해진다. - 옮긴이 해설

328 톤미삼보따는 티베트의 장관이자 불교학자, 경전 번역가이셨다. 황제 송쩬감뽀의 명에 따라 인도에 가셔서 언어, 문법, 어휘, 시, 문학, 철학을 칠 년간 공부하셨으며 산스크리트 문법과 수많은 주제의 불교 경전들을 티베트로 가져와 티베트어로 번역하는 위대한 업적을 남기셨다. ཐོན་མི་སམྦྷོ་ཊ, Thonmi Sambhota - 옮긴이 해설

329 티베트 글자는 그 이전에도 존재했으며, 톤미삼보따께서 만드신 것으로 인정하는 의견도 있다. - 옮긴이 해설

부하는 전통을 넓게 발달시키지는 못하였지만 황제 당신께서 여러 제자들에게 관세음보살과 관련된 수행법 등을 가르쳐 주셨다.

그 다음 제37대 황제 티송데우쩬[330]께서 붓다의 가르침을 전파하기 위해서 인도 동쪽 자호르(ཟ་ཧོར, 방갈뿔)에서 스승 샨타락시타 (적호보살)와 아자르야 파드마 삼바와[331]를 티베트로 모셨다. 그리고 아자르야 비말라미트라, 샨티갈바, 다르마키르티, 상계쌍와, 카말라실라, 비붓다시다 등 인도의 훌륭한 학자[332] 백여든 분과 티베트의 번역가인 베로짜나, 냑간나꾸마라, 까와빨쩩, 족로루이곌첸, 샹예시데 등께서 율장, 경장, 논장과 관련된 붓다의 경전과 그 중심적인

---

330 황제 티송데우쩬은 다르마의 세 왕 중 한 분으로 큰 존경을 받는 티베트의 위대한 황제이셨다. 티베트에 불교 학교와 산스크리트 경전을 번역하는 역경원을 세우는 데 중추적인 역할을 하셨다. 특히 역경원을 중요하게 여겨 부처님의 말씀을 그대로 가져올 것과 불교 경전 전체를 티베트어로 번역하도록 지원하는 등 불교를 크게 발전시키셨다. 742~797년. ཁྲི་སོང་ལྡེའུ་བཙན, Trisong-De-U-Tsen -옮긴이 해설

331 파드마 삼바와(빼드마 삼바와)는 밀교의 위대한 스승이셨다. 『티베트 사자의 서』(བར་དོ་ཐོས་གྲོལ་ཆེན་མོ, 바르도 퇴돌 첸모, The Tibetan Book of the Dead)를 저술하셨다. 717~762년. Padma Sambhava('연꽃에서 태어난 이'라는 뜻) -옮긴이 해설

332 • 비말라미트라: བི་མ་ལ་མི་ཏྲ, Vimalamittra • 샨티갈바: ཤནྟི་གརྦྷ, Shantigarbha • 다르마키르티: དྷརྨ་ཀིརྟི, Dharmakirti • 상계쌍와: སངས་རྒྱས་གསང་བ, Sangye Sangwa • 카말라실라: ཀ་མ་ལ་ཤི་ལ, Kamalashila • 비붓다시다: བི་བུདྡྷ་སིདྡྷ, Vibuddhasiddha

논서들을 번역하고 공부하는 시스템을 구축하셨다.[333]

　제41대 황제 티랄빠젠[334]께서 출가자 한 명당 일곱 가족들을 신도로 주시고 천 개 이상 사원을 지으셨다. 당신의 머리카락에 천을 붙이고 그 천을 출가자들이 앉으시도록 좌석으로 삼아 존경을 표하는 등 붓다의 가르침을 높이 받들고 크게 펼치셨다. 인도에서 아자르야 지나미트라, 수렌드라보디, 실렌드라보디, 다나시 등 여러 학자들[335]을 티베트로 모셨다. 티베트 스승이신 라뜨나락시따, 다르마따실라[336], 번역가 자나세나, 자야락시따[337] 등께서 "이전의 학자들과 번역가들께서 가르침을 번역하였을 때 원래 티베트 언어에 없어서 번역하지 못한 것이거나, 이해하기가 어려운 종류들을 마하야나 경전과 테라와다 경전과 맞게 고쳐라."라는 황제의 말씀대

333　• 베로짜나: བེ་རོ་ཙ་ན།, Vairochana　• 냑간나꾸마라: གཉགས་ཛྙཱ་ན་ཀུ་མཱ་ར།, Nyak Jnanakumara　• 까와빨쩩: སྐ་བ་དཔལ་བརྩེགས།, Kawa Paltsek　• 족로루이곌첸: ཅོག་རོ་ཀླུའི་རྒྱལ་མཚན།, Jokro Luyi Gyaltsen　• 샹예시데: ཞང་ཡེ་ཤེས་སྡེ།, Shang Yeshide

334　'황제 티랄빠젠'께서 앞 시대에 번역된 티베트어 불교경전에서 알려지지 않은 많은 용어(산스크리트)가 사용된 것을 보고 친숙한 구어체(티베트어)를 사용하여 이해하기 쉽게 고치도록 지원하셨으며, 이에 따라 더욱 완벽하게 번역된 티베트 경전들이 나오게 되었다. 티베트 경전에는 이러한 번역의 역사들(초판본의 번역자부터 개정판의 번역자 이름, 수정한 이유 등까지)가 상세하게 쓰여 있다. —옮긴이 해설 *부록 참고

335　• 지나미트라: ཛི་ན་མི་ཏྲ།, Jinamittra　• 수렌드라보디: སུ་རེནྡྲ་བོ་དྷི།, Surendrabodhi　• 실렌드라보디: ཤཱི་ལེནྡྲ་བོ་དྷི།, Shilendrabodhi　• 다나시: དཱ་ན་ཤཱི།, Danashi

336　• 라뜨나락시따: རཏྣ་རཀྵི་ཏ།, Ratnaraksita　• 다르마따실라: དྷརྨ་ཏ་ཤཱི་ལ།, Dharmatasila

337　• 자나세나: ཛྙཱ་ན་སེ་ན།, Jnanasena　• 자야락시따: ཛ་ཡ་རཀྵི་ཏ།, Jayaraksita

로『셰랍기 파롤뚜 친빠 똥탁 갸빠』(십만송 반야경) 번역을 잘 고치고 열여섯 권으로 나누셨다. 그와 같이 예전에 번역되어 있던 경전 대부분의 번역을 새롭게 고치고, 새로운 용어도 만들고, 번역 규칙도 만드는 것 등의 업적을 통해서 붓다의 가르침을 티베트에 잘 발전시킨 과정을 '가르침의 초기 발전'이라고 한다.

제42대 황제 랑다르마[338] 때 붓다의 가르침을 탄압했다. 그 때 스승 샨타락시타의 제자이신 마르샤꺄, 요게중, 짱랍쎌[339] 등께서 '도메'(티베트 동쪽 지역) 쪽으로 도피하셨다. 그쪽에 계셨던 공빠랍쎌이라는 스승께서 그분들에게 비구의 계를 주셨다. 그 다음부터 차례로 티베트에 출가자의 모임이 많아졌다. 그리고 또한 인도 쪽의 학자인 다르마팔라, 사두팔라 등께서 응아리(Nga-ri)로 오시고[340] 카슈미르의 학자 샤꺄시르께서 티베트에 오신 덕분에 출가자의 모임이 더 많아졌다. 그들의 시대 때부터 인도의 학자 몇 분과 스승들께서 티베트에 오시고, 티베트의 학자인 번역가 여러 분이 고생해서 인도와 네팔에 가서 여러 스승들을 만나셨다. 황금을 값으로 드리면서 현교와 밀교의 법문을 많이 듣고 티베트어로 번역하셨다. 그런

---

338 황제 랑다르마: 799~842년. རྒྱལ་པོ་དར་མ། , Gyalpo Lang-Dar-Ma

339 • 마르샤꺄: དམར་ཤཱཀྱ། , Mar-Shakya • 요게중: གཡོ་དགེ་འབྱུང་། , Yo-Gejung • 짱랍쎌: གཙང་རབ་གསལ། , Tsang-Rabsal

340 • 다르마팔라: པཎྜི་ཏ་དྷརྨ་པཱ་ལ། , Pandita Dharmapala • 사두팔라: སཱ་དྷུ་པཱ་ལ། , Sadhupala

전통이 티베트에 전파되어서 여러 학자들이 생겨나고 가르침을 다시 시작하여 티베트 전국에 붓다의 가르침의 해가 뜨게 되었다. 그것을 '가르침의 후기 발전'이라고 한다.

티베트에 붓다의 가르침의 종파 이름에는 다양한 것들이 있다. 예를 들면 닝마빠 같은 경우에는 시대적으로 이름을 붙인 것이다. 그리고 사꺄빠, 딱룽빠, 드리궁빠, 둑빠, 게덴빠 등은 위치하는 곳의 이름으로 이름을 붙인 것이다. 그리고 까르마까규, 부룩 같은 경우에는 스승의 이름으로 이름을 붙인 것이다. 까담빠, 쪽첸빠, 착첸빠, 시제빠 등은 가르침의 내용으로 이름을 붙인 것이다.[341]

이런 종파들을 요약하면 닝마와 싸르마[342] 두 가지에 포함된다. 닝마와 싸르마의 차이는 다음과 같다. 티베트에서 발전해온 '큰 수레'(대승)의 가르침에는 현교와 '만뜨라야나'(밀교) 두 가지가 있는데 현교적인 것에는 닝마와 싸르마 둘로 나누지 않고 '큰 수레'(대승) 밀교의 가르침을 중심으로 닝마와 싸르마 두 가지로 이야기한다. 앞

---

341 • 닝마빠: རྙིང་མ་པ།, Nying Ma Pa • 사꺄빠: ས་སྐྱ་པ།, Sakyapa • 딱룽빠: སྟག་ལུང་པ།, Tak-Lungpa • 드리궁빠: འབྲི་གུང་པ།, Dri-Gungpa • 둑빠: འབྲུག་པ།, Drukpa • 게덴빠: དགེ་ལྡན་པ།, Gedhenpa • 까르마까규: ཀརྨ་བཀའ་བརྒྱུད།, Karma Kagyu • 부룩: བུ་ལུགས།, Bu-Lug • 까담빠: བཀའ་གདམས་པ།, Kadampa • 쪽첸빠: རྫོགས་ཆེན་པ།, Dzok-Chenpa • 착첸빠: ཕྱག་ཆེན་པ།, Chank-Chenpa • 시제빠: ཞི་བྱེད་པ།, Shi-Jeypa
342 • 닝마: རྙིང་མ།, Nyingma • 싸르마: གསར་མ།, Sarma

에서 말했던 '가르침의 초기 발전' 시대부터 학자 스미르티[343]께서 티베트에 오셨을 때까지 번역한 것을 '밀교의 초기 번역'이라고 하고, 그것을 중심으로 가르치고 실천의 전통을 유지하는 분을 '닝마빠'(닝마 종파)라고 한다.

번역가 린첸 상뽀[344]부터 시작하여 번역하는 밀교 경전을 '밀교 싸르마'[345]라고 부른다. '밀교 싸르마'는 번역가 린첸 상뽀께서 978년부터 시작하셨다. 그 다음에는 차례로 드록미, 따낙괴, 마르빠[346] 등께서 많은 밀교 경전을 티베트어로 번역하면서 후기 밀교의 가르침을 광대하게 발전시키셨다. 지금 티베트에 있는 종파 중에서 닝마빠, 까규빠, 사꺄빠와 겔룩빠 등 네 가지가 중심으로 발전되어 있다.

810년에 오곈(ཨོ་རྒྱན)에서 파드마 삼바와께서 티베트에 오셔서 '쌈

---

343 스미르티: 인도의 학자. སྨྲ་བ་སྨྲི་ཏི།, Pandita Smrti
   산스크리트 '빤디따'는 학자(Scholars)를 뜻한다. 티베트에서는 학자를 케빠(མཁས་
   དེ)라 하는데, 훌륭하신 학자 이름 앞에 붙여서 존경을 표하는 단어이다. −옮긴
   이 해설

344 린첸 상뽀: ལོ་ཙྪ་བ་རིན་ཆེན་བཟང་པོ།, Lotsawa Rinchen Sangpo

345 밀교 싸르마: 후기 밀교 번역, 밀교의 새로운 번역이라는 뜻. གསང་སྔགས་གསར་མ།,
   Sang-Ngak-Sarma

346 • 드록미: འབྲོག་མི།, Drokmi • 따낙괴: རྟ་ནག་འགོས།, Ta-Nak-Go • 마르빠: ལྷོ་བྲག་མར་
   པ།, Lho-Drak-Marpa

예침푸'[347]에서의 '여덟 가지 의식' 등 '사다나'[348]와 '딴뜨라' 경전을 많이 번역하시고 황제와 다른 분들 등 총 스물다섯 분께 밀교 '다이아몬드 수레'(금강승)의 법문을 하신 것에서 시작하여 닝마 종파가 나타났다.

1012년에 태어나신 마르똔 초기로뙤[349]께서 인도에 세 번 가면서 나로파와 메트리파 등 여러 스승을 만나셨다. 그분께서 권위 있는 경전을 번역하시고 제쭌 밀라레빠[350]와 냠메 닥뽀 하제[351] 등께 가르침을 주셨다. 그분들로부터 전해온 것이 '까규 종파'라고 알려져 있다. 까규 중에도 깜챵빠, 드리궁빠, 딱룽빠와 둑빠 등 여덟 가지가 있다.

1034년에 태어나신 콘꼰촉 곌뽀[352]께서 날랜다의 켄뽀이신 '빨

---

347 쌈예침푸: 파드마 삼바와께서 황제 트리송데우쩬과 일곱 제자들에게 밀교 의식을 행하신 동굴. བསམ་ཡས་མཆིམས་ཕུ།, Sam-Ye-Chimphu

348 사다나: 밀교 의식을 뜻함. སྒྲུབ་ཐབས།, Sādhanā

349 마르똔 초기로뙤를 줄여서 '마르빠'라고도 한다. མར་སྟོན་ཆོས་ཀྱི་བློ་གྲོས།, Mar-Ton-Choekyi-Lodoe -옮긴이 해설

350 밀라레빠는 티베트 밀교의 위대한 성취자이자 시인이셨다. 깨달음의 노래 십만 개로 널리 알려져 있다. རྗེ་བཙུན་མི་ལ་རས་པ།, Milarepa -옮긴이 해설 *부록 참고

351 냠메닥뽀하제: མཉམ་མེད་དྭགས་པོ་ལྷ་རྗེ།, Nyammey Dakpo Lhaje

352 콘꼰촉 곌뽀: འཁོན་དཀོན་མཆོག་རྒྱལ་པོ།, Khon-Konchok Gyalpo

• 161 •

덴초꽁/비루빠'[353]와 빤디따 가야다라[354]의 가르침을 번역가 독미께 들으셨다. 그 다음 '사첸공마 다섯 분'[355]들로부터 전해온 것이 사꺄 종파라고 알려져 있다.

1039년에 비끄람실라의 위대한 학자 아티샤께서 티베트에 오시고 밀교와 현교의 가르침을 전파하셨다. 그 가르침의 전통을 쿠뙨, 렉뻬셰랍과 돔뙨빠[356] 등으로부터 전해온 것이 까담빠라고 알려져 있다. 1357년에 잠곤 쫑카빠 대사[357]께서 태어나시고 까담빠의 전통을 유지하셨다. 당신께서는 붓다의 경전과 그 해설인 믿을 수 있는 해설서, 인도에서 티베트어로 번역되어 있는 모두를 다 듣고 사

353　빨덴초꽁 · 비루빠: དཔལ་ལྡན་ཆོས་སྐྱོང་དང་པི་རུ་པ།, Palden Choekyong Virupa

354　빤디따 가야다라: '빤디따'는 학자라는 뜻. དགེ་ཆེན་ག་ཡ་དྷ་ར, Pandita Gayadhara

355　'사첸공마 다섯 분'(ས་ཆེན་གོང་མ་རྣམ་ལྔ།, Sachen Gongma Nam-Nga)이란 샤꺄의 위대한 다섯 스승이신 사첸꾼가닝뽀(ས་ཆེན་ཀུན་དགའ་སྙིང་པོ།), 스승 소남 쩨모(སློབ་དཔོན་བསོད་ནམས་རྩེ་མོ།), 제쭌 딱빠 겔첸(རྗེ་བཙུན་གྲགས་པ་རྒྱལ་མཚན།), 사꺄 빤디따 꾼가겔첸(ས་སྐྱ་པཎྜི་ཏ་ཀུན་དགའ་རྒྱལ་མཚན།), 도곤 초 겔 팍빠(འགྲོ་མགོན་ཆོས་རྒྱལ་འཕགས་པ།) 등을 가리킨다. -옮긴이 해설

356　•쿠뙨: ཁུ་སྟོན་བརྩོན་འགྲུས་གཡུང་དྲུང་། •렉뻬셰랍: རྔོག་ལེགས་པའི་ཤེས་རབ། •돔뙨빠: འབྲོམ་སྟོན་རྒྱལ་བའི་འབྱུང་གནས།

357　잠곤 쫑카빠 대사는 티베트 동쪽 도메 쫑카라는 지역에 태어나셨다. 라사 쪽으로 가셔서 공부하시고 수행하시면서 아주 훌륭한 학자와 수행자가 되셨다. 『람림』즉 보리도차제 등 현교와 밀교에 관한 방대한 논서를 남기셨다. 티베트의 최대 사원 중 하나인 간덴 사원을 지으셨다. 그리고 티베트 불교 종파 중 하나인 겔룩빠를 시작하신 창시자이셨다. 티베트에서는 두 번째 붓다로 추앙된다. 지금도 해마다 티베트 음력 10월 25일에는 게덴응아최(དགེ་ལྡན་ལྔ་མཆོད།)라 하여 쫑카빠 대사께서 열반하신 날을 기념한다. 1357-1419년. ཙོང་ཁ་པ་བློ་བཟང་གྲགས་པ།, Tsongkhapa -옮긴이 해설

유하고 수습함으로써 명확히 하고 의심을 제거하셨다. 경전의 깊은 내용을 바르게 해설할 수 있게 되셨다. 그 전통을 곌찹 린뽀체와 케둡 곌렉뺄상³⁵⁸ 등으로 전해온 것이 '리워게덴빠'³⁵⁹(곌룩빠) 종파라고 알려져 있다.

어떤 사람은 다음과 같이 생각할 수도 있다. 티베트에 존재하는 '사게까닝'³⁶⁰(사꺄, 곌룩, 까규와 닝마) 종파들은 불교와 외전처럼 바탕, 길, 결과의 해석 등 여러 해석에서 같지 않고 서로 다르다고 생각할 수 있다. 그런데 절대 그렇지 않다. 그 이유를 명확히 말하면 다음과 같다. 우리가 볼 수 있는 비행기 같은 경우에 크기, 모양, 색깔 들이 똑같지 않다. 그리고 디자이너의 배움과 경험에 따라 엔진도 좀 다를 수 있다. 그런데 사실은 그 모두 다 비행기임은 똑같다. 그와 마찬가지로 티베트 불교의 종파들도 처음 시작하신 분의 경험 등에 따라 제자를 인도하는 방식에 사소한 차이가 있을 수 있고 용어와 표현에 차이가 조금 있을 수 있다. 그런데 사실은 그 종파 모두의 목적이 붓다의 경지임은 같다. 그 성취하는 방편인 수행도 앞에 말했던 '배워야 할 세 가지'(삼학)를 빠짐없이 다 실천하는

---

358 • 곌찹 린뽀체: རྒྱལ་ཚབ་རིན་པོ་ཆེ། • 케둡 곌렉뺄상: མཁས་གྲུབ་དགེ་ལེགས་དཔལ་བཟང་།

359 '리워게덴빠' (རི་བོ་དགེ་ལྡན་པ།)는 곌룩빠의 다른 이름이다. -옮긴이 해설

360 '사게까닝' (ས་དགེ་བཀའ་རྙིང་།)은 사꺄, 곌룩, 까규와 닝마의 앞글자를 따서 줄여서 부르는 이름이다. -옮긴이 해설

것과 견해가 '법의 네 가지 도장'[361] (사법인)을 건너뛰지 않고 현교와 밀교 둘 다 실천하기에 걸림이 없으니 그 종파 모두 결국은 다 같은 것이다.

또 다른 이는 "티베트의 불교는 라마 종교이다."라고, 그것이 붓다께서 가르치신 종교가 아닌 것처럼 말하는 이도 있다. 그런데 그렇지 않다. 왜냐하면 티베트의 불교 모든 것의 뿌리인 현교 경전과 밀교 경전들을 붓다께서 처음 가르치셨기 때문이다. 중간에 인도의 훌륭한 학자들께서 경전의 내용을 바른 논리로 분석해서 명확히 설하셨다. 이것이 위대한 수행자들로 하여금 실천하여 바른 깨달음을 얻게 하셨던 깊은 가르침이다. 마지막에는 티베트의 황제들과 장관들, 그리고 예전의 은혜로운 번역가들께서 재산뿐만 아니라 자신의 몸과 목숨까지도 돌보지 않고 큰 노력으로 고생하면서 인도와 네팔의 곳곳에 다니면서 권위 있고 고명하신 학자와 수행자들을 많이 만나셨다. 그분들께 공양도 올리고 섬기고 그분들이 가르치는 대로 실천하는 것 등을 빠짐없이 하면서 가르침을 듣고 경전을 티베트어로 번역하셨다. 그런 경전들을 바탕으로 하고 뿌리

---

361 법의 네 가지 도장(사법인): ཆོས་བ་བཀར་རྟགས་ཀྱི་ཕྱག་རྒྱ་བཞི།, The Four Seals of Dharma, 四法印
　 1)모든 유위법이 무상이다(일체개고). 2)모든 오염된 법이 고통이다(제행무상). 3)모든 현상이 공이고 무아이다(제법무아). 4)열반이 평화이다(열반적정). *부록 참고

로 하여 듣고 사유하고 명상하는 것이지, 그런 경전들과 반대되고 티베트 스승들이 스스로 만드는 종교가 하나도 없다. 예를 들자면 티베트 불교 수행자 누구라도 붓다의 가르침과 관련된 내용에 모르는 것이나 의심이 작은 것이라도 생길 때 붓다의 말씀과 인도의 학자와 훌륭한 수행자들의 말씀을 참고해서 결정한다.

1장 용어

01

현겁에 오시는 1002분의 붓다들 중 네 번째라서 샤카무니께서는 네 번째 부처님이라 불린다. -옮긴이 해설

부처님 : སངས་རྒྱས།(상게), Buddha(붓다), 佛陀(불타)

02

샤카무니 부처님의 불법이 오천 년 동안 있을 것이라고 한다.(다른 주장도 있다.) 그 오천 년을 오백 년씩 나눈 것이 '열 가지 오백 년'이다.

1)첫째 오백 년 동안은 불법을 실천하는 이 중에 번뇌를 완전히 없애고 아라하뜨가 되는 아라한과(아라하뜨의 경지)를 얻는 이가 아주 많다고 한다.

2)둘째 오백 년 동안은 불법을 실천하는 이 중에 불환과(돌아오지 않는 경지)를 얻는 이가 아주 많다고 한다. 3)셋째 오백 년 동안은 불법을 실천하는 이 중에 예류과(흐름에 들어선 경지)를 얻는 이가 아주 많다고 한다. 4)넷째 오백 년 동안은 불법을 실천하는 이 중에 삼학(배워야 할 세 가지)의 지혜를 얻는 이가 아주 많다고 한다. 5)다섯째 오백 년 동안은 불법을 실천하는 이 중에 사마디를 중심으로 실천하고 사마디와 관련된 것이 잘되는 이가 아주 많다고 한다. 6)여섯째 오백 년 동안은 불법을 실천하는 이 중에 계율을

잘 지키는 이가 아주 많다고 한다. 7)일곱째 오백 년 동안은 불법을 실천하는 이 중에 세 바구니의 '아비다르마 바구니'(논장) 공부가 잘되고 이것을 중심으로 실천하는 이가 아주 많다고 한다. 8)여덟째 오백 년 동안은 불법을 실천하는 이 중에 세 바구니의 경장(수뜨라 바구니) 공부가 잘되고 이것을 중심으로 실천하는 사람이 아주 많다고 한다. 9)아홉째 오백 년 동안은 불법을 실천하는 이 중에 세 바구니의 율장(비나야 바구니) 공부가 잘되고 이것을 중심으로 실천하는 이가 아주 많다고 한다. 10)열째 오백 년 동안은 출가자의 모습만 가지는 이가 많고 진심으로 수행하는 이가 많지 않다고 한다. -옮긴이 해설

03
'계율의 시대'인 이 오백 년 동안은 계율의 실천이 중심이고 계율을 실천하는 것이 다른 수행보다 공덕이 더 크다고 한다. -옮긴이 해설

05
부처님 가르침: ཆོས།(쵸), Teachings of the Buddha, Dharma(다르마)

06
선하지 않은 업(불선업): སྡིག་པ།, Unwholesome Deeds, Akuśala-Karma(아꾸살라-까르마), 不善業 · 惡業(악업)

07
'업'을 산스크리트로 까르마라 하는데 인과관계를 뜻한다. 선업(좋은 까르마)과 악업(나쁜 까르마)가 있다. -옮긴이 해설
업: ལས་རྒྱུ་འབྲས།(레), Karma(까르마), 業

13

자만심: ㄷ་རྒྱལ།, Pride • 질투: ཕྲག་དོགས།, Jealousy • 인색한 마음: སེར་སྣ།,
Miserliness · Stingy • 탐욕: འདོད་ཆགས།, Desire · Attachment • 증오심:
ཞྲུང་བ།, Hatred • 모름: མ་རིག་པ།, Ignorance

14

번뇌: 괴로운 감정을 뜻함. ཉོན་མོངས།, Afflictive Emotions, 煩惱

17

전생과 다음 생을 포함하여 태어남이 반복되는 것을 티베트어로 '꼐와나
치 (སྐྱེ་བ་སྣ་ཚོགས།)라 한다. 참고로 윤회는 티베트어로 '코르와' (Khorwa)라 한다.
－옮긴이 해설
꼐와나치: སྐྱེ་བ་སྣ་ཚོགས།, Rebirth · Reincarnation

18

네 가지 요소(사대): འབྱུང་བ་བཞི།, The Four Elements, Bhūtāni Catvāri(부따
니 짜뜨와리), 四大
1) 땅: ས།, Pṛthivi(쁘르티위), 地(지) 2) 물: ཆུ།, Ab(아쁘), 水(수)
3) 불: མེ།, Tejas(떼자스), 火(화) 4) 바람: རླུང་།, Vayu(바유), 風(풍)

22

마음: སེམས།(셈), Mind · Consciousness · Awareness

24

'사마디'란 마음이 산만함 없이 선한 대상에 머무는 것이다. －옮긴이 해설

사마디(삼매): ཏིང་ངེ་འཛིན།, Samādhi, 三昧

25

'선정' 즉 디야나(Dhyāna)란 마음의 생각이 완전히 정지된 집중 상태이다. 욕계(욕망세계)를 집착하는 거친 번뇌가 점점 제거되고 미세한 마음에 집중력이 생기면 욕계의 좋은 것에 대한 집착이 생기지 않고 선정에 들게 된다. 그때 생긴 사마디가 색계(물질세계)의 선정이고 색계의 마음이다. 계속 수행을 하면 색계를 집착하는 마음과 거친 번뇌가 없어지며, 이것이 무색계(물질 없는 세계)의 선정이다. -옮긴이 해설

선정: བསམ་གཏན།, Dhyāna(디야나), 禪定

'물질세계의 선정'(색정)과 '물질 없는 세계의 선정'(무색정): གཟུགས་ཀྱི་བསམ་གཏན་ དང་གཟུགས་མེད་ཀྱི་བསམ་གཏན།, The Dhyana of Form Realm and the Dhyana of Formless Realm

26

해탈: 고통과 번뇌에서 해방되는 것 또는 해방된 상태라는 뜻. ཐར་པ།(타르 빠), Liberation, Mokṣa(모크샤), 解脫

28

'마음 없는 물질'이란 사대(네 가지 요소)인 땅·물·불·바람이다. -옮긴이 해설

36

정혈: ཁམས་དཀར་དམར།, Sperm and Egg, 精血

37

'습기'(습관적 성향)란 마음과 관련된 잠재된 씨앗을 뜻한다. -옮긴이 해설

습기(습관적 성향): བག་ཆགས།, Habitual Disposition, Vasana(바사나), 習氣

38

아자르야 마띠찌뜨라는 4세기 인도의 산스크리트 시인이자 불교 대학자이
셨다. 우아한 문체의 위대한 걸작으로 꼽히는 『자타카말라』(Jatakamala)(내용
은 붓다의 이전 화신들의 고귀한 행적에 대한 이야기) 등을 저술하셨다. སློབ་དཔོན་མ་ཏི་ཙི་ཏྲ།,
Acharya Maticitra -옮긴이 해설

아자르야: 스승, 학자를 뜻함. སློབ་དཔོན།, Master · Scholar, Acharya

39

칙제: ཚིགས་བཅད།, Verse, Gatha(가타), 偈頌(게송)

40

'직접인식'(현식)이란 관념(의공상)을 통하지 않고 대상을 직접 인식하는
알아차림을 뜻한다. -옮긴이 해설

직접인식(현식): མངོན་སུམ།, 現識

42

날랜다는 인도의 굽타 왕조 때 설립되어 427∼1197년까지 운영된 세계 최
초의 주거 대학이자 인류 최대, 최고의 상아탑인 초대형 불교 수도원이다.
토론 시험을 통해 불학에 통달한 수천 명의 학승들을 선발하여 학문에만
전념할 수 있도록 왕조에서 전폭적인 지원을 하였다. 여섯 가지 철학대학,
문법대학, 의학대학, 논리대학, 수학대학이 있었고 산스크리트 경전의 주

요 원천지였으며 중관학파의 창시자이자 공성의 전문가이신 나가르주나(용수보살), 유식학파의 창시자 아상가(무착보살), 아비다르마 전문가 바수반두(세친보살) 등 위대한 학자들이 계셨다. Nālandā –옮긴이 해설

43
찬드라고민(월관논사)은 7세기 훌륭한 불교철학 대학자 중 한 분이셨고 날랜다 대학에서 불교철학을 가르치신 유명한 분이셨다. 흰옷을 입고 우바새 계율을 지키신 불교 수행자이셨다. 중관학파의 위대한 철학자이신 찬드라키르티(월칭보살)와 서로 크게 존경하면서 당시에 철학적 토론도 많이 하셨다고 한다. 논서『보디사트와삼바라빈시까』(Bodhisattvasamvarabinsika ; 보디사트와의 서약 20구절), 『제자에게 보내는 편지』(Shishyalekha) 등을 저술하셨다. ཚོ་ གོ་མེན།, Chandragomin, 月官論師 –옮긴이 해설
보디사트와(보살): 붓다의 길에서 모든 중생의 이익을 위해 자발적으로 연민과 자비를 실천하는 존재. བྱང་ཆུབ་སེམས་དཔའ།, Bodhisattva, 菩薩

44
윤회: 태어남-죽음-재탄생의 끝없는 주기를 뜻함. འཁོར་བ།(코르와), Cyclic Existence, Samsara(삼사라), 輪廻

2장 용어

45
바탕(근): གཞི།(시), The Ground, 根

46

'두 가지 진실'(이제)이란 속제(관습적 진실)와 진제(궁극적 진실)인데, 전자는 관습적인 현상을 뜻하고 후자는 궁극적인 현상 즉 공성을 뜻한다. -옮긴이 해설

두 가지 진실(이제): བདེན་པ་གཉིས།, The Two Truths, Dvasatya(드와사띠야), 二諦 1)관습적 진실(속제): ཀུན་རྫོབ་བདེན་པ།, The Conventional Truth, Samvṛti-Satya(삼으르띠-사띠야), 俗諦 2)궁극적 진실(진제): དོན་དམ་བདེན་པ།, Ultimate Truth, Paramārtha-Satya(빠라말타-사띠야), 眞諦

47

길(도): ལམ།(람;Lam), The Path, 道

48

열매(과): འབྲས་བུ།, The Result, 果

49

'붓다의 두 가지 몸'이란 법신(다르마의 몸)과 색신(물질의 몸)을 말한다.

-옮긴이 해설

1)다르마의 몸(법신): ཆོས་སྐུ།, The Truth Body, Dharmakāya(다르마까야), 法身 2)물질의 몸(색신): གཟུགས་ཀྱི་སྐུ།, The Form Body, Rūpakāya(루빠까야), 色身

50

『삐따뿌뜨라사마가마』(부자합집경)(ཡབ་སྲས་མཇལ་བའི་མདོ།): 아버지와 아들의 만남에서의 담론이라는 뜻. 붓다께서 아버지이신 샤키아(Shakya) 왕 슛도다나(정반왕)께서 신심을 내시도록 설하신 경전. 모두 27품. 『ཡབ་སྲས་མཇལ་བའི་མདོ།』(얍쎄젤웨도), Discourse on Meeting of the Father and the Son,

『Pitāputrasamāgama-Sutra』, 『父子合集經』

51

나가르주나는 용수보살이라고도 한다. 장엄 여섯 분 중의 한 분이며 중관
학파의 창시자, 공성의 전문가이셨다. 인도 브라민 출신의 위대한 불교
철학 대학자이자 날랜다 대학의 수장이자 마디야마까(Madhyamaka)(중관학
파) 학교를 처음 시작하셨다. 논서『물라쁘라갼』(근본중송), 『마디야마까—사
스트라』(중론), 『쁘라즈나빠라미따 수뜨라』(반야바라밀다경), 『마하쁘라즈나
빠라미따 사스뜨라』(대지도론) 등을 저술하셨다. 2세기(150~250년). ཀླུ་སྒྲུབ།,
Nāgārjuna, 龍樹菩薩 –옮긴이 해설

『물라쁘라갼』(근본중송): 『དབུ་མ་རྩ་བ་ཤེས་རབ།』, 『Mulaprajñā』,
『Mulamadhyamaka-Karika』 등 여러 가지 제목이 있음. 『根本中頌』

장엄 여섯 분, 최고 두 분이라는 말이 있는데 탕카에도 여덟 분이 나온다.
장엄 여섯 분은 이 세상을 장엄하시는(좋고 아름답게 꾸미는) 분들이고, 최고
두 분은 불법의 바탕인 율장과 계율 실천 전문가 중에서 최고이신 분들이
다.
1) 장엄 여섯 분: 나가르주나(용수보살), 아리야데와(성천보살), 아상가(무착보
살), 딕나가(지나보살), 바수반두(세친보살), 다르마키르티(법칭보살) 2) 최고 두
분: 구나쁘라바(공덕광), 샤꺄쁘라바(석가광) –옮긴이 해설

54

'자성'(自性)을 산스크리트로 '스와바와' 라 하는데, 스와바와는 여러 가지
뜻이 있고 여기서는 '본질'로 해석할 수 있다. 티베트어로는 자성을 랑신
(རང་བཞིན།)이라 한다. –옮긴이 해설

자성: རང་བཞིན།(랑신), Intrinsic Identity, Svabhava(스와바와), 自性

55

현상(다르마)은 색, 의식, 개념적인 부분, 이 셋으로 나뉜다. 색은 주관적인 것이고 외색(바깥쪽 색)과 내색(안쪽 색)의 둘로 나뉜다. 외색(바깥쪽 색)은 색-성-향-미-촉, 이 다섯으로 나뉘는데 이때의 색이 육경의 색이다. ─옮긴이 해설

물질(색): གཟུགས།, Form, Rūpa(루빠), 色

57

'실제로 존재한다고 인식하는 집착'(실집)을 티베트어로 덴빨 찐빠(བདེན་པར་འཛིན་པ།), 줄여서 덴-찐(བདེན་འཛིན།)이라고 하는데, 덴빠는 사실 또는 진실을 뜻하고 찐빠는 파악한다 또는 인식한다는 뜻이다. 즉, 덴빨 찐빠는 '사실(진실)을 파악하고 인식함'을 뜻한다. ─옮긴이 해설

실재로 존재한다고 인식하는 집착(실집): བདེན་པར་འཛིན་པ།(덴빨 찐빠), བདེན་འཛིན།(덴-찐), The Thought Grasping the Intrinsic Reality of Phenomena, 實執

58

공성: སྟོང་པ་ཉིད།(똥빠니) · དེ་ཁོ་ན་ཉིད།(데코나니), Emptiness, Sunyata(슈니야따)

60

'범부'란 '오도'(다섯 가지 길) 중 '견도'(보임의 길)까지 깨닫지 못한 평범한 이라는 뜻이다. ─옮긴이 해설

범부: སོ་སོ་སྐྱེ་བོ། , Common Beings, 凡夫

65

찬드라키르티(짠드라끼르띠)는 월칭보살이라고도 한다. 마디야마까(중관학)
대학의 위대한 불교철학 대스승이셨다. 나가르주나의 저서 및 나가르주나
의 제자 아리야데바(Aryadeva) 저서의 저명한 해설자이셨다. 논서『쁘라산
나빠다』(중론의 주석서) 등을 저술하셨다. 600∼650년. ཟླ་བ་གྲགས་པ་(다와 딱바),
Chandrakirti(산스크리트 '찬드라'는 달을, '키르티'는 영광을 뜻함), 月稱菩薩 −옮긴이 해설
『쁘라산나빠다』: 나가르주나(Nagarjuna)의 논서인『물라쁘라걍』(Mulaprajñā)
(중론)의 주석서.『དབུ་མ་ཚིག་གསལ།』,『Clear Words』,『Prasannapadā』

66

'무아의 원리'를 티베트어로 닥매(བདག་མེད།)라 한다. 모든 존재는 본질적으로
공임을 말한다. 하나는 '현상의 무아'(법무아)이고, 또 하나는 '뿌드갈라의 무
아'(인무아)이다. −옮긴이 해설
무아의 원리(무아성): བདག་མེད།(닥메), Selflessness, 無我性

67

'뿌드갈라의 무아'를 인무아(人無我)라고도 한다. 뿌드갈라(Pudgala)는 산스
크리트인데 '정신을 갖춘 모든 이'를 뜻한다. 그런 이의 특성이 되는 공성을
바로 '뿌드갈라의 무아'라 한다. −옮긴이 해설
뿌드갈라의 무아(인무아): གང་ཟག་གི་བདག་མེད།, Selflessness of Person, 人無
我·我空(아공)

68

현상의 무아(법무아): 현상(다르마)의 실체 없음을 뜻함. ཚོས་ཀྱི་བདག་མེད།,
Selflessness of Phenomena, Dharma-Nairātman(다르마-나이라뜨만), 法無我

69

작용하는 사물의 공성(유성공): དངོས་པོ་སྟོང་པ་ཉིད།, Emptiness of Functioning
Things, Bhāva-Śūnyatā(바와-슈니야따), 有性空

70

작용하지 않는 사물의 공성(무성공): དངོས་པོ་མེད་པ་སྟོང་པ་ཉིད།, The Emptiness
of Non-Functioning Things, Abhāva-Śūnyatā(아바와-슈니야따), 無性空

71

본성의 공성(본성공): རང་བཞིན་སྟོང་པ་ཉིད།, The Emptiness of the Essence,
Prakṛti-Śūnyatā(쁘라끄르띠-슈니야따), 本性空

72

다른 사물의 공성(타성공): གཞན་གྱི་དངོས་པོ་སྟོང་པ་ཉིད།, The Emptiness of Other
Entity[Other than the World], Para-Bhāva-Śūnyatā(빠라-바와-슈니야따), 他性空

73

안쪽의 공성(내공): ནང་སྟོང་པ་ཉིད།, Emptiness of Internal Phenomena,
Adhyātma-Śūnyatā(아디야뜨마-슈니야따), 內空

74

바수반두는 세친보살이라고도 한다. 장엄 여섯 분 중의 한 분이시며, 아비
다르마 전문가이셨다. 인도 간다라 지방 푸루샤푸라성 브라만 출신의 위대
한 불교철학 대학자이셨다. 맏형 아상가(무착보살)와 함께 마하야나(큰 수레)
인 유식불교를 완성하셨다. 논서 『아비다르마꼬샤』(아비달마구사론) 등을 저

술하셨다. 316~396년. Vasubandhu, 世親菩薩 -옮긴이 해설

75

'다섯 무더기'란 '인간의 육신과 정신의 다섯 가지 요소'라는 뜻이다. -옮긴이 해설

다섯 무더기(오온) : ཕུང་པོ་ལྔ།, The Five Aggregates · Heaps, Pañca-
Skhandha(빤차-스칸다), 五蘊
1) 물질 무더기(색온): གཟུགས་ཀྱི་ཕུང་པོ།, The Form Aggregate,
Rupaskhandha(루빠스칸다), 色蘊 2) 느낌 무더기(수온): ཚོར་བའི་ཕུང་པོ།, The
Aggregate of Feeling, Vedanā Skhandha(베다냐 스칸다), 受蘊 3) 상 무더기
(상온): འདུ་ཤེས་ཀྱི་ཕུང་པོ། (두셰끼풍뽀), The Aggregate of Perception, Saṃjñā-
Skhandha(삼갼냐스칸다), 想蘊 4) 행 무더기(행온): འདུ་བྱེད་ཀྱི་ཕུང་པོ།, The
Volitional Aggregate, The Aggregate of Formations, Samskaraskhandha(
삼스까라스칸다), 行蘊 5) 의식 무더기(식온): རྣམ་ཤེས་ཀྱི་ཕུང་པོ།, The Aggregate
of Consciousness, 識蘊

76

'열두 가지 생기는 문'을 십이처(སྐྱེ་མཆེད་བཅུ་གཉིས།)라고도 하고 영역이라고도
한다. 티베트어로 꼐체(སྐྱེ་མཆེད།)라고 하는데 꼐싱체뻬고(སྐྱེ་ཞིང་མཆེད་པའི་སྒོ།)의 줄
임말이다. 꼐싱은 '생기고'라는 뜻이고 체빠는 '발달되다'라는 뜻이고 '
고'는 '문'을 뜻한다. 즉 '생기고 발달하게 하는 문'이라는 뜻이다. 십이처는
눈·귀·코·혀·몸·의식 등 '여섯 기관'과 물질·소리·냄새·맛·감촉·현
상이라는 '여섯 대상'을 말한다. 눈 등 '여섯 기관'과 물질 등 '여섯 대상'을
만나서 눈의 의식, 귀의 의식, 코의 의식, 혀의 의식, 몸의 의식, 마음의
의식 등 여섯 의식이 생긴다. 여섯 기관과 여섯 대상들 열두 가지를 통해서

여섯 의식이 생기기 때문에 그 12가지를 십이처, 즉 '열두 가지 생기는 문'
이라고 한다. –옮긴이 해설

열두 가지 생기는 문(십이처): སྐྱེ་མཆེད་བཅུ་གཉིས།, The Twelve Sources,
Dvādaśâyatana(드와다사야따나), 十二處

77

열여덟 가지 경계(십팔계): ཁམས་བཅོ་བརྒྱད།, The Eighteen Dhatus, The
Eighteen Elements, 十八界

1) 여섯 가지 감각기관(육근): དབང་པོ་དྲུག, The Six Sense Faculties, 六根 •
눈(안): མིག, Eye Faculty, 眼 • 귀(이): རྣ་བ།, Ear Faculty, 耳 • 코(비): སྣ།,
Nose Faculty, 鼻 • 혀(설): ལྕེ།, Tongue Faculty, 舌 • 몸(신): ལུས།, Body
Faculty, 身 • 의식(의): ཡིད།, Consiciousness Faculty, 意

2) 육경 여섯 가지 대상(육경): ཡུལ་དྲུག, The Six Sense Objects, 六境 • 물
질(색): གཟུགས།, Form, 色 • 소리(성): སྒྲ།, Sound, 聲 • 냄새(향): དྲི།, Smell,
香 • 맛(미): རོ།, Taste, 味 • 감촉(촉): རེག་བྱ།, Texture, 觸 • 현상(법):
ཆོས།, Phenonmenon, 法

3) 여섯 가지 의식(육식): རྣམ་ཤེས་དྲུག, The Six Consciousnesses, 六識 • 눈
의 의식(안식): མིག་གི་རྣམ་ཤེས།, Eye Consciousness, 眼識 • 귀의 의식(이식):
རྣ་བའི་རྣམ་ཤེས།, Ear Consciousness, 耳識 • 코의 의식(비식): སྣའི་རྣམ་ཤེས།, Nose
Consciousness, 鼻識 • 혀의 의식(설식): ལྕེའི་རྣམ་ཤེས།, Tongue Consciousness,
舌識 • 몸의 의식(신식): ལུས་ཀྱི་རྣམ་ཤེས།, Body Consciousness, 身識 • 마음
의 의식(의식): ཡིད་ཀྱི་རྣམ་ཤེས།, Mental Consciousness, 意識

78

'색온'이란 물질, 색깔과 형태만이 아니라 모든 물질적인 것, 즉 소리, 빛,

에너지, 힘, 중력, 자기력, 눈과 귀 등의 감각기관 등까지 포함하는 개념이
다. -옮긴이 해설

79
눈의 감각기관(안근): མིག་དབང་།, Eye Faculty, Cakṣurindriya(짜끄수르인드리
야), 眼根

80
안쪽 물질(내색): ནང་གཟུགས།, Internal Form, 內色

81
바깥쪽 물질(외색): ཕྱི་གཟུགས།, External Form, 外色
1) 물질(색): གཟུགས།, Form, 色 2) 소리(성): སྒྲ།, Sound, 聲 3) 냄새(향): དྲི།,
Odor, 香 4) 맛(미): རོ།, Taste, 味 5) 감촉(촉): རེག་བྱ།, Texture, 觸

82
'색'(물질)을 종류로 나누면 열한 가지가 있는데 오근(다섯 감각기관)과 오경(다
섯 대상) 그리고 무표색(རིག་བྱེད་མིན་པའི་གཟུགས།) 들이다. 그중 무표색(無表色)은 어
떤 색의 원인이 된 마음동기를 표현하지 않는 색이라는 뜻이다. -옮긴이 해설
무표색: རིག་བྱེད་མིན་པའི་གཟུགས།, Non-Revelatory Form, 無表色

83
고통스러운 느낌(고수): ཚོར་བ་སྡུག་བསྔལ།, The Feeling of Pain, 苦受

84

즐거운 느낌(낙수): ཚོར་བ་བདེ་བ།, The Feeling of Pleasure, 樂受

85

고통스럽지도 즐겁지도 않은 느낌(사수): ཚོར་བ་བཏང་སྙོམས།, Neutral Feeling,
Aduḥkha-Sukha Vedanā(아두카-수카-베다냐). 捨受

86

세 가지 느낌(삼수): ཚོར་བ་གསུམ།, Sukha-Duḥkhâdi(수카-두캬디), 三受

87

'상 무더기'(상온)를 티베트어로 '두세끼풍뽀'(འདུ་ཤེས་ཀྱི་ཕུང་པོ།)라 하는데 마음이
어떤 대상을 인식할 때 대상의 여러 가지 측면들을 자세히 분별하는 마음
작용이다. -옮긴이 해설

88

분별심: རྟོག་བཅས་ཀྱི་ཤེས་པ།, Conceptual Thoughts, 分別心

89

'마음작용'을 '심소'라고도 한다. 마음이 대상을 인식할 때 동시에 여러 가
지 작용도 생긴다. 그런 작용들은 마음과 상응하고 마음이 대상을 인식하
는 것에 협력한다. 마음작용을 종류로 나누면 51가지 마음작용 등 종류가
많다. -옮긴이 해설
마음작용(심소): སེམས་བྱུང་།, Mental Factor, Caitasika(쩻따시까), 心所

90

마음과 마음작용 아닌 열네 가지 유위법(십사심불상응행): ཕྱན་མིན་འདུ་བྱེད་བཅུ་
བཞི།, The 14 Non-Associated Factors, 十四心不相應行法

92

안쪽의 생기는 문(내처): ནང་གི་སྐྱེ་མཆེད།, Internal Sources, Internal Fields,
Ādhyāmikam Āyatanam(아디야미깜 아야따나), 內處

93

바깥쪽의 생기는 문(외처): ཕྱི་ཡི་སྐྱེད་མཆེད།, External Sources, External Fields,
Bāhyâyatana(바히야따나), 外處

94

바깥쪽의 생기는 문 여섯 가지(육경): ཕྱི་ཡི་སྐྱེ་མཆེད་དྲུག, The Six External
Sources, The Six External Fields, ṣaḍ-Viṣaya(사드-비사야), 六境
1) '물질'(색)인 생기는 문(색처): གཟུགས་ཀྱི་སྐྱེ་མཆེད།, Form-Source, Rupa-
Āyatana(루빠-아야따나), 色處 2) 소리인 생기는 문(성처): སྒྲའི་སྐྱེ་མཆེད།,
Sound-Source, Śabda-Āyatana(사브다-아야따나), 聲處 3) 냄새인 생기
는 문(향처): དྲིའི་སྐྱེ་མཆེད།, Odor-Source, Gandha Āyatana(간다 아야따나), 香
處 4) 맛인 생기는 문(미처): རོའི་སྐྱེ་མཆེད།, Taste-Source, Rasa Āyatana(라사
아야따나), 味處 5) 감촉인 생기는 문(촉처): རེག་བྱའི་སྐྱེ་མཆེད།, Object-of-Touch-
Source, Sparśa Āyatana(스빠르사 아야따나), 觸處 6) 현상인 생기는 문(법처):
ཆོས་ཀྱི་སྐྱེ་མཆེད།, Phenomenon-Source, Dharmâyatana(다르마 아야따나), 法處

96

마음(심왕): གཙོ་སེམས།, Primary Mind, Citta(찟따), 心王

97

원인과 조건으로 생기지 않은 현상(무위법): འདུས་མ་བྱས་ཀྱི་ཆོས།,
Uncompounded Phenomena, Asaṃskritadharma(아삼스끄리타다르마), 無爲法

98

원인과 조건으로 생기는 현상(유위법): འདུས་བྱས།, Compounded
Phenomena, Saṃskritadharma(삼스끄리따다르마), 有爲法

3장 용어

100

가르침의 가지 열두 개(십이분교): 샤카무니 부처님의 가르침을 내용과 형
식에 따라 열두 가지로 나눈 것. གསུང་རབ་ཡན་ལག་བཅུ་གཉིས།, The Twelve
Branches of Buddha's Teachings, 十二分敎

101

'삼장'을 세 바구니라고도 한다. 모든 불법 즉 부처님의 말씀을 내용적으로
나누면 율장과 논장과 경장 등 세 가지가 있다.
1) 율장을 '비나야 바구니'라고도 하고 계학 즉 계율을 중심 내용으로 한다.
2) 논장을 다른 말로 '아비다르마 바구니'라고 하는데 중심 내용은 정학 즉

사마디이다. 3) 경장을 '수뜨라 바구니'라고 하고 혜학 즉 지혜가 중심 내용이다. - 옮긴이 해설

세 바구니(삼장): 빨리어로 기록된 붓다의 가르침 세 바구니를 뜻함. སྡེ་སྣོད་གསུམ།, The Three Pitakas, The Three Baskets of Teachings, Tripitaka(뜨리삐따까), 三藏

1) 수뜨라 바구니(경장): མདོ་སྡེའི་སྡེ་སྣོད།, The Basket of Sutra, Sutra Pitaka (수뜨라 삐따까), 經藏 2) 비나야 바구니(율장): འདུལ་བའི་སྡེ་སྣོད།, The Basket of Vinaya, Vinaya Pitaka(비나야 삐따까), 律藏 3) 아비다르마 바구니(논장): མཛོད་པའི་སྡེ་སྣོད།, The Basket of Abhidharma, Aabhidharma Pitaka(아비다르마 삐따까), 論藏

102
마이트레야(미륵보살): རྗེ་བཙུན་བྱམས་པ་མགོན་པོ།(제쭌잠빠), Maitreya, 彌勒菩薩

103
『마하야나 수뜨라알람까라』(대승장엄경론): 『མདོ་སྡེ་རྒྱན།』, 『Mahāyāna Sūtrālamkāra』, 『大乘莊嚴經論』

104
배워야 할 세 가지(삼학): བསླབ་པ་གསུམ།, The Three Trainings, Trisiksā(뜨리식샤), 三學

105
'극단적인 행동'(མཐའ་གཉིས།)이란 두 가지가 있다. 하나는 음식과 옷 등 매우 좋고 비싼 것을 사치스럽게 소비하는 것을 말한다(འདོད་པ་བསོད་ཉམས་ཀྱི་མཐའ།).

또 하나는 옷과 음식 등 인생에 필요한 것조차 소비하지 않고 극단적으로 절제하면서 고행을 하는 것을 말한다(ངར་ཞིན་དུ་དབ་པའི་མཐའ།). -옮긴이 해설

106
'해독제'를 다른 말로 대치법(對治法)이라 한다. 티베트어로 '녠뽀'(གཉེན་པོ།)라 한다. -옮긴이 해설

107
열두 가지 의존적 생김의 현상(십이연기): རྟེན་འབྲེལ་ཡན་ལག་བཅུ་གཉིས།, The 12 Links of Dependent Origination. Pratītya-Samutpāda(쁘라띠뜨야-사무뜨빠다), 十二緣起

108
'네 가지 진실'을 '네 가지 고귀한 진실'이라고도 한다. 고통의 진실, 원인의 진실, 소멸의 진실, 도·길의 진실을 말한다. 이를 한자로 고집멸도(苦集滅道)라 하는데 부처님께서 해석하신 순서대로 나열한 것이다. 집(集)은 고통의 원인, 고(苦)는 집(集)의 결과, 도(道)는 고통을 없애는(滅) 방법, 멸(滅)은 도(道)의 결과이다. -옮긴이 해설
네 가지(고귀한) 진실(사성제): བདེན་པ་བཞི།, The Four Noble Truths, Catvāri Āryasatyāni(짜뜨바리 아리아사띠아니), 四聖諦·苦集滅道(고집멸도)

109
여섯 가지 빠라미따(육바라밀): ཕར་ཕྱིན་དྲུག, The Six Perfections, ṣaḍ-Pāramitā(사드-빠라미따), 六波羅蜜
1) 완전한 베풂(보시): སྦྱིན་པའི་ཕར་ཕྱིན།, The Perfection of Generosity, Dāna-

Pāramitā(다나 빠라미따), 布施　2) 완전한 도덕(지계): ཚུལ་ཁྲིམས་པར་ཕྱིན།, The
Perfection of Discipline, Śīla-Pāramitā(실라 빠라미따), 持戒　3) 완전한 끈
기(인욕): བཟོད་པའི་པར་ཕྱིན།, The Perfection of Patience, Kṣānti-Pāramitā
(끄산띠 빠라미따), 忍辱　4) 완전한 노력(정진): བརྩོན་འགྲུས་པར་ཕྱིན།, The
Perfection of Diligence, Vīrya-Pāramitā(비리야 빠라미따), 精進　5) 완전한 선
정(선정): བསམ་གཏན་པར་ཕྱིན།, The Perfection of Meditative concentration,
Samādhi Pāramitā(사마디 파라미따), 禪定　6) 완전한 지혜(반야바라밀): ཤེས་རབ་
པར་ཕྱིན།, The Perfection of Wisdom, Prajñā-Pāramitā(쁘라갼 빠라미따), 般若
波羅蜜

113
무상: མི་རྟག་པ།, Impermanence, Anitya, 無常

117
본인을 해탈하게 하는 윤리 · 계율(별해탈계): སོ་སོར་ཐར་པ།(소소 타르빼 돔빠),
Self-Liberating Ethics, The Vows of Individual Liberation, Pratimoksha
(쁘라띠모끄샤; 쁘라띠(Prati)는 스스로(Self)를, 모끄샤(Mokṣa)는 물질계에서의
해방, 해탈(Liberation)을 뜻함), 別解脫戒

120
열 가지 선업(십선업): དགེ་བ་བཅུ།, The Ten Wholesome Deeds, Daśa-
Kuśala(다사 꾸살라), 十善業
1) 살아 있는 것을 죽이지 않는 것(불살생): སྲོག་མི་གཅོད་པ།, Abstaining from
Killing, 不殺生　2) 남의 것을 훔치지 않는 것(불투도): མ་བྱིན་མི་ལེན་པ།,
Abstaining from Stealing, 不偸盜　3) 성적 비행을 저지르지 않는 것(불

· 185 ·

사음): འདོད་པས་ལོག་པར་མི་གཡེམ་པ།, Abstaining from Sexual Misconduct, 不邪婬 4) 남에게 거짓말을 하지 않는 것(불망어): བརྫུན་དུ་མི་སྨྲ་བ།, Abstaining from Lying, 不妄語 5) 분열적인 말을 하지 않는 것(불악구): ཕྲ་མ་སྤོང་བ།, Abstaining from Divisive Speech, 不惡口 6) 거친 말을 하지 않는 것(불양설): ཚིག་རྩུབ་མི་སྨྲ་བ།, Abstaining from Harsh Words, 不兩舌 7) 쓸데없는 말을 하지 않는 것(불기어): ངག་ཀྱལ་སྤོང་བ།, Abstaining from Idle Talk, 不綺語 8) 남이 가진 것을 욕심내지 않는 것(불탐욕): བརྣབ་སེམས་སྤང་བ།, Abstaining from Covetousness, 不貪欲 9) 남을 향한 해로운 의도 · 마음을 가지지 않는 것 (부진에): གནོད་སེམས་སྤང་བ།, Abstaining from Holding Harmful Attitudes, 不瞋恚 10) 그릇된 견해를 가지지 않는 것(불사견): ལོག་ལྟ་སྤང་བ།, Elimination of Wrong Views, 不邪見

121

여덟 가지 고귀한 길(팔정도): འཕགས་ལམ་ཡན་ལག་བརྒྱད།, Noble Eightfold Path, Āryāṣṭāṅgamārga(아리야스땅가마르가), 八正道

1) 바른 견해(정견): ཡང་དག་པའི་ལྟ་བ།, Correct View, Samyag-Dṛṣṭi(사먁-드르스띠), 正見 2) 바른 사유(정사유): ཡང་དག་པའི་རྟོག་པ།, Correct Thought, Samyak-Sajkalpa(사먁-사이깔빠), 正思惟 3) 바른 말(정어): ཡང་དག་པའི་ངག, Correct Speech, Sammāvācā(삼마와짜), 正語 4) 바른 행동(정업): ཡང་དག་པའི་ལས་ཀྱི་མཐའ།, Correct Action, Samyakkarmāntaḥ(사먁 까르만따), 正業 5) 바른 생활(정명): ཡང་དག་པའི་འཚོ་བ།, Correct Livelihood, Samyag-Ājiva(사먁-아지와), 正命 6) 바른 노력(정정진): ཡང་དག་པའི་རྩོལ་བ།, CorrectEffort, Samyag-Vīrya(사먁-비리야), 正精進 7) 바른 마음챙김(정념): ཡང་དག་པའི་དྲན་པ།, Correct Mindfulness, Samyak-Smṛti(사먁-스므르띠), 正念 8) 바른 사마디(정정): ཡང་དག་པའི་ཏིང་ངེ་འཛིན།, Correct Concentration, Samyaktva-

Niyata(사먀끄뜨와-니야따), 正定

122

'부정관'(不淨觀)이란 추함을 사유하는 명상을 말하는데, 이것을 수행하는 까닭은 욕심 등 번뇌를 없애기 위해서이다. 이 명상 수행은 많은 번뇌 중에서 애착의 특별한 해독제라 한다. -옮긴이 해설

부정관: མི་སྡུག་པ།, Meditation on the Impurity of the Body, Asubha(아수바), 不淨觀

123

세 가지 수레(삼승) : ཐེག་པ་གསུམ། , The Three Vehicles, Triniyanani(뜨리니야나니), 三乘

1) 성문의 수레(성문승): 성문이란 붓다의 음성을 들은 이를 뜻함. ཉན་ཐོས་ཀྱི་ཐེག་པ།, The Vehicle of Hearers, Śrāvakayana(스라와까야나), 聲聞乘 2) 연각의 수레(연각승): 연각이란 홀로 깨달은 이를 뜻함. རང་རྒྱལ་གྱི་ཐེག་པ།, The Vehicle of Solitary Realizers, Pratyekabuddhayana(쁘라띠에까붓다야나), 緣覺乘 3) 보살의 수레(보살승): བྱང་སེམས་ཀྱི་ཐེག་པ།, The Bodhisattva Vehicle, Bodhisattvayana(보다사뜨와야나), 菩薩乘

수레: ཐེག་པ།, Vehicle, Yana(야나), 乘

124

두 가지 아집(현상이나 '나'가 실제로 존재한다고 인식하는 집착): བདག་འཛིན་གཉིས།, The Two Self-Grasping Thoughts

1) 인아집(나가 실제로 존재한다고 인식하는 집착): གང་ཟག་གི་བདག་འཛིན།, The Thought Grasping the Self of Person, 人我執 2) 법아집(현상이 실제로 존재

한다고 인식하는 집착): ཆོས་ཀྱི་བདག་འཛིན།, The Thought Grasping the Self of Phenomena, 法我執

4장 용어

127

'삼학'(ཚུལ་པའི་བསླབ་པ་གསུམ།)을 '배워야 할 세 가지'라고도 할 수 있다. 티베트어로 '랍뻬쑴'(བསླབ་པ་གསུམ།)이라고 하는데 랍빠는 '배워야 할 것'이라는 뜻이고 쑴은 '셋'이라는 뜻이다. 삼학을 '특별한 삼학' 또는 '뛰어난 삼학'이라고도 한다. 삼학은 부처님의 가르침인 삼장(세 바구니)의 내용인 계율(계학), 정진(정학), 지혜(혜학)를 말한다.

배워야 할 세 가지(삼학): བསླབ་པ་གསུམ།, The Three Higher Trainings, Trisiksā(뜨리식샤), 三學

1) 배워야 할 계율(계율학): ཚུལ་ཁྲིམས་ཀྱི་བསླབ་པ།, The Training in Ethics, Silasiksā(실라식샤), 戒律學 · 戒學(계학) 2) 배워야 할 사마디(정진학): ཏིང་ངེ་འཛིན་གྱི་བསླབ་པ།, The Training in Samadhi(Concentration), Samadhisiksā(사마디식샤), 精進學 · 精學(정학) 3) 배워야 할 지혜(지혜학): ཤེས་རབ་ཀྱི་བསླབ་པ།, The Training in Wisdom, Prajñāsiksā(쁘라갸식샤), 智慧學 · 慧學(혜학)

129

『친구에게 보내는 편지』: 나가르주나(용수보살)께서 친구 '고타미푸트라 · 사타바하나' 왕께 불교적 조언을 하기 위해 보내신 편지. 칙제로 이루어져 있으며 불교의 전체 행로와 실천에 대한 내용이 포괄적으로 소개되어 있음.

『བཤེས་པའི་སྤྲིང་ཡིག』(셰뻐띵익), Letter to a Friend, 『Suhṛllekha』(슐레카)

130

보디사뜨와의 윤리(보살계): བྱང་སེམས་ཀྱི་ཚུལ་ཁྲིམས།, Ethics of Bodhisattva,
Bodhisattva-Sila(보다사뜨바-실라), 菩薩戒

131

'밀교'를 산스크리트어로 만뜨라야나(Mantrayana)라고 하는데, '바즈라야
나'(Vajrayāna)와 같은 말이다. —옮긴이 해설
밀교 윤리(금강계): གསང་སྔགས་ཀྱི་ཚུལ་ཁྲིམས།, Mantrayana Ethics, 金剛戒

132

열 가지 악업(십악업): མི་དགེ་བ་བཅུ།, The Ten Unwholesome Deeds, 十惡
業 · 十不善業(십불선업)
1) 살아 있는 것을 죽이는 것(살생): སྲོག་གཅོད་པ།, Killing, 殺生 2) 남이 가
진 것을 훔치는 것(투도): མ་བྱིན་པར་ལེན་པ།, Stealing, 偸盜 3) 부적절한 성
적 행위(사음): ལོག་པར་གཡེམ་པ།, Improper Sexual Conduct, 邪淫 4) 남에게
거짓말을 하는 것(망어): རྫུན་དུ་སྨྲ་བ།, Lying, 妄語 5) 분열적인 말을 하는 것(양
설): ཕྲ་མ།, Divisive Speech, 兩舌 6) 거친 말을 하는 것(악구): ཚིག་རྩུབ།, Harsh
Speech, 惡口 7) 쓸데없는 말을 하는 것(기어): ངག་འཁྱལ།, Idle Speech, 綺
語 8) 남이 가진 것을 욕심내는 것(탐욕): བརྣབ་སེམས།, Covetousness, 貪欲
9) 남을 향한 해로운 마음을 가지는 것(진에): གནོད་སེམས།, Harmful Intent,
瞋恚 10) 그릇된 견해를 가지는 것(사견): ལོག་ལྟ།, Wrong View, 邪見 · 惡見
(악견)

133

『아비다르마꼬샤』(아비달마구사론) : 불법 연구의 창고라는 뜻. 불교 철학, 우주관, 윤리적 교의를 폭넓고 해박하게 다루고 있으며 교학체계를 배우는 데 반드시 이해해야 할 논서로 꼽힘. 바수반두(세친보살)께서 간다라 (Gandhara)에서 '외워서 드러낸' 600여 개의 칙제를 번역하신 경전. 『ཆོས་མངོན་པ་མཛོད།』, 『Abhidharmakosa』, 『阿毘達磨俱舍論』

134

몸으로 하는 업(신업) : ལུས་ཀྱི་ལས།, Bodily Deeds, Physical Deeds, Kāya-Karman(까야-까르만), 身業

135

'쓸데없는 말'이란 무의미하고 수행에 방해가 되는 말, 아무 이익이 없는 말을 뜻한다. — 옮긴이 해설

136

말로 하는 업(구업) : ངག་གི་ལས།, Verbal Deeds, Vāk-Karman(바끄-까르만), 口業

137

마음으로 하는 업(의업) : ཡིད་ཀྱི་ལས།, Mental Deeds, Manas-Karman(마나스-까르만), 意業

140

아라하뜨 : '번뇌를 제거한 이'라는 뜻. དགྲ་བཅོམ་པ།(다좀빠), Foe Destroyer, Arahat, 阿羅漢(아라한)

141

세 보물(삼보): དཀོན་མཆོག་གསུམ, The Three Jewels, Triratna(뜨리라뜨나), 三寶
1) 깨달은 이(붓다): སངས་རྒྱས་དཀོན་མཆོག, Buddha, 佛(불) 2) 깨달은 이의 가르침
(다르마): ཆོས་དཀོན་མཆོག, Dharma, 法(법) 3) 깨달은 이의 가르침을 수행하는 수
행자(승가) 및 수행공동체(승): དགེ་འདུན་དཀོན་མཆོག, Saṅgha, 僧

142

세 가지 독(삼독): དུག་གསུམ(둑쑴), The Three Poisons, Tri-Viṣa(뜨리-비사), 三毒
1) 집착 · 탐욕(탐): འདོད་ཆགས, Attachment, 貪 2) 증오(진): ཞེ་སྡང,
Hatred, 嗔 3) 잘못된 생각(치): གཏི་མུག, Ignorance, 癡

146

경솔함(방일): བག་མེད་པ, Carelessness, Pramāda(쁘라마다), 放逸

149

'무간죄'(無間罪)는 다섯 가지가 있다. 그런 죄를 짓는 이는 틈없이 바로 다
음생에 지옥에 간다고 한다. 그래서 이런 죄를 무간죄, 즉 '간격이 없는 죄'
라고 부른다. - 옮긴이 해설
다섯 가지 무간죄(오무간죄): མཚམས་མེད་ལྔ, Pañcânantarya(빵짜난따리야), 五無
間罪 · 五逆罪(오역죄)
1) 어머니를 죽이는 것 2) 아버지를 죽이는 것 3) 아라하뜨를 죽이는 것
4) 나쁜 의도로 붓다의 몸에 상처를 내어 피나게 하는 것 5) 승가의 화합
을 파괴하고 분열시키는 것

150

윤회에서 벗어나고 싶어하는 마음(출리심): རེས་འབྱུང་གི་བསམ་པ།, The Mind of Renunciation, Naiṣkramya-Citta(나이스끄라미야-찟따), 出離心

151

하루 동안 지키는 계율(팔관재계): 출가하지 않고 집에 머무는 수행자가 하루 동안 지켜야 할 여덟 가지 계율을 뜻함. བསྙེན་གནས་ཀྱི་སྡོམ་པ།, Upavasa(우빠와사), 八關齋戒 · 近住律儀(근주율의)
1) 살아 있는 생명을 죽이지 말라 2) 다른 사람이 주지 않는 물건을 가지지 말라 3) 삿된 성적 행위를 하지 말라 4) 거짓말을 하지 말라 5) 술을 마시지 말라 6) 몸을 치장하거나 향수를 뿌리거나 노래하고 춤추지 말라 7) 높고 넓은 침상에 앉거나 눕지 말라 8) 때가 아니면 먹지 말라

152

출가하지 않은 남자 불자(우바새): དགེ་བསྙེན་པ།, Upāsaka(우빠사까), 優婆塞
출가하지 않은 여자 불자(우바이): དགེ་བསྙེན་མ།, Upasika(우빠시까), 優婆夷
사미: 남자 예비 승려. དགེ་ཚུལ་པ།, Sramanera(스라마네라), 沙彌
사미니: 여자 예비 승려. དགེ་ཚུལ་མ།, Sramanerika(스라마네리까), 沙彌尼
정학녀: 여자 비구니가 되기 위한 전단계. དགེ་སློབ་མ།, Siksamana(시끄사마나), 正學女 · 學法女(학법녀)
비구: 정식 남자 승려. དགེ་སློང་པ།, Bhiksu(비끄수), 빨리어 Bhikkhu(비쿠), 比丘
비구니: 정식 여자 승려. དགེ་སློང་མ།, Bhikṣuṇī(비끄수니), 比丘尼

153

바라이죄: 출가수행자 자격이 박탈되고 승가에서 영구히 쫓겨나는 가장 크

고 무거운 죄. 성관계를 한 죄, 도둑질을 한 죄, 사람을 죽인 죄, 깨달은 척 큰 거짓말을 한 죄 등이 있음. Pārājika(빠라지까), 波羅夷罪

승잔죄: 일시적으로 출가수행자 자격이 정지되며, 승가에는 남아 있을 수 있고 참회하면 용서받을 수 있는 큰죄. 승가의 화합을 깨뜨리려 한 죄, 남에게 영구추방의 큰 죄를 지었다고 비방하는 죄 등이 있음. Saṃghāvaśeṣa(삼가와세사), 僧殘罪

사타죄: 탐하는 마음으로 모은 재물을 승가에 내놓으면서 참회해야 하는 죄. Nissaggiya(닛삭기야), 捨墮罪

제사니죄: 비구니의 음식을 구걸하여 먹는 것 등 네 가지가 있음. Pratideśanika(쁘라띠에사니까), 提舍尼罪

돌길라죄: 비교적 가벼운 죄. Duṣkṛta(두슈끄리따), 突吉羅罪

155
'정진'이란 선한 일을 즐겁게 하는 마음 상태를 말한다. —옮긴이 해설
정진: བརྩོན་འགྲུས།, Diligence, Vīrya(비리야), 精進

156
마음챙김: དྲན་པ།, Mindfulness, Pratismṛta(쁘라띠스므르따), 正念(정념)

157
알아차림: ཤེས་བཞིན།, Vigilance · Introspection, Saṃprajanya(상쁘라자니야), 正知(정지)

158
'계율이 파괴되는 원인'이란, 예를 들어 출가 수행자가 계율을 받았는데 사

람을 죽이는 죄를 지었다면 계율이 없어지는 것이다. —옮긴이 해설

159
'포살'을 티베트어로 '쏘종'(གསོ་སྦྱོང་)이라고 한다. 포살은 계율을 닦는 방법
인 의식인데 사원에 계시는 모든 승가가 모여서 이전에 몸과 말로 지었던
죄를 참회하는 의식이다. 이 의식을 한 달에 두 번씩 한다. —옮긴이 해설
포살: གསོ་སྦྱོང་།(쏘종), Fortnightly Practice of Purification, Poshadha(뽀샤다),
布薩

160
'하안거'(དབྱར་གནས)를 '여름집중수행'이라고도 한다. 여름 장마철에 승가가
한 곳에서 계시고 삼개월 동안 집중으로 수행만을 하는 행사를 말한다. 부
처님께서 계셨을 때부터 시작된 불교 전통적인 의식이다. —옮긴이 해설
여름 집중수행(하안거): དབྱར་གནས(야르네), Summer Retreat, Vārsa(바르사)

161
'자자'(自恣)는 산스크리트어로 쁘라와라나(Pravarana)라고 한다. 하안거 즉
여름집중수행 마지막 날에 하는 의식을 말한다. 하안거 삼개월 동안 승가
일원들이 하지 말아야 하는 여러 가지가 있다. 그중 몇 가지는 다음과 같
다. 서로의 잘못인 죄를 말하지 말아야 하는 것, 그 동안 승가에 올려진 공
양물을 나누지 말아야 하는 것, 어떤 일원이 잘못을 했더라도 벌을 주지 말
아야 하는 것, 그리고 삼개월 동안 다른 곳에 다니지 말아야 하는 것 들이
다. 그런데 자자 날부터는 그런 일들을 다시 할 수 있다. 서로의 잘못인 죄
를 말하는 것은 죄를 지은 것을 알게 되고 참회를 잘 할 수 있게 하기 위해
서이다. 자자를 티베트어로 가예(དགག་དབྱེ)라고 하는데 '이전에 금지했던 일

을 다시 할 수 있게 한다'라는 뜻이다. ─옮긴이 해설

쁘라와라나(자자): དགག་དབྱེ(가예), The Last Day of Summer Retreat,
Pravāraṇā, 自恣

162

참회할 죄(타죄): ཉེས་བྱས, The 112 Sekhiyas, Sekhiya(세키야), 墮罪

5장 용어

164

사유: 마음 깊이 생각하는 것. བསམ་པ, Contemplation, 思惟

165

샨티데와(산띠데와)는 적천보살이라고도 한다. 8세기 인도 날랜다 대학의 불교
대학자, 시인, 위대한 수행자이셨다. 중관학파의 위대한 스승 중 한 분이셨다.
『입보리행론』과 『시크샤사무짜야』(Śikṣāsamuccaya) 등 훌륭한 논서를 저술하셨
다. རྒྱལ་སྲས་ཞི་བ་ལྷ, Śāntideva, 寂天菩薩. ─옮긴이 해설

166

샤마타(지): 마음이 흩어지지 않고 내면에 머물다라는 뜻. ཞི་གནས, Calm
Abiding, Shamatha, 止
위빠사나(관): 내면의 관찰을 뜻함. ལྷག་མཐོང, Introspection, Vipaśyanā, 觀

167

분석적인 명상: དཔྱད་སྒོམ།, Analytical Meditation

168

『마디얀따위바가』: 극단과 중도의 구별이라는 뜻. 『དབུ་མཐའ་རྣམ་འབྱེད།』
(우타남제), Distinguishing The Middle from the Extremes, 『Madhyanta-Vibhaga』, 『辯中邊論頌』(변중변론송)

169

다섯 가지 허물: ཉེས་པ་ལྔ།, The Five Faults
1) 게으름(해태): ལེ་ལོ།, Laziness 2) 요의법을 잊기(실념): གདམས་ངག་བརྗེད་པ།, Forgetting the Instructions 3) 혼침(가라앉음)과 들뜸(도거): བྱིང་བ་དང་རྒོད་པ།, Laxity & Excitement 4) (필요할때) 해독제를 적용하지 않기: གཉེན་པོ་འདུ་མི་བྱེད་པ།, Not Applying the Antidotes.(when it is needed) 5) (필요 없을 때) 해독제를 적용하기: གཉེན་པོ་འདུ་བྱེད་པ།, Applying the Antidotes(when it is not needed)

170

'게으름'(해태)이란 실천의 대상에 기뻐하지 않고 원하지 않게 하는 마음작용이다.
'지침'(요의법)이란 붓다의 뜻이 아주 분명하게 드러난 가르침을 뜻한다.
'혼침'(가라앉음)이란 몸과 마음이 무겁고 유연성이 없게 하며 마음의 대상을 명확하지 않게 하는 마음작용인데 거친 것과 아주 미세한 것들이 있다.
'들뜸'(도거)이란 탐욕의 힘으로 마음이 대상에 머물지 않고 흩어지게 하는 마음작용을 말한다. -옮긴이 해설
지침(요의법): གདམས་ངག, Instruction, 了義法

172

믿음: དད་པ།, Faith, 信心

열망: འདུན་པ།, Aspiration

정진: བརྩོན་འགྲུས།, Joyous Effort

173

'경안'을 티베트어로 '신쟝'(ཤིན་སྦྱངས།)이라 하는데, 기도하거나 명상하거나 좋은 일을 할 때 마음이 어둡고, 졸리고, 잠이 오고, 힘이 없고, 몸도 힘들어서 그것을 잘 못하는 허물이 없어져서 아프거나 힘들지 않은 상태가 되고(샤마타) 몸과 마음 둘 다 자기 마음대로 명상을 할 수 있게 되는 상태를 말하며, 이 문장의 믿음, 열망, 열정, 신쟝 모두 마음 작용의 단어들이다.
－옮긴이 해설

유연성(경안): ཤིན་སྦྱངས།(신쟝), Pliancy, Praśrabhi(쁘라스라비), 輕安

174

'평정'이란 마음을 자연스럽게 놓아두는 것을 말한다. －옮긴이 해설

평정: བཏང་སྙོམས།, Equanimity

175

'마음의 머묾 아홉 가지'(སེམས་གནས་དགུ)란 명상을 통해 얻는 마음의 아홉 가지 단계를 말한다. 티베트에서는 '마음을 머물게 하는 아홉 가지'를 '마음의 머묾'으로 줄여서 말한다. －옮긴이 해설

마음의 머묾 아홉 가지(구주심): སེམས་གནས་དགུ, The Nine Mental States, The Nine Mental Abidings

176

'대상으로 이끎'이란 마음을 대상으로 들어가게 하는 작용을 말한다.
－옮긴이 해설

177

'사마디를 싫어함'이란 사마디 수행을 즐겁게 하지 못하는 마음 상태를 말한다. －옮긴이 해설

178

마음을 머물게 하는 아홉 가지 사마디(구주심): སེམས་གནས་དགུ(셈네구), The Nine Mental Abidings, 九住心(구주심)

1) 마음을 안쪽에 놓기(안주심): སེམས་ནང་དུ་འཇོག་པ, Mental Placement, 安住心
2) 계속 놓기(섭주심): རྒྱུན་དུ་འཇོག་པ, Continuous Placement, 攝住心 3) 다시 놓기(해주심): སླན་ཏེ་འཇོག་པ, Repeated Placement, 解住心 4) 더 강하게 놓기(전주심): ཉེ་བར་འཇོག་པ, Close Placement, 轉住心 5) 길들이기(복주심): དུལ་བར་བྱེད་པ, Taming, 伏住心 6) 사라지게 하기(식주심): ཞི་བར་བྱེད་པ, Pacification, 息住心 7) 완전하게 사라지게 하기(멸주심): རྣམ་པར་ཞི་བར་བྱེད་པ, Complete Pacification, 滅住心 8) 한 점에 몰입(성주심): རྩེ་གཅིག་ཏུ་བྱེད་པ, One-Pointed Mental State, 性住心 9) 마음을 평정하게 놓기(지주심): མཉམ་པར་འཇོག་པ, Balanced Placement, 持主心

179

첫째, '마음을 안쪽에 놓기'란 마음을 대상에 고정하거나 놓아둔다는 뜻인데 집중명상의 첫걸음을 말한다. －옮긴이 해설

180

둘째, '계속 놓기'란 첫째 단계 때 놓았던 마음이 대상에서 흩어지지 않고 계속해서 대상에 머물 수 있도록 노력하는 것을 말한다. -옮긴이 해설

181

셋째, '다시 놓기'란 대상에 놓았던 마음이 흩어질 때 그것을 알면서 다시 대상에 머물게 하는 것을 말한다. -옮긴이 해설

182

넷째, '더 강하게 놓기'란 전보다 더 강한 노력으로 마음을 대상에 머물게 하는 것을 말한다. -옮긴이 해설

183

다섯째, '길들이기'란 선정의 여러 가지 이익을 잘 사유하면서 사마디 수행을 즐거워하는 마음을 생기게 하는 것을 뜻한다. -옮긴이 해설

184

여섯째, '사라지게 하기'란 산만한 마음의 허물을 잘 알면서 선정수행을 즐거워하지 못하는 마음이 사라지게 하는 일을 주로 하는 단계를 뜻한다. -옮긴이 해설

185

일곱째, '완전하게 사라지게 하기'란 마음속에 애착, 우울한 마음, 무기력, 졸음 등이 생길 때 그것을 완전하게 없애도록 하는 것을 말한다. -옮긴이 해설

186

여덟째, '한 점에 몰입'이란 노력을 조금씩 해서 명상을 하면 오랫동안 '가라앉음'과 '들뜸'이 없이 마음을 집중상태로 유지할 수 있는 상태를 말한다. -옮긴이 해설

187

아홉째, '마음을 평정하게 놓기'란 마음챙김과 알아차림 등을 적용하려고 노력하지 않더라도 마음이 흩어지지 않고 저절로 평정하게 머무는 상태를 말한다. -옮긴이 해설

188

여섯 가지 힘: སྟོབས་དྲུག, The Six Powers, 六力(육력)
1) 들음의 힘(문력): ཐོས་པའི་སྟོབས, The Power of Hearing, Śruta(스루따), 聞力 2) 사유함의 힘(사력): བསམ་པའི་སྟོབས, The Power of Thinking, Cintā(쩐따), 思力 3) 마음챙김의 힘(정념력): དྲན་པའི་སྟོབས, The Power of Mindfulness, Smṛti(스므르띠), 正念力 4) 알아차림의 힘(정지력): ཤེས་བཞིན་གྱི་སྟོབས, The Power of Introspection, Samprajaña(삼쁘라자냐), 正知力 5) 정진의 힘(정진력): བརྩོན་འགྲུས་ཀྱི་སྟོབས, The Power of Diligence, Vīrya(비리야), 精進力 6) 익숙해짐의 힘(습관력): ཡོངས་སུ་འདྲིས་པའི་སྟོབས, The Power of Familiarity, Paricaya(쁘리짜야), 習慣力

189

네 가지 대상으로 이끎(사작의): ཡིད་ལ་བྱེད་པ་བཞི, The Four Mental Engagements, 四作意
1) 집중하면서 대상으로 이끎(역려운전작의): བསྒྲིམས་ཏེ་འཇུག་པའི་ཡིད་བྱེད, The

Alert Engagement, 力勵運轉作意 2) 간헐적으로 대상으로 이끎(유간결운 전작의): བར་དུ་ཆད་ཅིང་འཇུག་པའི་ཡིད་བྱེད།, The Interrupted Engagement, 有間缺運轉作意 3) 지속적으로 대상으로 이끎(무간결운전작의): ཆད་པ་མེད་པར་ འཇུག་པའི་ཡིད་བྱེད།, The Uninterrupted Engagement, 無間缺運轉作意 4) 노력 없이 대상으로 이끎(무공용운전작의): རྩོལ་མེད་དུ་འཇུག་པའི་ཡིད་བྱེད།, The Effortless Engagement, 無功用運轉作意

190

거친 생각(망념): རྣམ་རྟོག, Discursive Thoughts, 妄念

192

'사유함의 힘'이란, 예를 들어 무상에 대해 지침(요의법)을 들으면 다음에는 반복해서 논리적으로 사유하는 것을 뜻한다. —옮긴이 해설

193

이차적 번뇌(수번뇌): ཉེ་ཉོན་ཉེ་ཤུ།, The Twenty Secondary Afflictive Emotions, 隨煩惱心所

1) 화냄: ཁྲོ་བ།, Wrath, Krodha 2) 원한: ཁོན་འཛིན།, Vengeance, Upanāha 3) 은폐: འཆབ་པ།, Concealment, Mrakśa 4) 앙심: འཚིག་པ།, Spitefulness, Pradāśa 5) 질투: ཕྲག་དོག, Envy, Īrśya 6) 인색: སེར་སྣ།, Miserliness, Mātsarya 7) 위선: སྒྱུ།, Pretension, Māyā 8) 부정직: གཡོ།, Dishonesty, Śāṭhya 9) 자랑: རྒྱགས་པ།, Complacency, Mada 10) 해침: རྣམ་འཚེ།, Harmfulness, Vihiṃsā 11) 양심없음: ངོ་ཚ་མེད་པ།, Lack of Integrity, Lack of Conscience, Ahrikya 12) 무배려: ཁྲེལ་མེད་པ།, Inconsideration for Others, Anapatrapa 13) 무기력(혼미): རྒུགས་པ།, Lethargy, Styāna 14) 들뜸:

རྒོད་པ། Excitement, Auddhatya 15) 불신: མ་དད་པ། Lack of Conviction, Lack of Faith, Aśrāddhya 16) 게으름: ལེ་ལོ། Laziness, Kausīdya 17) 부주의(방일): བག་མེད། Unconscientiousness(Carelessness), Pramāda 18) 잊음(실념): བརྗེད་ངས། Forgetfulness, Muṣitasmṛtitā 19) 알아차림 없음(부정지): ཤེས་བཞིན་མ་ཡིན་པ། Non-Introspective Awareness, Asaṃprajanya 20) 산란·산만: རྣམ་གཡེང་། Distraction, Vikṣepa

194

'무명'을 옛 경전에서 시적으로 표현하기를 '빛이 없는 것'이라 하였다. 빛으로 모든 것을 볼 수 있고 지혜가 생기면 다 깨달을 수 있는데, 지혜가 없는 상태가 바로 무명이다. - 옮긴이 해설

무명: རྨོངས་པ་མ་རིག་པ། Ignorance, Anābhāsa(아나바사), 無明

197

세 가지 세계(삼계): ཁམས་གསུམ། The Three Realms, 三界
1) 욕망 세계(욕계): འདོད་ཁམས། Desire Realm, Kāma-Dhātu(까마-다뚜), 欲界
2) 물질 세계(색계): གཟུགས་ཁམས། Form Realm, Rūpa-Dhātu(루빠-다뚜), 色界
3) 물질 없는 세계(무색계): གཟུགས་མེད་ཀྱི་ཁམས། Formless Realm, Ārūpya-Dhātu(아루삐야-다뚜), 無色界

198

아홉 가지 땅(구지): ས་དགུ(사), The Nine Bhumis(Levels), 九地
1) 욕망 세계(욕계): འདོད་པ། The Desire Realm, 欲界 2) 첫째 선정(초선천): བསམ་གཏན་དང་པོ། The First Dhyana, 初禪天 3) 둘째 선정(이선천): བསམ་གཏན་གཉིས་པ། The Second Dhyana, 二禪天 4) 셋째 선정(삼선천): བསམ་གཏན་

གསུམ་པ།, The Third Dhyana, 三禪天 5) 넷째 선정(사선천): བསམ་གཏན་བཞི་པ།, The Fourth Dhyana, 四禪八天 6) 무한한 허공(공무변처지): ནམ་མཁའ་མཐའ་ཡས།, The Infinite Space, 空無邊處天地 7) 무한한 의식(식무변처지): རྣམ་ཤེས་མཐའ་ཡས།, The Infinite Consciousness, 識無邊處地 8) 아무 것도 존재하지 않음(무소유천): ཅི་ཡང་མེད།, The Non-Existence of Whatsoever, 無所有處天 9) 윤회의 꼭대기(무상천): སྲིད་རྩེ།, The Peak of Samsara, 無想天

이 중에서 2)~5)까지는 색계의 땅이고, 6)~9)까지는 무색계의 땅이다.

－옮긴이 해설

199
『아비달마 사무차야』(아비달마집론): 줄여서 『아비달마집론』 또는 『집론』. 『ཆོས་མངོན་པ་ཀུན་ལས་བཏུས་པ།』, 『Mahāyānābhidharma-Samuccaya』, 『大乘阿毗達磨集論』

200
'정신적 주의력'을 '작의'라고도 하는데 이 일곱 가지는 마음작용 중 '작의' 뿐만 아니라 마음 전체를 대상에게 집중시키는 한 부분의 마음을 말한다. －옮긴이 해설

정신적 주의력 일곱 가지(칠종작의): ཡིད་ལ་བྱེད་པ་བདུན།, The Seven Mental Contemplations, 七種作意

1) 개별적 특성을 깨닫는 정신적 주의력(요상작의): མཚན་ཉིད་སོ་སོར་རིག་པ་ཡིད་བྱེད།, The Mental Contemplation of Individual Knowledge of the Character, 了相作意 2) 믿음에서 생겨난 정신적 주의력(승해작의): མོས་པ་ལས་བྱུང་བ་ཡིད་བྱེད།, The Mental Contemplation Arisen from Belief, 勝解作意 3) 완전한 없앰인 정신적 주의력(원리작의): རབ་ཏུ་དབེན་པ་ཡིད་བྱེད།,

The Mental Contemplation of Thorough Isolation, 遠離作意 4) 기쁨을 모으는 정신적 주의력(섭락작의): དགའ་བ་སྡུད་པ་ཡིད་བྱེད།, The Mental Contemplation of Joy-Withdrawal, 攝樂作意 5) 분석적인 정신적 주의력(관찰작의): དཔྱོད་པ་ཡིད་བྱེད།, The Mental Contemplation of Analysis, 觀察作意 6) 마지막 예비인 정신적 주의력(가행구경작의): སྦྱོར་བ་མཐའི་ཡིད་བྱེད།, The Mental Contemplation of Final Training, 加行究竟作意 7) 마지막 예비의 결과인 정신적 주의력(가행구경과작의): སྦྱོར་བ་མཐའི་འབྲས་བུ་ཡིད་བྱེད།, The Mental Contemplation that is the Fruit of Final Training, 加行究竟果作意

201

세 가지 지혜(삼혜): ཤེས་རབ་གསུམ།, The Three Wisdoms, 三慧
1) 들음의 지혜(문혜): ཐོས་པའི་ཤེས་རབ།, Wisdom of Hearing, Śrutamayī Prajñā(스루따마이 쁘라걈), 聞慧 2) 사유함으로 얻는 지혜(사혜): བསམ་བྱུང་གི་ཤེས་རབ།, Wisdom of Contemplation, Cintāmayī Prajñā(찐따마이 쁘라걈), 思慧 3) 명상으로 얻는 뛰어난 지혜(수혜): སྒོམ་བྱུང་གི་ཤེས་རབ།, Wisdom of Meditation, Bhāvanāmayī Prajñā(브하바나마이 쁘라걈), 修慧

202

'세간적인 길과 세간'이란 이번 생만을 목표로 수행하는 것을 말하며, 그런 방법으로는 세속에서 벗어난 깨달음을 얻을 수 없다는 뜻이다. 샤마타는 두 가지가 있는데 하나는 세간에서 벗어나게 하는 방법인 샤마타이고, 또 다른 하나는 윤회하게 하는 원인이 되는 샤마타이다. -옮긴이 해설

204

'조사함'은 티베트어로 똑빠(རྟོག་པ།)라 하며 어떤 개념에 대해 대강, 거칠게

분석하는 작용을 하는 마음작용을 말한다. '분석'은 티베트어로 쬐빠(དོ༵ང་
པ)라 하는데 어떤 개념에 대해 자세히, 미세하게 분석하는 작용을 하는 마
음작용을 말한다. '쬐빠'와 '똑빠' 둘 다 조사(Investigation)하고 분석하는 것
을 뜻하지만 위와 같은 차이가 있다. -옮긴이 해설

조사함: རྟོག་པ, Investigation, Vitarka(비따르까), 思(사)

분석: དཔྱོད་པ, Analysis, Vicāra(비짜라), 心(심)

205
행복: དགའ་བ, Bliss, Priti(쁘리띠), 喜(희)

206
기쁨: : བདེ་བ, Joy, Sukha(수카), 樂(락)

207
'둘째 선정'은 '조사함'이라는 마음작용도 없앤 마음상태이다. 왜냐하면 조
사함은 거친 마음작용이고 둘째 선정은 미세한 상태이기 때문이다. 참고로
'첫째 선정'은 마음이 거친 상태이기에 '조사함'이 필요하다. '셋째 선정'은
마음이 좀더 미세한 상태, '넷째 선정'은 마음이 아주 미세한 상태이다. -옮
긴이 해설

208
'감각기관의 의식'(근식)이란 여섯 의식인 눈, 귀, 코, 혀, 몸, 마음의식 중에
서 마음의식을 뺀 나머지를 말한다. '감각기관의 의식'을 티베트어로 '왕뽀
셰빠'(དབང་ཤེས)(줄임말 왕세)라 하는데, 여기서 왕뽀는 감각기관을 뜻하고, 셰
빠는 의식을 뜻한다. 예를 들면, 안식(눈의 의식)은 안근(눈의 감각기관)에 의지

해서 생기듯이 왕셰란 물질적인 감각기관을 의지해서 생기는 의식을 뜻한
다. -옮긴이 해설

감각기관의 의식(근식) : དབང་ཤེས།(왕뽀셰빠 · 줄임말 왕셰), Sensory Perceptions,
Mūla-Vijñāna(뮬라-비간나), 根識 · 本識(본식)

209

첫째 선정의 하늘(초선천) : བསམ་གཏན་དང་པོ།, The First Dhyana, 初禪天
1) 브라흐마 백성의 하늘(범중천) : ཚངས་རིས།, Heaven of Brahma, Brahma-
Kāyikāḥ(브라흐마-까이까), 梵衆天 2) 브라흐마 신하의 하늘(범보천) : ཚངས་པ་
མདུན་ན་འདོན།, Priests of Brahma, Brahma-Purohita(브라흐마-뿌로히따), 梵輔
天 3) 위대한 브라흐만의 하늘(대범천) : ཚངས་ཆེན།, Great Brahma, Mahā-
Brahman(마하-브라흐만), 大梵天

210

넷째 선정의 하늘(사선천) : བསམ་གཏན་བཞི་པ།, The Fourth Dhyana, 四禪天
1) 구름 없는 하늘(무운천) : སྤྲིན་མེད།, Cloudless, Anabhraka(아나브라까),
無雲天 2) 복이 생기는 하늘(복생천) : བསོད་ནམས་སྐྱེས།, Generation of
Merit, Punya-Prasavāḥ(뿐냐-쁘라사바), 福生天 3) 열매로 가득한 하늘(광과
천) : འབྲས་བུ་ཆེ།, Great Fruit, Brhat-Phala(브라뜨-팔라), 廣果天 4) 광대하지
않은 하늘(무번천) : མི་ཆེ་བ།, Not So Great, Avrha(아브르하), 無煩天 5) 고통
없는 하늘(무열천) : མི་གདུང་བ།, Without Distress, Atapa(아따빠), 無熱天 6)
아름다운 외모의 하늘(선현천) : གྱ་ནོམ་སྣང་།, Perfect Appearance, Sudrśa(수드
르사), 善現天 7) 수승한 시력의 하늘(선견천) : ཤིན་ཏུ་མཐོང་།, Great Vision,
Sudarśana(수다사나), 善見天 8) 아래가 아닌 하늘(색구경천) : འོག་མིན།, Not-
Below/Unexcelled Heaven, Akanistha(아까니스타), 色究竟天

211

'익어감의 열매'(이숙과)란 예전에 지었던 까르마가 익어서 맺는 열매. 예를 들면, 예전에 계율 등의 실천을 통해서 지었던 선업으로 인간으로 태어나는 따위를 말한다. ─옮긴이 해설

익어감의 열매(이숙과): རྣམ་སྨིན་གྱི་འབྲས་བུ།, Ripened Effect, Vipākaphala(비빠까빨라), 異熟果(이숙과)

212

'원인과 일치하는 열매'(등류과)란 예전에 지었던 까르마와 일치하는 열매를 말한다. 예를 들면, 예전에 생명을 죽여서 지었던 악한 까르마 때문에 이번 생에도 생명을 죽이는 일을 좋아하는 습관을 갖게 되는 것, 병이 많고 빨리 죽어가는 것 따위이다. ─옮긴이 해설

원인과 일치하는 열매(등류과): རྒྱུ་མཐུན་གྱི་འབྲས་བུ།, Uniformly Continuous Effect, Niṣyandaphala(니샨다팔라), 等流果

213

'환경의 열매'(증상과)란 예전에 지었던 까르마 때문에 생기는 이번 생의 환경 조건을 말한다. 예를 들면, 예전에 계율 등의 실천을 통해서 지었던 선업으로 이번 생에 자신이 태어난 곳의 환경에 좋은 점이 많은 것 따위이다. ─옮긴이 해설

환경의 열매(증상과): བདག་པོའི་འབྲས་བུ།, Environmental Effect, Adhipatiphala(아디빠띠팔라), 增上果

214

'무한한 의식'(식무변처지)이란 물질 없는 세계의 두 번째 땅이며 물질적인 것

뿐만 아니라 의식, 마음도 허공과 같다고 미세하게 사유하는 마음상태를
말한다. -옮긴이 해설

215

'아무것도 존재하지 않음'(무소유처지)이란 물질 없는 세계의 세 번째 땅이며,
거친 생각은 없고 미세한 생각은 있는 상태의 마음이다. -옮긴이 해설

216

'무상천'을 다른 말로 '상이 없고 상 없는 것이 아님'(비상비비상처지)이라고
하는데 '거친 생각이 없고 미세한 생각은 있는 상태'를 말한다. 이 위에 더
이상 윤회의 세계가 존재하지 않아서 '윤회의 꼭대기'라고도 한다. -옮긴이 해설
상이 없고 상이 없는 것이 아님(윤회의 꼭대기)(비상비비상처지): སྲིད་རྩེ།, The
Peak of Samsara, 非想非非想處地

217

물질 없는 세계의 네 가지 선정(사무색정): གཟུགས་མེད་ཀྱི་སྙོམས་འཇུག་བཞི།, The
Four Formless Dhyanas, Catsra Ārūpya-Samāoattaya(짜뜨스라 아루뻬야-사마
오앗따야), 四無色定
1) 무한한 허공의 선정(공무변처정): ནམ་མཁའ་མཐའ་ཡས་སྐྱེ་མཆེད་ཀྱི་སྙོམས་འཇུག, The
Dhyana of Infinite Space, Ākāsānañcāyatana(아까사난짜야따나), 空無邊處定
2) 무한한 의식의 선정(식무변처정): རྣམ་ཤེས་མཐའ་ཡས་སྐྱེ་མཆེད་ཀྱི་སྙོམས་འཇུག, The
Dhyana of Infinite Consciousness, Viññāñañcāyatana(빈냐나짜야따나), 識無邊
處定 3) 아무것도 존재하지 않음의 선정(무소유처정): ཅི་ཡང་མེད་ཀྱི་སྙོམས་འཇུག,
The Dhyana of No Existence, Akiñcanāyatana(아낀짜냐야따나), 無所有處定
4) 윤회의 꼭대기의 선정(무상천정): སྲིད་རྩེའི་སྙོམས་འཇུག, The Dhyana of Peak

Of Samsara, Arupa Jhana(아루빠 즈하나), 無想天定

218

'한량 없는 네 가지 마음'(사무량심)이란 자애의 마음, 자비의 마음, 기쁨의
마음, 평등한 마음이다.
1) '자애의 마음'이란 모든 중생에게 행복과 행복의 원인을 바라는 마음이
다. 2) '자비의 마음'이란 모든 중생에게 괴로움과 그 원인이 없는 상태를
바라는 마음이다. 3) '기쁨의 마음'이란 '모든 중생이 행복 및 그 원인과 헤
어지지 않는 상태를 바라는 마음'이다. 4) '평등한 마음'이란 '모든 중생이
애착과 화냄이 없는 상태에 머무는 것을 바라는 마음'을 말한다. 예를 들면
'마음상태'에 따라 어떤 사람에게는 사랑으로 대하고 어떤 사람에게는 화를
내는 상태가 아니라, 모두에게 평등하게 대하기를 바란다는 뜻이다.

- 옮긴이 해설

한량 없는 네 가지 마음(사무량심): ཚད་མེད་བཞི།, The Four Immeasurables,
Catvāri-Apramānāni(짜뜨바리-아쁘라마나니), 四無量心(사무량심)

1) 자애의 마음: བྱམས་པ་ཚད་མེད།, Loving Kindness, Maître(마이뜨레), 慈(자)
2) 자비의 마음: སྙིང་རྗེ་ཚད་མེད།, Compassion, Karuna(까루나), 悲(비)·哀(비)·
大悲(대비)·大悲心(대비심)·大慈大悲(대자대비)·大慈悲(대자비)·悲(비)·慈(자)·慈
心(자심)·慈悲(자비)·慈悲心(자비심)
3) 기쁨의 마음: དགའ་བ་ཚད་མེད།, Joy, Mudita(무디따), 喜(희)
4) 평등한 마음: བཏང་སྙོམས་ཚད་མེད།, Equanimity, Upeksha(우뻬끄샤), 捨(사)

219

세간적인 신통들 다섯 가지: 1) 신성한 눈(천안통): 모든 영역을 즉각 보는
높은 지식. ལྷའི་མིག་གི་མངོན་ཤེས།, Divine Eye, Divya-Cakṣus(디비야-짜끄수스),

天眼通 2) 신성한 귀(천이통): 모든 소리를 즉각 듣는 높은 지식. རྣ་བའི་ མངོན་ཤེས།, Divine Ear, Divya-Śrota-Abhijñā(디비야-스로따-아브히걈), 天耳通 · 天耳智神通(천이지신통) 3) 다른 이의 마음을 앎(타심통): གཞན་སེམས་ཤེས་པའི་ མངོན་ཤེས།, Knowing the Minds of Others, Paryāya-Jñāna(빠리야야-갼나), 他心通 4) 전생에 태어난 곳을 기억하는 능력(숙명통): སྔོན་གྱི་གནས་རྗེས་སུ་དྲན་པའི་ མངོན་ཤེས།, Remembering One's Past Abodes, Pūrvanivās-Ānusmṛti(뿌르바니바스-아누스므르띠), 宿命通 5) 죽음과 태어남을 앎(천명통): འཆི་འཕོ་དང་སྐྱེ་བ་ ཤེས་པའི་མངོན་ཤེས།, Knowing the Deaths & Births, 天命通 · 生死通(생사통)

6장 용어

220

지혜 빠라미따(반야바라밀): 완전한 지혜라는 뜻. ཤེས་རབ་པར་ཕྱིན།, The Perfection of Wisdom, Prajñā-Pāramitā(쁘라걈-빠라미따), 般若波羅蜜多(반야바라밀다)

221

'의공상'이란 '생각에서 인지되는 현상'인데 이것을 티베트어로 '된찌'(དོན་ སྤྱི།)라 한다. 의식의 종류 중 '분별인식'(분별식)으로 어떤 대상을 인식할 때 마음으로 상상하는 형상을 말한다. 예를 들어 "컵이다"라고 생각했을 때 컵 그대로의 이미지가 마음에 나오는 것 등을 말한다. —옮긴이 해설
 관념적 이미지(의공상): དོན་སྤྱི།, Concept · Conceptual Image, 義共相

222

'다섯 가지 지식(위디야)'이란 언어학, 논리학, 예술, 의학, 심리학을 말한
다. -옮긴이 해설

지식(위디야): རིག་པའི་གནས། , Knowledge · Science, Vidyas(위디야스), 明(명)

223

샨타락시타(샨띠락시따)는 적호보살이라고도 한다. 8세기 인도 브라민 출신
의 저명한 불교철학 대학자이셨다. 날랜다 대학의 켄뽀(མཁན་པོ)(Khenpo)이셨
으며 티베트에 초대되어 티베트 최초의 사원인 쌈예사원을 세우는 등 티베
트 불교 발전에 중요한 역할을 하셨다. 논서 『마디야마깔랑까라』(중관장
엄)를 저술하셨다. ཞི་བ་དཔོན་ཞི་བ་འཚོ། , Śāntarakṣita, 寂護菩薩 -옮긴이 해설

『마디야마까알람까라』(중관장엄): 『དབུ་མ་རྒྱན། 』, The Ornament of the
Middle Way, 『Madhyamakālaṅkāra』, 『中觀莊嚴』, 『中觀莊嚴論』(중관장엄론)

225

'하나도 여럿도 아니다라는 논법'(རང་བཞིན་དཔྱོད་པ་གཅིག་དུ་བྲལ་གྱི་གཏན་ཚིགས)이란 인도
날랜다 대학에서 초기 불교 원형 그대로 전승된 티베트 '불교논리학'에서
사용하는 '논법'의 하나이다. 사물의 본성을 분석할 때 적용한다. 이 논법의
과정은 다음과 같다.

1) '진실로 존재하는 하나'도 아니고, '진실로 존재하는 여럿도 아닌 사물'
이면,

2) '진실로 존재하지 않는 것'을 충족한다. 예를 들면 거울 속 얼굴과 같다.

3) X도 '진실로 존재하는 하나'도 아니고, '진실로 존재하는 여럿도 아닌
사물'이다. -옮긴이 해설

'구성된 사물'이란 예를 들어, 테이블은 테이블을 구성하는 부분들이 모인 것이고 이것에 테이블이라고 이름을 붙여서 임시적으로 존재하는 것을 말한다. -옮긴이 해설

구성된 사물(가립): བཏགས་པའི་དངོས་པོ།, Constructed Phenomenon, Prajñapti(쁘라즈냐쁘띠), 假立

228

영원한 존재라고 인정하는 견해(상견): རྟག་པར་ལྟ་བ།, Eternalistic View, 常見

229

'분별심으로 인지되는 상'은 '반체'라고도 한다. 만약 두 가지 사물의 '반체'가 같다고 한다면 둘이 아무 차이 없는 하나여야 한다' 라는 뜻이다. -옮긴이 해설

본질이 같고 반체 즉 분별심으로 인지되는 상이 다르다: ངོ་བོ་གཅིག་ལ་ལྡོག་པ་ཐ་དད།, Identically The Same & Conceptually Different, 體性一 返體異(체성일 반체이)

본질: ངོ་བོ།, Identity, 體性(체성)

반체: ལྡོག་པ།, Concept, 返體

230

'거짓된 현상'이란 허위성(虛僞性)을 말하는데 '관습적인 진실'(속제)과 같다. -옮긴이 해설

231

『사마디라자 수뜨라』: 『ཏིང་ངེ་འཛིན་རྒྱལ་པོའི་མདོ།』, King Of Concentration

Sutra, 『Samadhiraja Sutra』

232

명칭으로 세워졌던 것(유언가유): རྟེན་འབྲེལ་ཚོགས་ཙམ་གྱི་མིང་རྐྱང་བཏགས་ཡོད།, A Merely Designated Phenomenon, 有言假有

233

날랜다 불교대학에서 전승된 수행법인 티베트 불교논리학 논법들은 여러 가지가 있다.
1) '하나와 여럿이 아니다'라는 논법' (རྡོ་རྗེ་གཞིལ་བ་གཅིག་ཏུ་བྲལ་གྱི་གཏན་ཚིགས།)은 사물의 본성을 분석할 때 적용한다. 2) '다이아몬드 가루 논법' (རྒྱུ་ལ་དཔྱོད་པ་རྡོ་རྗེ་གཞེགས་མའི་གཏན་ཚིགས།)은 사물의 원인을 분석할 때 적용한다. 3) '존재하는 생김과 존재하지 않는 생김을 부정하는 논법' (འབྲས་བུ་ལ་དཔྱོད་པ་ཡོད་མེད་སྐྱེ་འགོག་གི་གཏན་ཚིགས།)은 사물의 결과를 분석할 때 적용한다. 4) '네 가지 생김을 부정하는 논법' (གྲངས་ལ་དཔྱོད་པ་མུ་བཞི་སྐྱེ་འགོག་གི་གཏན་ཚིགས།)은 사물의 수를 분석할 때 적용한다. 5) '의존적 존재(연기법)의 논법' (རྟེན་འབྲེལ་གྱི་གཏན་ཚིགས།)은 '논법의 왕'이라고 한다. -옮긴이 해설

7장 용어

234

이 다섯 가지 길은 수행자의 마음 발전 단계를 뜻한다. -옮긴이 해설
다섯 가지 길(오도): ལམ་ལྔ།, The Five Paths, Pañca-Mārga(빤짜-마르가), 五道

1) 쌓음의 길(자량도): ཚོགས་ལམ།(촉람), The Path of Accumulation, Saṃbhāra-Mārga(삼바라-마르가), 資糧道 2) 예비의 길(가행도): སྦྱོར་ལམ།(졸람), The Path of Preparation, Prāyoga-Mārga(쁘라요가-마르가), 加行道 · 方便道(방편도) 3) 보임의 길(견도): མཐོང་ལམ།(통람), The Path of Seeing, Darśana-Mārga(다르사나-마르가), 見道 4) 명상함의 길(수도): སྒོམ་ལམ།(곰람), The Path of Meditation, Bhāvanā-Mārga(바와나-마르가), 修道 5) 무학의 길(무학도): མི་སློབ་ལམ།(밀롭람), The Path of No-More Learning, Aśaikṣa-Mārga(아사이끄사-마르가), 無學道

235
『뜨리사라나사쁘따띠』(귀의에 대한 70 게송): 『སྐྱབས་འགྲོ་བདུན་ཅུ་པ།』, 『Triśaraṇasaptati』

236
'윤회'란 까르마와 번뇌에 의존하여 자유 없이 반복적으로 태어남과 죽음을 반복하는 과정에 있는 오염된 무더기의 흐름을 말한다. -옮긴이 해설

237
세 가지 고통: སྡུག་བསྔལ་གསུམ།, The Three Types Suffering
1) 괴로움의 고통: སྡུག་བསྔལ་གྱི་སྡུག་བསྔལ།, Suffering of Suffering, Duḥkha-Duḥkhatā(두까-두까따), 苦(고) · 苦苦(고고) 2) 바뀜의 고통: འགྱུར་བའི་སྡུག་བསྔལ།, Suffering of Change, Pariṇāma-Duḥkhatā(쁘리나마-두까따), 壞苦(괴고) 3) 유위의 고통(무상함을 조건으로 한 고통): ཁྱབ་པ་འདུ་བྱེད་ཀྱི་སྡུག་བསྔལ།, All-Pervasive Suffering of Conditioning, Saṃskāra Duḥkhatā(삼스까라 두까따), 行苦(행고)

238

'마음챙김'이란 몸, 느낌, 마음, 그리고 현상들의 각각의 특성을 분석해서 명상하는 지혜 등을 뜻한다. —옮긴이 해설

네 가지 마음챙김(사념처): དྲན་པ་ཉེར་བཞག་བཞི།, The Four Types of Mindfulness, 四念處

1) 몸을 대상으로 한 마음챙김(신념처): ལུས་དྲན་པ་ཉེར་བཞག, The Mindfulness of Body, Kāya-Smṛtyupasthāna, 身念處 2) 느낌을 대상으로 한 마음챙김(수념처): ཚོར་བ་དྲན་པ་ཉེར་བཞག, The Mindfulness of Feeling, Vedanā-Smṛtyupasthāna, 受念處 3) 마음을 대상으로 한 마음챙김(심념처): སེམས་དྲན་པ་ཉེར་བཞག, The Mindfulness of Mind, Citta-Smṛtyupasthāna, 心念處 4) 현상을 대상으로 한 마음챙김(법념처): ཆོས་དྲན་པ་ཉེར་བཞག, The Mindfulness of Phenomena, Dharma-Smṛtyupasthāna, 法念處

239

네 가지 바른 노력(사정근): ཡང་དག་སྤོང་བ་བཞི།, The Four Right Endeavors, 四正勤

1) 아직 일어나지 않은 불선업이 생기게 하지 않기: མི་དགེ་བ་མ་སྐྱེས་པ་མི་སྐྱེད་པ།, Not to Generate the Non-Virtues that are Yet To Be Arisen, 未生惡令不生(미생악령불생) 2) 이미 일어난 불선업을 없애기: མི་དགེ་བ་སྐྱེས་པ་སྤོང་བ།, Eliminating the Non-Virtues that are Already Arisen, 已生惡令永斷(기생악령영치) 3) 아직 일어나지 않은 선업이 생기게 하기: དགེ་བ་མ་སྐྱེས་པ་སྐྱེད་པ།, Generating The Virtues that are Yet To Be Arisen, 未生善令生(미생선령생) 4) 이미 일어난 선업을 늘리기: དགེ་བ་སྐྱེས་པ་སྤེལ་བ།, Increasing The Virtues that are Already Arisen, 已生善令增長(기생선령증장)

사신족: རྫུ་འཕྲུལ་གྱི་རྐང་པ་བཞི།, The Four Bases Of Supernatural Power, Riddhi-Pāda(릿디-빠다), 四神足

1) 욕신족: འདུན་པའི་རྫུ་འཕྲུལ་གྱི་རྐང་པ།, The Base of Aspiration, 欲神足 2) 정진신족: བརྩོན་འགྲུས་ཀྱི་རྫུ་འཕྲུལ་གྱི་རྐང་པ།, The Base of Joyous Effort, 精進神足

3) 심신족: སེམས་པའི་རྫུ་འཕྲུལ་གྱི་རྐང་པ།, The Base of Intention, 心神足 4) 사유신족: དཔྱོད་པའི་རྫུ་འཕྲུལ་གྱི་རྐང་པ།, The Base of Analysis, 思惟神足

'예비의 길'인 '열'(돼), '꼭대기'(쩨모), '인욕'(쉐빠), '세간 제일의 현상(세간의 최고법)'(쵸촉) 모두 마음 상태를 말한다. '열'은 나무에 불이 나기 전에 따뜻해지는 것처럼 '예비의 길'이 생길 때 그 다음인 '보임의 길'이 빨리 생기는 것을 상징한다는 말이다. '꼭대기'는 세간적인 선함 중에 제일 높은 것이며, 아직 세간에서 벗어나지 않은 것이다. ─옮긴이 해설

예비의 길(가행도): སྦྱོར་ལམ།, The Path of Preparation, 加行道

1) 열(난): དྲོད།(돼), Heat, 煖・暖・煖・煩・燸

2) 꼭대기(정): རྩེ་མོ།(쩨모), Peak, 頂

3) 인욕(인): བཟོད་པ།(쉐빠), Forbearance, 忍・忍辱(인욕)

4) 세간 최고법(세제일법): ཆོས་མཆོག(쵸촉), Supreme Phenomenon, 世第一法

다섯 가지 근(오근): རྣམ་བྱང་གི་དབང་པོ་ལྔ།, The Five Faculties, 五根

1) 믿음(신근): དད་པའི་དབང་པོ།, The Faculty of Faith, 信根 2) 정진(진근): བརྩོན་འགྲུས་ཀྱི་དབང་པོ།, The Faculty of Joyous Effort, 進根 3) 마음챙김(염근): དྲན་པའི་དབང་པོ།, The Faculty of Mindfulness, 念根 4) 선정(정근): ཏིང་ངེ་འཛིན་

ཀྱི་དབང་པོ།, The Faculty of Samadhi, 定根 5) 지혜(혜근): ཤེས་རབ་ཀྱི་དབང་པོ།,
The Faculty of Wisdom, 慧根

243

다섯 가지 힘(오력): རྣམ་བྱང་གི་སྟོབས་ལྔ།, The Five Powers, 五力

1) 믿음(신력): དད་པའི་སྟོབས།, The Power of Faith, 信力 2) 정진(진력): བརྩོན་
འགྲུས་ཀྱི་སྟོབས།, The Power of Joyous Effort, 進力 3) 마음챙김(염력): དྲན་པའི་
སྟོབས།, The Power of Mindfulness, 念力 4) 선정(정력) ཏིང་ངེ་འཛིན་གྱི་སྟོབས།,
The Power of Samadhi, 定力 5) 지혜(혜력): ཤེས་རབ་ཀྱི་སྟོབས།, The Power of
Wisdom, 慧力

244

'사성제의 16가지 성질(양상)' (십육행상): བདེན་པ་བཞིའི་ཁྱད་ཆོས་བཅུ་དྲུག, The 16
Aspects of the Four Noble Truths, 十六行相

• 고성제(고통의 진실): འཁྲས་བུ་སྡུག་བསྔལ་གྱི་བདེན་པ།, The Truth of Suffering, 苦
聖諦 1) 무상: མི་རྟག་པ།, Impermanence, Anitya(아니따), 無常 2) 고통(고):
སྡུག་བསྔལ་བ།, Suffering, Duḥkha(두까), 苦 3) 공성(공): སྟོང་པ་ཉིད།, Emptiness,
Śūnyatā(수니야따), 空 4) 무아: བདག་མེད་པ།, Selflessness, Anātmaka(아냐뜨마
까), 無我

• 집성제(원인의 진실): རྒྱུ་ཀུན་འབྱུང་བདེན་པ།, The Truth of Causation, 集聖諦
5) 원인(인): རྒྱུ།, Cause, Hetu(헤뚜), 因 6) 근원(집): ཀུན་འབྱུང་།, Origination,
Samudaya(사무다야), 集 7) 생김(생): རབ་སྐྱེ།, Intense Arising, Prabhava(쁘라
바와), 生 8) 조건(연): རྐྱེན།, Condition, Pratyaya(쁘라따야), 緣

• 멸성제(소멸의 진실): འགོག་པའི་བདེན་པ།, The Truth of Cessation, 滅聖諦
9) 멈춤(멸): འགོག་པ།, Cessation, Nirodha(니로다), 滅 10) 고요함(정): ཞི་བ།,

Pacification, Śānta(샨따), 靜 11) 완벽한 상태(묘): གྱ་རོག, Perfect State, Praṇīta(쁘라니따), 妙 12) 확실한 벗어남(이): ངེས་འབྱུང་, Well-Liberated State, Niḥsaraṇa(니사라나), 離

• 도성제(도 · 길의 진실): ལམ་གྱི་བདེན་པ, The Truth of Path, 道聖諦 13) 길의 양상(도): ལམ་གྱི་རྣམ་པ, Aspect of Path, Mārga(마르가), 道 14) 적절한 양상(여): རིགས་པའི་རྣམ་པ, Aspect of Appropriation, Nyāya(냐야), 如 15) 실천의 양상(행): སྒྲུབ་པའི་རྣམ་པ, Aspect of Practice, Pratipatti(쁘라띠빳띠), 16) 확실히 제거된 양상(출): ངེས་འབྱིན་གྱི་རྣམ་པ, Aspect of Certain Elimination, Nairyāṇika(나이랴니까), 出

245
승보: 세 보물의 하나. དགེ་འདུན་དཀོན་མཆོག, Saṃgha-Ratna(상가-라따). 僧寶

246
타고난 번뇌(구생번뇌): ལྷན་སྐྱེས་ཀྱི་ཉོན་མོངས, Innate Afflictive Emotions, Sahaja(사하자), 俱生煩惱

247
선정지혜(선득지) : མཉམ་བཞག་ཡེ་ཤེས, 先得智 · 禪定智(선정지) · 根本智(근본지)

248
선정지혜 후에 얻은 지혜(후득지): རྗེས་ཐོབ་ཡེ་ཤེས, 後得智

251
'번뇌'에는 '뿌리번뇌'(여섯 가지)와 '이차적 번뇌'(스무 가지)가 있다. –옮긴이 해설

252

모든 번뇌는 '버려야 할 것', '일치하지 않는 것'이라 한다. —옮긴이 해설

253

'세 가지 세계'인 욕망 세계, 물질 세계, 물질 없는 세계를 아홉 가지 땅으로 나누는데, 버려야 할 번뇌도 각 땅마다 아홉 가지씩 있다. —옮긴이 해설

254

다이아몬드 같은 사마디(금강유정): རྡོ་རྗེ་ལྟ་བུའི་ཏིང་ང་འཛིན།, Diamond-Like Samadhi, Vajropamā-Samādhi(바즈로빠마사마디), 金剛喩定

255

해탈의 길(해탈도) : རྣམ་གྲོལ་ལམ། Mokṣa-Patha(모끄사-빠타), Path of Liberation, 解脫道

256

세 가지 세계와 아홉 가지 땅(삼계구지) : 세 가지 세계인 욕계(욕망 세계), 색계(물질 세계), 무색계(물질 없는 세계)를 다시 아홉 가지로 나눈 것. ཁམས་གསུམ་ས་དགུ, The Three Realms & the Nine Levels, 三界九地

8장 용어

257

빠라미따야나(현교): པར་ཕྱིན་ཐེག་པ།, Paramitayana, 顯教

258

온 우주(시방세계): ཕྱོགས་བཅུའི་ཞིང་ཁམས།, Worlds of the 10 Directions, Daśa-Dig-Loka-Dhātu(다사-디그-로까-다뚜), 十方世界

259

'법의 흐름의 선정'(ཆོས་རྒྱུན་གྱི་ཏིང་ང་འཛིན།)은 사마디 종류의 이름이다. 이 사마디가 생기면 듣는 법문을 잊지 않고 유지하게 된다. -옮긴이 해설

260

'관습적 진실의 현현'이란 '관습적 진실'(속제)을 인식하는 분별심에 나타나는 이미지를 말한다. -옮긴이 해설
관습적 진실의 현현(이종현현): ཀུན་ཙོབ་ཀྱི་སྣང་བ། (གཉིས་སྣང་།), Dualistic Appearance, 二種顯現

262

'정가행'이란 팔현증(八現證) 중의 하나이다. 팔현증에 대해서는 『현증장엄론』(Abhisamayālankāra)을 참고하기 바란다. -옮긴이 해설

263

장애 없는 길(무간도): བར་ཆད་མེད་ལམ།, Uninterrupted Path, Sātatya(사따띠야),

Ānantarya(아난따리야), 無間道

264

분별번뇌인 방해물(분별번뇌장) : ཉོན་སྒྲིབ་ཀུན་བཏགས།, The Artificial Afflictive
Obstruction, Kleśâvaraṇa(끌레사와라나)

265

분별인식인 방해물(분별소지장) : ཤེས་སྒྲིབ་ཀུན་བཏགས།, The Artificial Cognitive
Hindrances, Jñeyâvaraṇa(즈네야와라나)
266

'모든 현상에 편안하게 들어가는 사마디' : ཆོས་ཐམས་ཅད་ལ་བདེ་བར་འགྲོ་བ་ཞེས་བྱ་
བའི་ཏིང་ངེ་འཛིན།, Samadhi Known as Engaging with Every Dharma

267

열 가지 땅(십지) : ས་བཅུ།, The 10 Grounds, Daśamī-Bhūmi(다사미-부미), 十地
1) 매우 기쁨의 땅(환희지) : རབ་ཏུ་དགའ་བ།, Perfect Joy, Pramudita Bhumi
(쁘라무디따 부미), 歡喜地 2) 오염 없는 땅(이구지) : དྲི་མ་མེད་པ།, Stainless,
Vimala Bhumi(비말라 부미), 離垢地 3) 빛을 만드는 땅(발광지) : འོད་བྱེད་པ།,
Illuminating, Prabhakari Bhumi(쁘라바까리 부미), 發光地 4) 빛을 내는 땅
(염혜지) : འོད་འཕྲོ་བ།, Radiant, Acrimati Bhumi(아쯔리마띠 부미), 焰慧地
5) 이겨내기 어려운 땅(난승지) : སྦྱངས་དཀའ་བ།, Hard To Conquer,
Sudurjaya Bhumi(수두르자야 부미), 難勝地 6) 다가가는 땅(현전지) : མངོན་
དུ་གྱུར་བ།, Clearly Manifest, Abhimkhi Bhumi(아빔끼 부미), 現前地 7) 멀
리 간 땅(원행지) : རིང་དུ་སོང་བ།, Far Progressed, Durangama Bhumi(두라가
마 부미), 遠行地 8) 움직이지 않는 땅(부동지) : མི་གཡོ་བ།, Immovable, Acala

Bhumi(아짤라 부미), 不動地 9) 선한 지혜의 땅(선혜지): ལེགས་པའི་བློ་གྲོས་, Virtuous Wisdom, Sadhumati Bhumi(사두마띠 부미), 善慧地 10) 법의 구름 (법운지): ཆོས་ཀྱི་སྤྲིན་, Cloud of Dharma, Dharmamegha Bhumi(다르마메가 부미), 法雲地

268
'제자를 모으고 챙기는 네 가지 방편'(བསྡུ་བའི་དངོས་པོ་བཞི།)은 다음과 같다.
첫째, 필요한 것 주기
둘째, 좋은 말을 하기
셋째, (제자들에게) 가르침의 내용을 실천하게 하기
넷째, 가르치는 대로 자신도 실천하기 —옮긴이 해설

269
'마지막 흐름'이란 중생인 상태의 마지막 흐름을 말한다. 그 다음 순간부터 붓다가 된다. —옮긴이 해설

9장 용어

270
'밀교'를 티베트어로 '쌍악'(གསང་སྔགས།)이라 한다. 여기서 밀(密)이란 적절한 제자에게 가르친다는 뜻이며, 제자가 잘못 배우면 계율을 안 지키고 실수할 수 있으므로 먼저 '현교의 계율'을 잘 받고 그것을 바탕으로 '밀교 수행'을 한다. '밀교 수행'을 할 때도 외부에 드러나지 않도록 종소리도 비밀리

에 내고 염주 돌리기도 보이지 않게 하는 수행자들도 계신다. -옮긴이 해설

271

트리피타카말라(뜨리삐따까말라)를 삼장만이라고도 한다. 10세기 인도의 논사
이자 딴뜨라의 해설자이셨다. 탄트라 해설서 『Trishiladipam』(뜨리실라-디빰)
을 저술하셨다. ষ্ব্র্হ্রুদ্র্দ্বি'ন্দ্শ্ম্ম্য, Tripitakamala, 三藏曼 -옮긴이 해설

272

만뜨라야나(진언승): གསང་སྔགས་ཐེག་པ།, Mantrayāna, 眞言僧

273

'다르마의 몸'이란 붓다께서 가지신 지혜, '소멸의 진실'(멸성제)까지를 포함
한 것이다. -옮긴이 해설
다르마의 몸(법신): ཆོས་ཀྱི་སྐུ།, The Truth Body, Dharmakāya(다르마까야), 法身

274

물질의 몸(색신): གཟུགས་ཀྱི་སྐུ།, The Form Body, Rūpa-Kāya(루빠-까야), 色身

275

깨달음의 마음(보리심): བྱང་ཆུབ་ཀྱི་སེམས།(장춥기셈), The Mind of
Enlightenment, Altruistic Mind, Bodhicitta(보디찟따), 菩提心(보리심)

276

'본존'이란 주로 관상하는 부처님이나 보살님을 말한다. -옮긴이 해설
본존 요가: ལྷའི་རྣལ་འབྱོར།(하이넬조르), Deity Yoga, Devatā Yoga(데와따 요가),

本尊瑜伽(본존유가)

277

『바즈라빤자라 딴뜨라』: 『ཪྡོ་རྗེ་གུར་གྱི་ཞེའུ་བཅུ་གསུམ་པ།』, 『Vajrapañjara Tantra』

278

소작 딴뜨라(소작부) : བྱ་རྒྱུད།, Action Tantra, Kriya Tantra, 所作部

279

행 딴뜨라(행부): སྤྱོད་རྒྱུད།, Performance Tantra, Charya Tantra, 行部

280

요가 딴뜨라(유가부): རྣལ་འབྱོར་རྒྱུད།, Yoga Tantra, 瑜伽部

281

'유정'(有情)이란 마음을 가진 모든 중생을 뜻한다. −옮긴이 해설
유정: སེམས་ཅན།, Sentient Being, Eka-Sattva(에까-삿뜨와), 有情

282

무상요가 딴뜨라(무상유가부): རྣལ་འབྱོར་བླ་མེད་ཀྱི་རྒྱུད།, The Highest Yoga
Tantra, Anuttarayoga Tantra, 無上瑜伽部

283

'만달라'(Mandala)는 티베트어로 '낄코르'(དཀྱིལ་འཁོར།)라고 하는데 뜻이 많고
종류도 많다. 보통 우리가 많이 알고 있는 만달라 그림과 유색모래로 만드

는 만달라는 본존요가 수행을 할 때의 주요 본존과 그 제존(諸尊) 그리고 그분들이 계시는 궁전을 상징하는 예술이다. 이런 예술적 방법을 통해서 복잡한 본존요가 명상을 할 때 관상하는 것 등이 잘 된다고 한다. 만달라는 '선정 만달라', '몸 만달라', '그림 만달라', 그리고 '유색 모래 만달라' 등이 있다. -옮긴이 해설

284

'관정'을 티베트어로 '왕'(དབང་)이라 하는데, 밀교 수행을 하는 데 적절한 마음 상태가 생기게 하는 방법인 '의식'을 말한다. 다른 말로 하면 수행자들에게 밀교 수행에 참여할 수 있는 권한을 부여하는 '과정'이나 '의식'을 뜻한다. -옮긴이 해설

285

윤회에서 벗어나려는 마음(출리심): ངེས་འབྱུང་གི་བསམ་པ།, The Mind of Renunciation, Naiṣkramya-Citta(나이스끄라미야-찟따), 出離心

286

'여섯 가지 빠라미따', 보리심, 연민심 등의 수행을 완전히 하고, 밀교의 수행도 빠짐 없이 하고, 그리고 율장에서 설하신 계율도 청정하게 지키는 것 등을 바탕으로 하시면서 밀교의 경전을 가르치는 능력을 갖추신 스승을 여기에서 '자격이 있는(Qualified) 스승'이라고 한다. -옮긴이 해설

287

기(쁘라나): 역동적 에너지 · 바람을 뜻함. རླུང་།(룽), Wind, Prāṇa. 氣
기맥(나디): 에너지의 통로를 뜻함. རྩ(짜), Channels, Nadi, 氣脈

정수(다뚜): འཁམས(캄), Essence, Dhatu, 精髓

288

마하무드라(대수인): 위대한 새겨짐(각인)이라는 뜻. ཕྱག་རྒྱ་ཆེན་པོ(Chakgya Chenpo), The Great Seal, Mahamudra, 大手印

289

지혜법신: ཡེ་ཤེས་ཆོས་སྐུ, Wisdom Truth Body, Jñāna Dharmakāya(갼나 다르마까야), 智慧法身

10장 용어

290

『아비사마야알랑까라』(현증장엄론): 5세기 인도의 마이트레야(미륵보살)께서 저술하신 논서. 일체상지(모든 현상을 깨닫는 지혜)와 '붓다의 몸' 등 팔현증(八現證)에 대해 설명되어 있고, 수행의 실천 과정이 272개의 구절로 정리되어 있음. 모두 8장. 『མངོན་རྟོགས་རྒྱན』, The Ornament of Realization, 『Abhisamayālankāra』, 『現證莊嚴論』

291

자성신: 붓다의 자성(自性) 몸을 뜻함. ངོ་བོ་ཉིད་སྐུ, Nature Body, Svabhavikakaya(스와바위까까야), 自性身·自性法身(자성법신)

292

보신: ལོངས་སྐུ, Enjoyment Body, Sambhogakaya(삼보가까야), 報身

293

'화신'(化身)을 티베트어로 '뚤꾸'(སྤྲུལ་སྐུ)라 하는데 부처님의 나투신 몸을 뜻한다. ─옮긴이 해설

화신 སྤྲུལ་སྐུ(뚤꾸). Emanation Body, Nirmanakaya(니르마나까야), 化身 · 變化身(변화신).

294

지혜법신: ཡེ་ཤེས་ཆོས་སྐུ, Wisdom Dharma Body, Jñāna Dharmakaya(갼나 다르마까야), 智慧法身

295

'두 가지 방해물'이란 '번뇌인 방해물'(번뇌장), '인식인 방해물'(소지장)을 뜻한다. ─옮긴이 해설

두 가지 방해물: སྒྲིབ་པ་གཉིས, The Two Obstructions
1) 번뇌인 방해물(번뇌장): ཉོན་མོངས་པའི་སྒྲིབ་པ།, The Aflictive Obstruction, 所知障 2) 인식인 방해물(소지장): ཤེས་བྱའི་སྒྲིབ་པ།, The Cognitive Obstruction, 煩惱障

296

'오염'에는 두 가지가 있는데 하나는 '자성적 오염'(본질적 오염)이고, 또 하나는 '일시적 오염'이다. '일시적 오염'이란 번뇌 종류들 모두를 뜻한다. ─옮긴이 해설

일시적 오염 없는 깨끗해진 몸(객진청정신): སྒློ་བུར་རྣམ་དག་གི་ཆར་གྱུར་པའི་ངོ་བོ་ཉིད་སྐུ།, The Nature Body Purified from Adventitious Defilements, 客塵清淨身

297

모든 현상을 깨닫는 지혜(일체상지): རྣམ་པ་ཐམས་ཅད་མཁྱེན་པའི་ཡེ་ཤེས།, Omniscient Mind, Sarvâkāra-Jñatā(사르바까라-즈나따), 一切相智

298

자성적 오염 없는 깨끗해진 몸(자성청정신): རང་བཞིན་རྣམ་དག་གི་ཆར་གྱུར་པའི་ངོ་བོ་ཉིད་སྐུ།, The Nature Body Purified from Natural Defilement, 自性清淨身

299

깨달음 쪽인 다르마 서른일곱 가지(삼십칠보리분법) : བྱང་ཆུབ་ཕྱོགས་ཀྱི་ཆོས་སོ་བདུན།, The 37 Factors of Enlightenment, 37 Bodhipakṣa Dharma(보디빠끄사 다르마), 三十七菩提分法

300

'오염되지 않은 지혜'(무루지)란 '번뇌로 인해 오염되지 않은 지혜'를 말한다. 반대말은 '오염된 지혜'(유루지)이다. -옮긴이 해설
오염되지 않은 지혜(무루지): ཟག་མེད་ཡེ་ཤེས།, Uncontaminated Wisdom, 無漏智
오염된 지혜(유루지): ཟག་བཅས་ཀྱི་ཤེས་རབ། , Contaminated Wisdom, 有漏智

301

땅을 깨끗하게 하는 예비(청정찰토가행): ཞིང་དག་སྦྱོར་བ།, Preparations for

Purifying Land, 清浄刹土加行

302

밀엄정토: 시간과 공간을 초월하여 다르마의 본체로서 우주만물을 비추시는 '아디-붓다'(대일여래)가 계시는 깨끗한 땅. དྲག་མེན་ཕྱག་པོ་བཀོད་པའི་ཞིང་།, 密嚴淨土

303

대인상: 붓다 몸의 큰 특징을 뜻함. མཚན་བཟང་།, Marks of Great Person, Mahāpuruṣa-Lakṣaṇa(마사뿌루사-라끄사나), 大人相
종호: 붓다 몸의 세부적인 특징을 뜻함. དཔེ་བྱད་།, Minor Marks, Anuvyañjana(아누위얀안자나), 種好

305

세 가지 화신: སྤྲུལ་སྐུ་གསུམ།, Three Types of Emanation Body
1) 최고의 화신(최승화신): 샤까무니처럼 기쁨의 몸을 바탕으로 중생의 이익을 위해 32가지 위대한 모습과 80가지 몸의 특징을 가지고 나투시는 몸. མཆོག་གི་སྤྲུལ་སྐུ།, Supreme Emanation Body, 最勝化身 2) 사업화신: 중생을 가르쳐 이끌고자 나투어 여러 가지 일을 하시는 몸. བཟོ་བོ་སྤྲུལ་སྐུ།, Artisan Emanation Body, 事業化身 3) 수생화신: 중생을 구제하기 위하여 나투어 다양한 모습으로 태어나는 몸. སྐྱེ་བའི་སྤྲུལ་སྐུ།, Birth Emanation Body, 受生化身

306

룸비니 정원: ལུམྦི་ནི།, Lumbini

307

보디나무: བྱང་ཆུབ་ཤིང་།(장춥싱), Bodhi Tree

308

마구니: བདུད།, Demon, Māra·Māra-Camū(마라-까무), 魔仇尼 · 魔軍(마군)

309

간다르바: དྲི་ཟ།, Smell Dweller, Gandharva. 健達婆(건달바)

310

뚜시따(도솔천): དགའ་ལྡན་གྱི་གནས།(?), Tusita Heaven, Tuṣita, 兜率天 · 知足天(지족천) · 妙足天(묘족천) · 喜足天(희족천)

311

담빠똑까르뽀: དམ་པ་ཏོག་དཀར་པོ།, Shvetaketu

312

삼세: དུས་གསུམ།, The Three Periods Of Time, Sarvâdhvaka(사르바드와까), 三世

1) 과거세(過去世), 2) 현재세(現在世), 3) 미래세(未來世)가 있음.

313

우주는 크게 세 가지 세계로 나뉘는데 맨 위는 하늘, 즉 땅 위의 천신세계이다. 가운데는 '사람이 사는 땅 표면의 세계', 즉 지구 · 땅이다. 맨 아래 '물을 포함한 땅 밑의 세계가 '나가(Nāga)의 세계'이고 '나가'는 윤회육도 중

에 축생의 세계에 포함된다. -옮긴이 해설

314

열 가지 힘(십력): སྟོབས་བཅུ, The Ten Strengths of the Buddha, Daśabalāni
(다사발라니), 十力

1) 근원과 근원이 아닌 것을 아시는 지혜(처비처지력): གནས་དང་གནས་མིན་མཁྱེན་
པའི་སྟོབས, Knowing the Source and Non-Source, 處非處智力

2) 업과 그 결과를 아시는 지혜(업이숙지력): ལས་ཀྱི་རྣམ་སྨིན་མཁྱེན་པའི་སྟོབས,
Knowing the Results of Karma, 業異熟智力

3) 선정과 해탈 등을 아시는 지혜(정처해탈등지등지지력): བསམ་གཏན་དང་རྣམ་
ཐར་མཁྱེན་པའི་སྟོབས, Knowing the Various Meditative Concentrations and
'Liberations', 靜慮解脫等持等至智力

4) 제자의 근기를 아시는 지혜(근승렬지력): དབང་པོ་མཆོག་དང་མཆོག་མ་ཡིན་པ་
མཁྱེན་པའི་སྟོབས, Knowing the Different Capacities of Beings, 根勝劣智力 ·
根上下智力(근상하지력)

5) 다양한 성향과 관심을 아시는 지혜(종종승해지력): མོས་པ་སྣ་ཚོགས་མཁྱེན་པའི་
སྟོབས, Knowing the Various Aspirations of Sentient Beings, 種種勝解智力.

6) 여러 경계들을 아시는 지혜(종종계지력): ཁམས་སྣ་ཚོགས་མཁྱེན་པའི་སྟོབས,
Knowing the Various Dhatus, 種種界智力

7) 윤회와 열반에 들어가는 길을 아시는 지혜(변취행지력): ཐམས་ཅད་དུ་འགྲོ་བའི་
ལམ་མཁྱེན་པའི་སྟོབས, Knowing All the Paths(The Path of Liberation and Samsara),
遍趣行智力

8) 전생의 상황을 아시는 지혜(숙주수념지력): སྔོན་གྱི་གནས་རྗེས་སུ་དྲན་པ་མཁྱེན་པའི་
སྟོབས, Knowing the Past of Sentient Beings, 宿住隨念智力

9) 죽음과 태어남을 아시는 지혜(사생지력): འཆི་འཕོ་བ་དང་སྐྱེ་བ་མཁྱེན་པའི་སྟོབས,

Knowing Death and Rebirth of Sentient Beings, 死生智力

10) 오염과 그 소멸을 아시는 지혜(누진지력): ཟག་པ་ཟད་པ་མཁྱེན་པའི་སྟོབས།, Knowing the Defilements and the Cessation of Defilements, 漏盡智力

315

두려움이 없는 네 가지(사무외): མི་འཇིགས་པ་བཞི།, The Four Fearlessnesses, Catur-Vaiśāradya(짜뚜르-바이사라디야), 四無畏 · 四種無畏(사종무외)

316

세 가지 평등한 마음(삼념주): དྲན་པ་ཉེ་བར་བཞག་པ་གསུམ།, The 3 Mindfulnesses, Trīṇi Smṛty-Upasthānāni(뜨리니 스므르띠-우빠스타나니), 三念住

317

'세 가지 문'이란 몸, 말, 마음의 문을 뜻한다. -옮긴이 해설

세 가지 문(삼문): སྒོ་གསུམ།, The Three-Doors, Traya-Mukha(뜨라야-무까), 三門 · 身口意(신구의)

318

세 가지 무보호(삼무호): བསྲུང་བ་མེད་པ་གསུམ།, The 3 Non-Defenses, 三無護

319

잊음이 없는 본질(염무실): བརྗེད་པ་མི་མངའ་བའི་ཆོས་ཉིད།, 念無失

320

열여덟 가지 공덕(십팔불공법): སངས་རྒྱས་ཀྱི་ཆོས་མ་འདྲེས་པ་བཅོ་བརྒྱད།, The 18

Unshared Qualities of the Buddha, Aṣṭādaśâveṇika–Buddha–Dharma(아스따다사웨니까–붓다–다르마), 十八不共法 · 十八不共佛法(십팔불공불법)

321
깨우침의 공덕 : ཆོགས་པ།, Realization

323
두 가지 자량(삼바라) : ཆོགས་གཉིས།, The 2 Accumulations, 二資糧
1) 복덕 : བསོད་ནམས་ཀྱི་ཆོགས།, The Accumulation of Merit, Punya
Sambhāra(뿌니야 삼바라), 福德資糧(복덕자량) 2) 지혜 : ཡེ་ཤེས་ཀྱི་ཆོགས།, The
Accumulation of Wisdom, Jñāna Sambhāra(갸냐 삼바라), 智慧資糧(지혜자량)

324
불성 : སངས་རྒྱས་ཀྱི་རིགས།, The Buddha Nature, Buddha–Dhātu(붓다–다뚜), 佛性

11장 용어

325
'촐카쑴'(ཆོལ་ཁ་གསུམ།, Cholkhasum)이란 세 지역이라는 뜻이다. 촐카가 '지역'을 뜻한다. 티베트는 크게 세 지역으로 이루어져 있는데 서티베트인 우창(Ü-Tsang) 촐카, 동티베트의 도메 촐카 즉 암도(Amdo)와, 도뙤 촐카 즉 캄(Kham) 촐카가 있다. –옮긴이 해설

326
황제 송짼감뽀는 티베트에서 다르마의 왕이며 티베트에 불교왕국의 토대를 세워 큰 존경과 숭배를 받는 위대한 황제(쭌뽀: བཙན་པོ།)이셨다. 토번(티베트) 최초로 통일제국을 세워 국위를 크게 높이셨다. 557(또는 569)~649년. རྒྱལ་པོ་སྲོང་བཙན་སྒམ་པོ།(Songtsen Gampo) -옮긴이 해설

327
라사쭉락캉(རྩ་ལྷན་གཙུག་ལག་ཁང་།) 즉 라사 사원을 라사 조캉(Jokhang Temple)이라고도 한다. 티베트의 수도인 라사에 위치해 있고 이 사원에 티베트 최고의 국보인 붓다의 상이 계신다. 트라둑 사원(ཁྲ་འབྲུག་གཙུག་ལག་ཁང་།, Tra-Druk Temple), 타둘 사원(མཐའ་འདུལ།, Ta-Dul), 양둘 사원(ཡང་འདུལ།, Yang-Dul), 루논 사원(རུ་གནོན་གྱི་གཙུག་ལག་ཁང་།, Ru-Non)은 황제 송짼감뽀께서 사원을 건축할 당시 여러 가지 방해를 제거하기 위해 이들 사원을 지었다고 전해진다. -옮긴이 해설

328
톤미삼보따는 티베트의 장관이자 불교학자, 경전 번역가이셨다. 황제 송짼감뽀의 명에 따라 인도에 가셔서 언어, 문법, 어휘, 시, 문학, 철학을 7년간 공부하셨으며 산스크리트 문법과 수많은 주제의 불교 경전들을 티베트로 가져와 티베트어로 번역하는 위대한 업적을 남기셨다. ཐོན་མི་སམྦྷོ་ཊ།(Thonmi Sambhota) -옮긴이 해설

330
황제 티송데우쩬은 다르마의 세 왕 중 한 분으로 큰 존경을 받는 티베트의 위대한 황제이셨다. 티베트에 불교 학교와 산스크리트 경전을 번역하는 역경원을 세우는 데 중추적인 역할을 하셨다. 특히 역경원을 중요하게 여

겨 부처님의 말씀을 그대로 가져올 것과 불교 경전 전체를 티베트어로 번역하도록 지원하는 등 불교를 크게 발전시키셨다. 742~797년. ཁྲི་སྲོང་ལྡེའུ་ བཙན།(Trisong-De-U-Tsen) –옮긴이 해설

331

파드마 삼바와(빠드마 삼바와)는 밀교의 위대한 스승이셨다. 『티베트 사자의 서』(བར་དོ་ཐོས་གྲོལ་ཆེན་མོ།, 바르도 퇴돌 첸모, The Tibetan Book of the Dead)를 저술하셨다. 717~762년. Padma Sambhava –옮긴이 해설

332

비말라미트라: བི་མ་ལ་མི་ཏྲ།, Vimalamittra

샨티갈바: ཤནྟི་གརྦྷ།, Shantigarbha

다르마키르티: དྷརྨ་ཀཱིརྟི།, Dharmakirti

상계쌍와: སངས་རྒྱས་གསང་བ།, Sangye Sangwa

카말라실라: ཀ་མ་ལ་ཤཱི་ལ།, Kamalashila

비붓다시다: བི་བུདྡྷ་སིདྡྷ།, Vibuddhasiddha

333

베로짜나: བཻ་རོ་ཙ་ན།(Vairochana)

냑갼나꾸마라: གཉགས་ཛྙཱ་ན་ཀུ་མཱ་ར།(Nyak Jnanakumara)

까와빨쩩: སྐ་བ་དཔལ་བརྩེགས།(Kawa Paltsek)

족로루이곌첸: ཅོག་རོ་ཀླུའི་རྒྱལ་མཚན།(Jokro Luyi Gyaltsen)

샹예시데: ཞང་ཡེ་ཤེས་སྡེ།(Shang Yeshide)

· 235 ·

334

'황제 티랄빠쩬'은 다르마의 세 왕 중 한 분으로 큰 존경을 받는 티베트의 위대한 황제이셨다. 앞 시대에 번역된 티베트어 불교경전에서 알려지지 않은 많은 용어(산스크리트)가 사용된 것을 보고 친숙한 구어체(티베트어)를 사용하여 이해하기 쉽게 고치도록 지원하셨으며, 이에 따라 더욱 완벽하게 번역된 티베트 경전들이 나오게 되었다. 티베트 경전에는 이러한 번역의 역사들(초판본의 번역자부터 개정판의 번역자 이름, 수정한 이유 등까지)가 상세하게 쓰여 있다. 806~838년. ཁྲི་རལ་པ་ཅན།(Tri-Ralpachen) – 옮긴이 해설

335

지나미트라: ཨཱ་ཛི་ཏ་ཙི་ན་མེ་ཏ། , Jinamittra

수렌드라보디: སུ་རེནྡྲ་བོ་དྷི། , Surendrabodhi

실렌드라보디: ཤཱི་ལེནྡྲ་བོ་དྷི། , Shilendrabodhi

다나시: དཱ་ན་ཤཱི། , Danashi

336

라뜨나락시따: རཏྣ་རཀྵི་ཏ།(Ratnaraksita)

다르마따실라: དྷརྨ་ཏ་ཤཱི་ལ།(Dharmatasila)

337

자나세나: རྫཱ་ན་སེ་ན།(Jnanasena)

자야락시따: ཛ་ཡ་རཀྵི་ཏ།(Jayaraksita)

338

황제 랑다르마: 799~842년. རྒྱལ་པོ་གླང་དར་མ།(Gyalpo Lang-Dar-Ma)

339

마르샤꺄: དམར་ཤཀྱ།(Mar-Shakya)

요게중: གཡོ་དགེ་འབྱུང་།(Yo-Gejung)

쌍랍쎌: གཙང་རབ་གསལ།(Tsang-Rabsal)

340

다르마팔라: པཎྜི་ཏ་དྷརྨ་པ་ལ།, Pandita Dharmapala

사두팔라: སཱ་དྷུ་པ་ལ།, Sadhupala

341

닝마빠: རྙིང་མ་པ།(Nying Ma Pa)

사꺄빠: ས་སྐྱ་པ།(Sakyapa)

딱룽빠: སྟག་ལུང་པ།(Tak-Lungpa)

드리궁빠: འབྲི་གུང་པ།(Dri-Gungpa)

둑빠: འབྲུག་པ།(Drukpa)

게덴빠: དགེ་ལྡན་པ།(Gedhenpa)

까르마까규 : ཀརྨ་བཀའ་བརྒྱུད།(Karma Kagyu)

부룩: བུ་ལུགས།(Bu-Lug)

까담빠: བཀའ་གདམས་པ།(Kadampa)

쪽첸빠 : རྫོགས་ཆེན་པ།(Dzok-Chenpa)

착첸빠: ཕྱག་ཆེན་པ།(Chank-Chenpa)

시제빠: ཞི་བྱེད་པ།(Shi-Jeypa)

342

닝마: རྙིང་མ།(Nyingma)

싸르마: གསར་མ།(Sarma)

343

스미르티: 인도의 학자. ཨཔཎྜིཏ་སྨྲྀ་ཏི།, Pandita Smrti

산스크리트 '빤디따'는 학자(Scholars)를 뜻한다. 티베트에서는 학자를 '케빠' (ཨཔཎྜ་པ།)라 하는데, 훌륭하신 학자 이름 앞에 붙여서 존경을 표하는 단어이다. -옮긴이 해설

344

린첸 상뽀: ལོ་ཙྪ་བ་རིན་ཆེན་བཟང་པོ།(Lotsawa Rinchen Sangpo)

345

밀교 싸르마: 후기 밀교 번역, 밀교의 새로운 번역이라는 뜻. གསང་སྔགས་ གསར་མ།(Sang-Ngak-Sarma)

346

드록미: འབྲོག་མི།(Drokmi)

따낙괴: ཏ་ནག་འགོས།(Ta-Nak-Go)

마르빠: ལྷོ་བྲག་མར་པ།(Lho-Drak-Marpa)

347

쌈예침푸: 파드마 삼바와께서 황제 트리송데우쩬과 일곱 제자들에게 밀교 의식을 행하신 동굴. བསམ་ཡས་མཆིམས་ཕུ།(Sam-Ye-Chimphu)

348

사다나: 밀교 의식을 뜻함. སྒྲུབ་ཐབས།, Sādhanā

349

마르뙨 초기로뙤를 줄여서 '마르빠'라고도 한다. མར་སྟོན་ཆོས་ཀྱི་བློ་གྲོས། (Mar-Ton-Choekyi-Lodoe) -옮긴이 해설

350

밀라레빠는 티베트 밀교의 위대한 성취자이자 시인이셨다. 티베트 서부 궁탕 지역의 명문 귀족 집안에서 태어나셨으며 일곱 살에 아버지를 잃고 부모의 형제에게 전재산을 빼앗긴 뒤 흑마술을 배워 그들 가족들을 몰살하는 복수를 하였다. 하지만 곧 자신의 끔찍한 악업에 괴로워하면서 깊이 뉘우쳤고 스승 마르빠를 만나 히말라야 동굴에서 '자'(쐐기풀 종류, Stinging Nettle)로 쑨 죽만 드시면서 혹독한 수행을 한 끝에 깨달음을 이루셨다. 자를 많이 드셔서 온몸이 풀색으로 변하셨다고 한다. 깨달음의 노래 십만 개로 널리 알려져 있다. རྗེ་བཙུན་མི་ལ་རས་པ། (Milarepa) -옮긴이 해설

351

남메닥뽀하제: མཉམ་མེད་དྭགས་པོ་ལྷ་རྗེ། (Nyammey Dakpo Lhaje)

352

콘꼰촉 곌뽀: འཁོན་དཀོན་མཆོག་རྒྱལ་པོ། (Khon Konchok Gyalpo)

353

빨덴초꽁 · 비루빠: དཔལ་ལྡན་ཆོས་སྐྱོང་ངམ་བི་རུ་པ། (Palden Choekyong · Virupa)

354

빤디따 가야다라: '빤디따'는 학자라는 뜻. པཎྜ་ཆེན་ག་ཡ་དྷ་ར། (Pandita

Gayadhara)

355

'사첸공마 다섯 분'(ས་ཆེན་གོང་མ་རྣམ་ལྔ།, Sachen Gongma Nam-Nga)이란 샤꺄의 위대
한 다섯 스승이신 사첸꾼가닝뽀(ས་ཆེན་ཀུན་དགའ་སྙིང་པོ།), 스승 소남 쩨모(སློབ་མ་བསོད་
ནམས་རྩེ་མོ།), 제쭌 딱빠 겔첸(རྗེ་བཙུན་གྲགས་པ་རྒྱལ་མཚན།), 사꺄 뺀디따 꾼가겔첸(ས་སྐྱ་
པཎྜི་ཏ་ཀུན་དགའ་རྒྱལ་མཚན།), 도곤 초겔 팍빠(འགྲོ་མགོན་ཆོས་རྒྱལ་འཕགས་པ།) 등을 가리킨
다. ─옮긴이 해설

356

쿠뙨: ཁུ་སྟོན་བརྩོན་འགྲུས་གཡུང་དྲུང་།
렉뻬셰랍: རྩོག་ལེགས་པའི་ཤེས་རབ།
돔뙨빠: འབྲོམ་སྟོན་རྒྱལ་བའི་འབྱུང་གནས།

357

잠곤 쫑카빠 대사는 티베트 동쪽 '도메 쫑카'라는 지역에 태어나셨다. 라
사 쪽으로 가서서 공부하시고 수행하시면서 아주 훌륭한 학자와 수행자가
되셨다. 『람림』 즉 보리도차제 등 현교와 밀교에 관한 방대한 논서를 남기
셨다. 티베트의 최대 사원 중 하나인 '간덴 사원'을 지으셨다. 그리고 티베
트 불교 종파 중 하나인 '겔룩빠'를 시작하신 창시자이셨다. 티베트에서는
두 번째 붓다로 추앙된다. 지금도 해마다 티베트 음력 10월 25일에는 '게
덴응아최'(དགེ་ལྡན་ལྔ་མཆོད།)라 하여 쫑카빠 대사께서 열반하신 날을 기념한다.
1357-1419년. འཛམ་མགོན་ཙོང་ཁ་པ།(Tsongkhapa) ─옮긴이 해설

358

겔찹 린뽀체 : རྒྱལ་ཚབ་རིན་པོ་ཆེ།

케둡 겔렉 뺄상: མཁས་གྲུབ་དགེ་ལེགས་དཔལ་བཟང་།

359

'리워게덴빠' (རི་བོ་དགེ་ལྡན་པ)는 겔룩빠의 다른 이름이다. -옮긴이 해설

360

'사게까닝' (ས་དགེ་བཀའ་རྙིང་།)은 사꺄, 겔룩, 까규와 닝마의 앞글자를 따서
줄여서 부르는 이름이다. -옮긴이 해설

361

법의 네 가지 도장(사법인): ལྟ་བ་བཀར་བཏགས་ཀྱི་ཕྱག་རྒྱ་བཞི།, The Four Seals of
Dharma, 四法印
1) 모든 유위법이 무상이다(일체개고): འདུས་བྱས་ཀྱི་ཆོས་ཐམས་ཅད་མི་རྟག་པ།, Every
Compounded Phenomenon is Impermanent, 一切皆苦
2) 모든 오염된 법이 고통이다(제행무상) : ཟག་བཅས་ཀྱི་ཆོས་ཐམས་ཅད་སྡུག་བསྔལ་བ།,
Every Contaminated Phenomenon is Suffering, 諸行無常
3) 모든 현상이 공이고 무아이다(제법무아): ཆོས་ཐམས་ཅད་སྟོང་ཞིང་བདག་མེད་པ།,
Every Phenomenon is Empty and Selfless, 諸法無我
4) 열반이 평화이다(열반적정): མྱ་ངན་ལས་འདས་པ་ཞི་བ།, Nirvana Is Peace, 涅槃
寂靜

ༀ། །ལེགས་བཤད་རྡོ་གསར་མིག་འབྱེད་ཅེས་བྱ་བ་བཞུགས་སོ།

ཕོང་ས་སྐྱབས་མགོན་དུ་ལའི་བླ་མས་མཛད།

༡ ཚོས་བྱེད་དགོས་པའི་རྒྱུ་མཚན།

ཚོས་རབ་ཏུ་རྒྱས་པར་འབྱེད་པའི་མཐར་ཐུག་པའི་ཡེ་ཤེས་ལ་ཕྱག་འཚལ་ལོ། །

དེ་ལ་འདིར་སྟོན་པ་རྣམ་འདྲེན་བཞི་པའི་བསྟན་པ་ལྟ་བཅུའི་པ་ཕྱག་བཅུའི་ཚུལ་ཁྲིམས་ཀྱི་ལེལུའི་སྐབས་ཏེ་དུས་རབས་ནེ་ཤུ་པ་རྩ་མཚོན་གྱི་བརྒལ་བའི་དུས་འདིར་ཕྱི་དགོས་པའི་རིག་གནས་འཕེལ་རྒྱས་བྱུང་བ་དང་འབྱུང་འགྱུར་བཞིན། ནང་བསམ་པའི་འཕེལ་རྒྱས་ཀྱང་ལྷུན་ཅིག་ཏུ་དགོས་པ་ཤེས་ཏུ་གལ་མགོ་ཆེ།

དེ་ལ་ནང་དོན་རིག་པ་ནང་པ་སངས་རྒྱས་ཀྱི་ཚོས་ཚུལ་བསམ་དང་སྒོམ་པ་སྒྲུབ་པ་ལ། དེའི་ཚུལ་ཤེས་དགོས་པས། ཟབ་ཅིང་བརྗིད་པའི་གཞུང་ཆེན་པོ་དག་བསླབ་པར་མ་འཁོམས་པའི་སྐྱེ་བོ་དག་གི་བསོད་ནམས་ཀྱི་བགོ་སྐལ་དུ་ཚོས་རབ་ཏུ་རྒྱས་པར་འབྱེད་པའི་ཤེས་རབ་ཀྱི་སྐྱེ་བ་རྒྱས་པར་བྱེད་པའི་བསྟན་བཅོས་ཚིག་ཞུང་གོ་བདེ་གཙོ་བོར་བྱས་པ་སྒྲོ་གསར་མིག་འབྱེད་ཅེས་བྱ་བ་འདི་བཀོད་པར་བྱའོ། །

དེ་ལ་འགྲོ་བ་ཐམས་ཅད་བདེ་བ་འདོད་པ་དང་། ཕྱག་བསྒྲལ་མི་འདོད་པ་མཉམ་ཞིང་། དེ་ཡང་རང་རེ་ཤེས་རིག་བཀག་པའི་མི་ཚམ་དུ་མ་ཟད། སྐྱུན་ཞིང་གཏི་ཕྱུག་པ་ཐ་ན་སྒྲོག་ཆགས་འབུ་ཕྲིན་ཕྱ་མོ་ཡན་ཆད་ཀྱང་བདེ་བ་ཞིག་འདོད་པ་དང་། ཕྱག་བསྒྲལ་ཕྱ་མོ་ཚམ་ཡང་མི་འདོད་པ་ཤ་སྟག་ཡིན། དེས་ན་རང་གཞན་སུ་ཡིན་ཡང་བདེ་བ་འབྱུང་བ་དང་། ཕྱག་བསྒྲལ་མི་འབྱུང་བའི་ཐབས་ཤིག་ཏུ་དགོས། དེ་མིན་རང་ལ་བདེ་བ་ཞིག་ཡུང་ན་སྐྱམ་པ་དང་། ཕྱག་བསྒྲལ་དེ་མེད་ན་ཅི་མ་རུང་སྐྱམ་པའི་རེ་འདོད་ཆེན་པོས་སྐྱག་ནས་བསྐྲན་པ་ཚམ་གྱིས་བདེ་བ་འབྱུང་བ་དང་། ཕྱག་བསྒྲལ་སེལ་མི་ནུས་པས། བདེ་བ་གཏན་ལས་འབྱུང་བའི་རྒྱུ་སྐྲུབ་པ་དང་། ཕྱག་བསྒྲལ་འབྱུང་བའི་གཞི་སྟོང་ནུས་པ་ཞིག་དགོས། ཐན་པ་བདེ་བའི་རྒྱུ་སྐྲུབ་བྱེད་དང་། གནོད་པ་ཕྱག་བསྒྲལ་སྟོང་པའི་ཐབས་ནེ་ཚོས་ལ་བརྟེན་ནས་བསྒྲུབས་པ་ལ་དང་འདུ་བ་ཐབས་ཚུལ་གནན་ཏེ་སྐྱར་བྱས་ཀྱང་ཡང་དག་པ་དང་། མཐར་ཕྱིན་པ་སྐྲབ་མི་ནུས། ཚོས་ཀྱི་བྱེང་ནས་ཚོ་འདི་དང་། སྐྱེ་བ་ཕྱི་མ། དེའི་ཡང་ཕྱི་མ་སོགས་འདི་ཕྱི་ཚེ་རབས་མང་པོའི་བདེ་བ་སྐྱེད་ཐུབ་ཅིང་། ཕྱག་བསྒྲལ་སེལ་ནུས། ཚོ་འདི་ལ་མཚོན་ནའང་བདེ་བ་སྐྱེད་པ་དང་། ཕྱག་བསྒྲལ་སྟོང་བ་ལ་ཚོས་ལས་སྐྲག་པ་མེད་པ་ནི། དཔེར་ན་ལུས་ལ་ན་ཚ་ཞིག་བྱུང་ན་ཡང་། ཚོས་ཀྱི་གནད

དོན་རྟོགས་པ་དང་མ་རྟོགས་པ་གཉིས་ལ་ལུས་སེམས་ཀྱི་ཕྱག་བསྐྱལ་ཆེ་ཆུང་དང་དེ་སེལ་
ནུས་མིན་གྱི་ཁྱད་པར་ཞིག་ཏུ་ཆེ་སྟེ། ཆོས་ཀྱི་གནད་མ་རྟོགས་པ་དང་། ཆོས་ཀྱི་ཁྲིན་རྣབས་ཀྱི་
རྩེ་གང་ཡང་མེད་པའི་མི་དེ་ལུས་ཀྱི་ནད་ཀྱི་ཆོར་བ་དགའ་བའི་སྟེང་དུ་སེམས་ལ་ནད་དེ་མི་
བཟོད་པའི་ཕྱག་བསྐྱལ་ཆེན་པོ་ཞིག་གིས་ནོན་ནས་ལུས་སེམས་གཉིས་ཀ་བདེ་བའི་གོ་སྐབས་
མེད་པར་ཕྱག་བསྐྱལ་གྱིས་མནར་བ་རེད།

ཆོས་ཀྱི་གནད་དོན་རྟོགས་པ་ཞིག་ཡིན་ན། ལུས་ལ་ན་ཚ་བྱུང་བ་དེ། ཕྱིན་བསགས་ཕྱིག་
པའི་འབྲས་བུ་ཡིན་པ་དང་། འཁོར་བའི་རང་བཞིན་དུ་མཚོང་ནས་ལམ་བདག་གིར་བྱ་འདོང་
ཀྱི་བསམ་པ་སོགས་ལ་བརྟེན་ནས་ཕྱག་བསྐྱལ་དང་དུ་བླངས་པས་ཡིད་ཀྱི་ཕྱག་བསྐྱལ་མི་
འབྱུང་། དེ་མི་འབྱུང་བས་ཕྱི་ལུས་ཀྱི་ནད་ཀྱི་ཕྱག་བསྐྱལ་དེ་ནད་བསམ་པའི་སྟོབས་ཀྱིས་ཟེབ་
གྱིས་མནན་ནས་ཕྱག་བསྐྱལ་སེལ་ནུས་པ་འབྱུང་། དེའི་རྒྱུ་མཚན་ལུས་སེམས་གཉིས་ཀྱི་ནང་
ནས། སེམས་དེ་ལུས་ལ་དབང་སྐྱུར་བའི་གཙོ་བོ་ལྟ་བུ་དང་། ལུས་དེ་སེམས་ཀྱི་དབང་བསྐྱུར་བྱ་
ལྟ་བུར་གནས་པས་བདེ་ཕྱག་གི་ཆོར་བ་སེམས་ཀྱི་དེ་མཐུ་ཆེ་བ་ཡིན།

དེ་བཞིན་དུ། འགའ་ཞིག་གིས་ཕྱུག་པོའི་བདེ་སྐྱིད་ཅིག་འདོད་ནས་རྒྱ་ནོར་གསོག་སྲུང་
བྱེད་ཀྱང་། ཕོག་མར་ལུས་སེམས་ཀྱི་དཀའ་བ་ཆེན་པོ་འབད་རྩུང་ར་ེ་འདོད་ལྟར་བསགས་མི་ནུས་
པའི་ཕྱག་བསྐྱལ་བར་དུ་གནན་གྱིས་འགྲོག་པ་དང་། ཕར་སྟོང་འབྱུང་བ་དང་། རྒྱུན་རྩོས་སུ་
འགྲོ་བ་སོགས་ཀྱིས་བསྲུང་མི་ནུས་པའི་ཕྱག་བསྐྱལ། ཐ་མར་ཇེ་ལྟར་བྱང་ཀྱང་གཞན་གྱི་ཪྩ་
སུ་གྱུར་ནས་རང་ཉིད་གཏན་འབལ་བྱེད་དགོས་པའི་ཕྱག་བསྐྱལ་སོགས་ནོར་ལོངས་སྤྱོད་ལ་
བརྟེན་པའི་ཕྱག་བསྐྱལ་མཐའ་དག་ཀྱང་ཆོས་ཀྱི་གནད་དོན་མ་རྟོགས་པས་ལན། དེ་རྟོགས་
ན་རྒྱུ་ནོར་མཐའ་དག་རུ་རྗེའི་ཟེབ་བ་ལྟར་སྟེང་པོ་མེད་པར་མཚོང་ནས་ལན་ལ་བཀུ་ཕྱག་གིས་
གསོག་སྲུང་དང་། མི་འདོད་བཞིན་དུ་བྲལ་བ་ལ་བརྟེན་པའི་ཕྱག་བསྐྱལ་གང་ཡང་མི་འབྱུང་།
དེ་བཞིན་དུ། རང་ལ་གནན་གྱིས་འཕྱུ་སྐྱོད་དང་། སྐྱོ་ཞིང་གཤེ་བ་སོགས་ཀྱི་ཆེག་མི་སྲན་པ་སྐྲས་
ཚ་སྟེང་ལ་ཆོས་མ་བྱབ་པ་སྐྲ་མི་བཟོད་པའི་ཕྱག་བསྐྱལ་འབྱུང་བ་ཡང་། ཆོས་ཀྱི་གནད་
དོན་རྟོགས་ན་དེ་ཐབས་ཅད་བྱབ་ཅ་བཞིན་དུ་སྟེང་པོ་མེད་པའི་རང་བཞིན་ཤེས་ནས་སེམས་
མེད་ཟིམ་པོ་ལ་འཕྱུ་བ་སོགས་བྱེད་པ་སྐྲ་ཡིད་མི་བདེ་བའི་ཕྱག་བསྐྱལ་ཕྱུ་མོའང་མི་འབྱུང་
ཞིང་། དེ་མཆུངས་ཚེ་འདིར་དགྲ་མི་ཕྱལ་བའི་ཕྱག་བསྐྱལ། གཉེན་མི་འབྲོང་བའི་ཕྱག་བསྐྱལ།

གནན་རྒྱལ་ཞིང་རང་ཐལ་པའི་ཤུག་བསྒྱལ་སོགས་མཆོར་ན་རྟེད་དང་མ་རྟེད། བདེ་དང་མི་
བདེ་སོགས་ལ་བརྟེན་པའི་རེ་དོགས་དང་ཡུས་སེམས་ཀྱི་གདུང་བ་ཅི་མཆིས་དང་། དེར་མ་ཟད།
རྒྱལ་ཁབ་ཕན་ཚུན་འཕོན་ཆོད་ཀྱིས་འཛིགས་དངངས་ཅན་གྱི་དམག་འཁྲུག་བྱུང་སྟེ་སྐྱེ་འགྲོ
གནས་མེད་ཀྱི་བདེ་སྐྱིད་མེད་གི་ཤུག་མར་བཙམ་ནས་ཤུག་བསྒྱལ་རྒྱུ་ལྷར་འཁྲུགས་པ་སོགས
མཆོར་ར་ཚེ་འདིར་ཤུག་བསྒྱལ་ཆེ་ཆུང་གང་བྱུང་བ་དེ་དག་ཀུན་ཆོས་མ་ཤེས་པ་དང་། ཤེས
ཀྱང་ལག་ལེན་དུ་མ་བསྟར་བའི་སྐྱོན་ཡིན།

    གལ་ཏེ་ཆོས་ཤེས་ཞིང་བསྒྲུབས་ན་ཤུག་བསྒྱལ་དེ་ཐམས་ཅད་ཀྱི་རྒྱུན་གཅོད་ནུས། ཇི་
སྐྱར་ཉུས་ན་དེ་འདིའི་ཤུག་བསྒྱལ་ཐམས་ཅད་ང་རྒྱལ་དང་། སེར་སྣ་ཕྲག་དོག་དང་། ཆགས
སྡང་རྟོངས་གསུམ་སོགས་ལ་བརྟེན་ནས་བྱུང་བ་འབའ་ཞིག་ཡིན་ཞིང་། ཆོས་ཀྱི་མཐུས་གཙོ
བོ་སེམས་ཀྱི་སྐྱོན་དེ་རྣམས་ཞི་ཞིང་བཟློག་པ་ལ་བརྟེན་ནས་ཆོས་ཤེས་པ་དང་། དོ་ཚ་ཤེས
པ་དང་། ཁྲེལ་ཡོད་པ། བག་ཡོད་པའི་བྱ་བ་བསྒྲུབས་ཏེ་ཡུས་སེམས་ཆུག་ཏུ་ཞི་འཛམ་བདེ་བ
འབའ་ཞིག་གིས་འདའ་བ་ལས་གདུང་བ་མི་བཟོད་པ་མི་འབྱུང་ནས་ཚེ་འདིར་བདེ་ཞིང་སྐྱིད
པར་འདོད་ཅིང་ཤུག་བསྒྱལ་མི་འདོད་ན་ཡང་ཆོས་ཀྱི་གནད་དོན་རྟོགས་པར་བྱས་ནས་ལག
ལེན་དུ་བསྟར་བ་ཞིག་གལ་ཆེ།

    དེ་སྐྱར་བྱས་པས་ཚེ་འདིར་བདེ་བ་ཚམ་གྱིས་མི་ཆོག ཚེ་འདིའི་བདེ་བ་ནི་ཇེ་ཚམ་ཞིག
ཆེ་ཡང་མ་ནི་ཆུན་ཆད་ཀྱི་བདེ་བ་ཚམ་ཞིག་ཡིན་པས་ཚེ་ཇེ་སྐྱར་རིང་ཡང་ལོ་བརྒྱ་ཤུག་ཚམ
ལས་མི་ལོང་བས་དེའི་ཡུན་གྱི་བདེ་བ་ཡིན་ཞིང་། ཚེ་ཕྱི་མ་འཕྲལ་ཐག་རིང་བས་དེའི་དོན
ཞིག་བསྒྲུབ་དགོས་པས་ཚེ་རབས་ཕྱི་མ་རྣམས་སུ་བདེ་བ་འཐོབ་ཐབས་དང་། ཤུག་བསྒྱལ་སྤོང
ཐབས་ཤིག་ལ་འབད་དགོས། དེ་ཡང་ཆོས་ཀྱི་ཐོག་ནས་སྒྲུབ་པ་མ་གཏོགས་བྱ་སྤྱོད་གཞན་ཞིག
གི་ཐོག་ནས་སྒྲུབ་ཐབས་གཏན་ནས་མེད།

སྐྱེ་བ་སྔ་ཕྱི།
    འདིར་སྐྱེ་བ་ཕྱི་མའི་དོན་སྒྲུབ་དགོས་པ་བཤད་སྐབས་ཆོས་མི་ཤེས་པ་འགའ་ཞིག་ཕུན་ཏུ་ཤེས
ཀུན་རྒྱུ་མཚན་དཔྱིས་ཕྱིར་ར་མ་ཤེས་པ་འགའ་ཞིག་གི་བསམ་པར། ད་ལྟའི་སེམས་འདི
ཡུས་ལ་བརྟེན་པ་ཚམ་ལས། སྐྱེ་བ་སྔ་ཕྱི་རང་གིས་མངོན་སུམ་གྱིས་མ་མཐོང་བས་མེད་སྙམ

པ་ཡོངས་སྩིད། དེ་འདྲའི་བསམ་ཚུལ་དེ་ནི། ཡོད་ན་མཐོང་སུམ་ཀྱིས་མཐོང་དགོས་པར་བསམ་
པའམ། ཡང་ན། སེམས་ནི་ལུས་ལ་བརྟེན་ནས་སྐྱེ་ལུས་ནི་འབྱུང་བ་ཆེན་པོ་བཞི་ལ་བརྟེན་
ནས་བྱུང་བ་ཡིན་པས་སྐྱེ་བ་ལྟ་མ་མེད་པ་དང་། འཆི་བའི་ཚེ་ལུས་ནི་འབྱུང་བ་ཆེན་པོ་བཞི་
དང་། སེམས་ནི་ནས་མཁན་ལ་འཕང་ཡལ་བ་ལྟར་འགྱུར་བས་སྐྱེ་བ་ཕྱི་མ་ཟེར་བ་མེད་སྣམ་པ་
ཡིན།། བློ་ལུས་ལ་བརྟེན་པར་འདོད་པའི་བསམ་ཚུལ་ལའང་།

ཆང་དང་ཆང་གི་ནུས་པ་ཚྲོས་བྱེད་གཉིས་བཞིན་དུ་ཡིད་ལུས་ཀྱི་བདག་ཉིད་ཡིན་བསམ་
པ་དང་། སྔོན་མེ་དང་དེའི་འོད་བཞིན་ཡིད་དེ་ལུས་ཀྱི་འབྲས་བུ་ཡིན་བསམས་པ་དང་། ཆིག་
པ་དང་དེའི་རི་མོ་བཞིན་དུ་ཡིད་དེ་ལུས་ཀྱི་ཡོན་ཏན་དུ་གྱུར་པར་བསམས་པ་སོགས་ཀྱིས་ཡང་
སྟེན་ཚྲེ་འདིའི་སྐྱེས་མ་ཐག་པའི་སེམས་དེ་རིགས་མཐུན་སེམས་ལས་སྐྱེ་མི་དགོས་པར་རིགས་
མི་མཐུན་པ་སེམས་མེད་ཀྱི་འབྱུང་བ་ལས་སྐྱེས་ཏེ། དཔེར་ན། ཆང་ལས་ཚྲུལ་མཐུ་དང་མི་ཤེལ་
ལས་མི་སོགས་རྒྱ་ལས་འབྲས་བུ་མི་མཐུན་པ་འབྱུང་བ་ལྟར་བསམས་པ་དང་།

དེ་བཞིན་དུ་ཚྲོག་གི་བ་འགའ་ཞིག་གིས་སྲན་མ་ནྣུམ་པོ་དང་། ཆེར་མ་རྩོ་བ་དང་། རྒྱ་བྱའི་
མདོངས་བཀྲ་བ་སོགས་ལ་བྱེད་པོ་མེད་པ་དང་། སེར་སྣ་ཅན་སྦྱིན་པ་མི་བཏང་བ་ཕྱུག་པོར་
གྱུར་པ་དང་། སྡིག་གཆོད་མཁན་ཚྲེ་རིང་བ་སོགས་མཐོང་བས་རྒྱ་མཆན་སྣར་སྣང་ལ་བརྟེན་
ནས་རྒྱ་འབྲས་མེད་པར་ལྟ་བ་དང་། ཡང་སྟྲོམས་འདྲག་པ་འགའ་ཞིག་གིས་མཆན་ཉེས་ཀྱིས་
བཏགས་ནས་ཚྲེ་ལྟ་མར་སེར་སྣ་ཅན་ཚྲེ་ཚྲེ་ཕྱི་མར་འཕྱོར་ལྡན་ཀྱི་ཁྱིམ་དུ་སྐྱེས་པར་མཐོང་བས།
སྐྱེ་བ་ལྟ་ཕྱི་ཡོད་ཀྱང་ལས་འབྲས་མེད་པར་ལྟ་བ་དང་།

ཡང་འགའ་ཤས་ཏེང་དེ་འཛིན་ལ་བརྟེན་ནས་བསམས་གཏགས་ཐོབ་པ་ན་ཐར་པའི་འདུ་
ཤེས་སྐྱེས། དེ་ལས་ཉམས་པའི་ཚྲེ་སྣར་སྐྱེ་བ་ལེན་དགོས་པར་མཐོང་བ་ན་ཐར་པ་མེད་དོ་སྣམ་
ཞིང་དེ་ལྟར་ལྟ་བ་སོགས་ལྟ་ཚྲོགས་ཤིག།

འོན་ཀྱང་སྐྱེ་བ་ལྟ་ཕྱི་ངེས་པར་ཡོད་དེ། དེའི་རྒྱ་མཆན་ཡང་། ལོ་སྟྲོན་མ་དང་དེའི་ཡང་
སྟྲོན་མ་སོགས་སྣར་བྱེད་པའི་གཞན་རྐ་ནས་ཆུན་ཀྱི་བསམ་ཚྲུལ་རྣམས་ད་ལྟ་འང་དྲན་དུ་ཡོད་
པ་འདིས་ད་ལྟ་ལོ་ན་སོན་པའི་གནས་སྐ་བས་ཀྱི་རིག་པ་འདིའི་རྒྱུན་ལྟ་མར་རིག་པ་ཞིག་ཡོད་
པ་མཆན་སུམ་ཀྱིས་གྲུབ་པ་ལྟར། ཚྲེ་འདིའི་རིག་པའི་ནང་གི་ཐོག་མ་དེའང་རྒྱ་མེད་ལས་མི་
སྐྱེ་ཞིང་། ཐག་པ་ལས་ཀྱང་མི་སྐྱེ། ཉེར་ལེན་རིགས་མི་མཐུན་པའི་སེམས་མེད་བེམ་པོ་ལས་ཀྱང་

མི་སྐྱེ་བས་ཉེར་ལེན་གྱི་རྒྱུ་རིགས་མ་ཐ་བུན་པ་ཞིག་ལས་དེས་པར་སྐྱེ་དགོས།།

དེ་འདྲའི་རིགས་མ་ཐ་བུན་ཆུལ་ནི། སེམས་དེ་ཉིད་ཡིད་ལྟོ་གསལ་རིག་གི་ཆ་ཞིག་ཡིན་པས་
དེ་དང་འདྲ་བའི་གསལ་རིག་གི་ཆ་ཞིག་སྟོན་དུ་སོང་བ་ཡིན། དེ་འདྲའི་རིགས་པ་ལྷ་མ་དེ་སྐྱེ་
བ་ལྷ་མའི་རྟེན་ལ་སྐྱེ་བ་ལས་ལོན་མེད། དེ་མིན་འབྱུང་ལུས་ཁོ་ནས་སེམས་ཀྱི་ཉེར་ལེན་བྱེད་ན།
ཤི་བའི་ལུས་ལ་སེམས་ཡོང་པར་འགྱུར་བ་དང་། ལུས་འཕེལ་འགྲིབ་བྱེད་ཆ་ན། ཤེས་རིག་དེས་
ཆན་དུ་འཕེལ་འགྲིབ་བྱེད་པར་འགྱུར་བ་སོགས་ཀྱི་སྐྱོན་ཡོད།

སེམས་ཀྱི་ཉེར་ལེན་གྱི་རྒྱུ་ཞེས་པ་སེམས་ཀྱི་ཆོ་བོར་འགྱུར་རུང་ཞིག་ལ་ཟེར་བ་སྟེ། འབྱུང་
བའི་ལུས་ཀྱིས་སེམས་ཀྱི་འཕེལ་འགྲིབ་ལྷ་མོའི་ལྷན་ཆིག་བྱེད་པའི་རྐྱེན་ཆམ་བྱེད་པ་ཡོད་
ཀྱང་། དེས་ཉེར་ལེན་གཏན་ནས་བྱེད་མི་སྲིད།

དེས་ན། སེམས་ཀ་ཡིན་པ་ཞིག་སེམས་སུ་འགྱུར་བ་དང་། སེམས་སེམས་ཀ་ཡིན་པར་འགྱུར་
བ་ནི་གཏན་ནས་མེད། དེ་ལ་འགའ་ཞིག་གིས་དེ་འགྱུར་བ་ཡོད་པའི་རྒྱུ་མཆན་དུ། ཕྱི་རོལ་
གྱི་དངོས་པོའི་འགྱུར་ཕྱོག་འགའ་ཞིག་དཔེར་བཀོད་ཉིད་ཀྱང་། གཟུགས་མེད་པའི་སེམས་ཀྱི་
འགྱུར་ཕྱོག་བྱེད་ཆུལ་དང་། གཟུགས་ཆན་གྱི་དངོས་པོའི་འགྱུར་ཕྱོག་མི་འདྲ་ཞིང་། གཟུགས་
མེད་ཡིད་བློ་འདི་ནི་དཔེར་ན། ནམ་མཁའ་ཀ་ཡིན་པ་ཞིག་ནམ་མཁའི་ཆོ་བོར་སོང་བ་དང་།
ནམ་མཁའ་ཉིད་ནམ་མཁའ་ཀ་ཡིན་པའི་ཆོ་བོར་འགྱུར་རྒྱུ་མེད་པ་ལྟ་བུ་ཞིག་རེད།

དེས་ན་ད་ལྷའི་གཟུགས་ཆན་ལུས་དང་། གཟུགས་མེད་སེམས་གཉིས་ཀྱི་ནང་ནས་ལུས་ཀྱི་
ཉེར་ལེན་པ་མའི་ཁུ་ཁྲག་གིས་བྱས་ནས་གྲུབ་པ་ཡིན་ཡང་། སེམས་ཀྱི་ཉེར་ལེན་པ་མའི་སེམས་
དེས་ནམ་ཡང་བྱེད་ཐབས་མེད་པ་ནི། དཔེར་ན། དཔེར་ན། ཤ་མ་ཤེས་རབ་ཆན་ཞེས་བུ་རིག་གནས་
ལ་རྗེ་ལྷར་མཁས་ཀྱང་བུ་སྐྱེན་རྐྱགས་སྐྱི་སྲིད་པ་འདི་ཆོས་ཞེས་ཐུབ་པ་ལྟར་ཡིན་པས་ལ་མའི་
ལུས་སེམས་ཀྱི་ཆ་གང་ཡང་བུའི་ཆེ་འདིའི་སེམས་ཀྱི་ཆོ་བོར་འགྱུར་བ་མེད།

དེས་ན་གནས་ཆུལ་དངོས་ནི། སྐྱེ་བ་ལྷ་མ་ནས་ཡོང་བའི་སེམས་དེས་སེམས་ཀྱི་ཉེར་ལེན་
དང་། ད་ལྷའི་པ་མའི་ཁུ་ཁྲག་གིས་ལུས་ཀྱི་ཉེར་ལེན་བྱས། དེ་གཉིས་ཀྱི་འཛོལ་བ་དེ་ཚེ་རབས་
ལྷ་མའི་ལས་ཞིག་གིས་བསྐྲབས་ནས་ཆེ་འདིའི་ལུས་སེམས་ཀྱི་འཛོལ་བ་གྲུབ་པ་རེད། དེའི་
དབང་གིས་བྱིས་པ་སྐྱེ་མ་ཐག་པ་དང་། པེའུ་ལ་སོགས་པ་རྣམས་ཀྱང་སྐྱར་སྐྱེ་བ་གཞན་དུ་
ཟས་ཟ་བ་དང་། ཆགས་སྡང་སོགས་ལ་གོམས་པའི་སྟོབས་ཀྱིས་སྐྱེས་མ་ཐག་པ་ནས་ཟས་ཟ་བ

དང་། མའི་ནུ་ནོ་འཕྲང་བ་སོགས་བསླབ་མི་དགོས་པར་དེ་དག་ལ་འཐུག་པའང་ཡིད་ཀྱི་སྟེང་དུ། ཕྱ་མའི་བག་ཆགས་ཤིག་ཡོད་པའི་རྐྱེན་གྱིས་ཡིན། སྐྱོབ་དཔོན་མ་དྲི་ཙ་ཧུས། །

 བློ་ཡི་མཐུ་སྟོབས་བསལ་བ་མེད་པ་དང་། །

དབང་པོ་རྣམས་ཀྱང་རྣུན་པའི་རང་བཞིན་ཅན། །

བཙས་མ་ཐག་ཏུ་སྐྱུས་ཀྱང་མ་བསླབ་པར། །

ཁ་ཟས་ཟ་བར་ཚུལ་བར་བྱེད་པ་དང་། །

ནུ་ནོ་འཕྲང་བར་ཚུལ་བར་བྱེད་པ་ཡང་། །

དེ་དག་ཚེ་རབས་གཞན་ལ་གོམས་པའི་མཐུས། །ཞེས་གསུངས།

སྐྱེ་བ་ལ་སྲ་ཕྱི་མཚོན་སུམ་གྱིས་མ་མཚོང་བས་མེད་བསམ་པའང་མི་རུང་སྟེ། རང་གིས་མ་མཚོང་བ་ཙམ་གྱིས་མེད་པ་ཡིན་པར་འཇོག་མི་ནུས་ཏེ། དུས་རབས་སྟོན་མའི་མེས་པོ་དག་གིས་མཚོང་ཐོས་མ་བྱུང་བའི་རིག་གསར་གྱི་རྫས་འཕྲུལ་གྱིས་ཕྱི་ནང་གི་གནས་ཚུལ་མང་པོ་ཞིག་གསར་དུ་མཚོང་ཐོས་འབྱུང་བཞིན་པ་འདིས་ཤེས་ཐུབ། དེ་བཞིན་དུ་སྐྱེ་བ་སྲ་ཕྱི་ཡང་ཚོས་ཀྱི་སྟེང་ནས་སྣོམ་སྟོབས་ཀྱིས་ཏིང་དེ་འཛིན་གྱི་ཚད་མཐོན་པོར་སྦྱངས་པ་དང་། དེ་མིན་ཡང་སྲ་མའི་བག་ཆགས་ཀྱིས་སྐྱེ་བ་མའི་གནས་ཚུལ་དྲན་པའི་མི་མང་པོ་ཡོད། སྤར་རྒྱ་གར་དུ་ནང་པའི་མཁས་པ་ཞིག་གིས། རྒྱུ་འཕེན་པ་ལ་ཙོང་ཅིང་དེ་ལ་སྐྱེ་བ་སྲ་ཕྱི་ཡོད་པ་མཚོན་སུམ་དུ་ཤེས་ཆེད་རྒྱལ་པོ་སོགས་དཔང་དུ་བཅུགས་ནས་གྲོངས་པའི་སྐྱེ་བ་སྐྱོབ་དགོན་ཚུ་བྱོ་མི་ཡིན་པའི་ལོ་རྒྱུས་དང་། བོད་ལ་ཡང་རང་གི་སྐྱེ་བ་སྟོན་མ་དྲན་ནས་དེའི་དུས་ཀྱི་མི་དང་པོ་བྱད་སོགས་དྲོ་ཞེས་པ། སྟོན་མའི་གནས་ཚུལ་བཤད་པ་སོགས་ལ་མ་བྱུང་བ་རེད། དེས་ན་རང་རེ་ལ་སྐྱེ་བ་སྟོན་མ་ངེས་པར་ཡོད་པས་དེའི་དོན་ཞིག་ངེས་པར་བསླབ་དགོས།

དེ་སྐྱབ་ཚུལ་ནི། བློ་བཟང་པོའི་རྒྱུ་གོམས་ནས་སྔོན་ཀུན་ཟད་དང་། ཡོན་ཏན་ཀུན་ལྡན་ཞིག་འབྱུང་བའི་ཐབས་ལ་འབད་དགོས། དེ་འབྱུང་བའི་ཐབས་དེའང་སྐྱེ་བ་སྲ་ཕྱི་རྒྱུན་བསྲུད་ནས་ལམ་བཟང་པོ་ལ་གོམས་པར་བྱེད་པའམ། ཡང་ན་ཐབས་ཟབ་མོ་ཞིག་ལ་བརྟེན་ནས་ཚེ་འདི་རང་ལའང་འཕྱུར་བར་སྐྱེ་འཆི་བྱེད་མི་དགོས་པའི་འཕོར་བའི་རྒྱུན་གཅོད་ནུས་པ་ཞིག་བྱ་དགོས་སོ།།

༡. གཞི་བདེན་པ་གཉིས་ཀྱི་ངོས་འཛིན།

དེ་ལྟར་ན། གཞི་བདེན་པ་གཉིས་གཏན་ལ་འབེབས་ལམ་ཐབས་ཤེས་གཉིས་ཉམས་སུ་ཡིན། དེ་ལ་བརྟེན་ནས་འབྲས་བུ་སྐུ་གཉིས་ཐོབ་ཆུལ་གྱི་རྣམ་གཞག་ཤེས་དགོས། དེ་ལ་དང་པོ་གཏན་ལ་དབབ་བྱའི་གཞི་བདེན་པ་གཉིས་ཀྱི་རྣམ་གཞག་དེ་ཇི་འདྲ་ཡིན་ཞེ་ན། ཡབ་སྲས་མཇལ་བའི་མདོ་ལས།

འཇིག་རྟེན་མཁྱེན་པས་གཞན་ལ་མ་གསན་པར། །
བདེན་པ་འདི་གཉིས་ཉིད་ཀྱིས་སྟོན་པར་མཛད། །
གང་ཞིག་ཀུན་རྫོབ་དེ་བཞིན་དོན་དམ་སྟེ། །
བདེན་པ་གསུམ་པ་གང་ཡང་མ་མཆིས་སོ། །ཞེས་གསུངས།
དེ་བཞིན་ནུ་གསུང་ཉིད་ཀྱི་གསུང་སྒྲུ་ལ་སྲུང་ལས་ཀྱང་།
སངས་རྒྱས་རྣམས་ཀྱིས་ཆོས་བསྟན་པ། །
བདེན་པ་གཉིས་ལ་ཡང་དག་བརྟེན། །ཞེས་གསུངས།

དབྱེ་གཞི་ཤེས་བྱ་ལ་བྱས་ཏེ། དེར་དབྱེ་ན་ཀུན་རྫོབ་བདེན་པ་དང་། དོན་དམ་པའི་བདེན་པ་གཉིས་ཡོད་ཅིང་། གཞི་དེ་དོན་དམ་བདེན་པ་ཡིན་པར་ཡོངས་སུ་གྲུབ་ན། ཀུན་རྫོབ་བདེན་པ་ཡིན་པ་རྣམ་བཅད་ལ་ཞིགས་པ་དང་། དེ་བཞིན་དུ་ཀུན་རྫོབ་ལ་སྦྱར་ནའང་དེ་སྔར་ཡིན་པས་བདེན་པ་གཉིས་པོ་དེ་ཐན་ཆུན་སྤངས་པའི་འགལ་བ་ཡིན། བདེན་གཉིས་གང་རུང་གཅིག་མེད་ན་འབད་ནས་བྱ་ཐབས་ཆད་དེར་མི་འདུ་ཞིང་། དེ་གཉིས་གང་ཡང་མ་ཡིན་པའི་བདེན་པ་གསུམ་པ་སོགས་ཀྱང་མེད་པས་གྲངས་ངེས་ཆུལ་དེ་ཕྱུང་པོ་གསུམ་པ་སེལ་བའི་གྲངས་ངེས་ཡིན།

གལ་ཏེ་བདེན་པ་གཉིས་པོ་དེ་ངོ་བོ་ཚང་ཡང་མི་གཅིག་པའི་ཐ་དད་ཡིན་ན་སྐྱོན་བཞི་ཡོད་དེ། གཟུགས་བདེན་པར་མེད་པ་གཟུགས་ཀྱི་གནས་ལུགས་མེད་པར་འགྱུར་བའི་སྐྱོན། གཟུགས་བདེན་པ་མེད་པ་རྟོགས་ཀྱང་དེའི་མཆན་འཛིན་ཞིག་གྱིས་མི་གནོན་པར་འགྱུར་བའི་སྐྱོན། རྣམ་འབྱོར་པས་ལམ་གོང་མ་སྐོམ་པ་དོན་མེད་པར་འགྱུར་བའི་སྐྱོན། སངས་རྒྱས་ཀྱི་ཀྱང་མཆན་འཛིན་གྱི་འཆིང་བ་དང་གནས་ངན་ལེན་གྱི་དྲི་མ་མཐར་དག་མ་སྤངས་པར

འགྱུར་བའི་སྐྱོན་བཅས་ཡོད།

གལ་ཏེ་དེ་གཉིས་སྐྱོག་པ་ཚམ་ཡང་སོ་སོར་འབྲེད་རྒྱུ་མེད་པའི་གཉིག་ཡིན་ན། ཀུན་རྫོབ་
འཁྲུལ་བའི་རང་བཞིན་ལས་དོན་གཉིས་སྟོང་པ་བཞིན་དུ་དོན་དམ་ཚོས་ཞིད་ཀྱང་སྟོང་བར་
འགྱུར་བའི་སྐྱོན་དང་། ཀུན་རྫོབ་ལྟར་དོན་དམ་ལའང་མི་འདྲ་བའི་རྣམ་པ་དུ་མ་ཡོད་པར་
འགྱུར་བའི་སྐྱོན་དང་། སོ་སོ་སྐྱེ་བོས་ཀྱང་དོན་དམ་པ་མངོན་སུམ་དུ་རྟོགས་ནུས་པར་འགྱུར་
བའི་སྐྱོན། སོ་སྐྱེ་ཡིན་བཞིན་དུ་སྐྱིབ་པ་ཐམས་ཅད་སྤངས་པ་དང་། སངས་རྒྱས་པར་ཐལ་བའི་
སྐྱོན་བཅས་ཡོད་པས་བདེན་པ་གཉིས་པོ་དེ་དོ་པོ་གཉིག་ལ་ལྟོག་པ་ཐ་དད་ཡིན།

དོན་དམ་བདེན་པ།

དོན་དམ་ལ་དཔྱོད་པའི་རིགས་ཤེས་ཀྱི་བློའི་དངོས་ཀྱི་རྙེད་དོན་ནི་དོན་དམ་བདེན་པ་
དང་། འཇིག་རྟེན་པའི་བདའམ་ཐ་སྙད་པ་ལ་འཇུག་པའི་བློ་ནི་ཐ་སྙད་པའི་བློའམ་བློ་ཐ་སྙད་
པ་ཡིན་ལ། དོན་དམ་པ་ཞེས་པ་སོ་སྐྱིའི་ཏུའི་སྐྱད་ལ་དཔྱར་སྣང་སཱུ་ཞེས་ཡོད། དཔ་རམ་ནི་དམ་པ་
དང་། མཆོག་སོགས་ལ་འཇུག། ཨཐ་ཞེས་པ་དོན་ལ་འཇུག། སཱུ་ཞེས་པ་བདེན་པ་དང་ཏུག་
པ་སོགས་ལ་འཇུག་པ་ལས་སྣབས་འདིར་དོན་ཞེས་པ་རང་དོན་གཞན་དོན་ཟེར་བ་ལྟ་བུའི་
དགོས་དོན་ལ་མི་བྱེད་པར་ཡེ་ཤེས་དང་པའི་བློས་ཤེས་པར་བྱ་བའི་དོན་དང་། བཅུག་པར་
བྱ་བའི་དོན་དང་། རྙེད་པའི་དོན་ཡིན་པས་དོན་དང་། དེ་འདྲའི་དོན་ཡང་ཡིན་ལ་དོན་གྱི་
མཆོག་དང་དམ་པ་ཡང་ཡིན་པས་ན་དོན་དམ་པ་དང་། ཀུན་རྫོབ་རྫུན་པ་ལྟར་སྣང་ཚུལ་དང་
གནས་ཚུལ་མི་མཐུན་པ་མ་ཡིན་པར་སྣང་ཚུལ་དང་གནས་ཚུལ་མཐུན་པར་གནས་པས་ན་
བདེན་པ་སྟེ་དོན་དམ་པའི་བདེན་པ་ཞེས་ཟེར་བ་ཡིན།དོན་དམ་བདེན་པ་ལ་འབྲེ་ན།

སློབ་དཔོན་ཙཱ་ཙ་ཀྱི་རྟིགས།
བདག་མེད་འདི་ནི་འགྲོ་བ་རྣམ་གྲོལ་ཕྱིར། །
ཚོས་དང་གང་ཟག་དབྱེ་བས་རྣམ་གཉིས་གསུངས། །
དེ་ཕྱིར་སློན་པས་སླར་ཡང་འདི་ཉིད་ནི། །
གདུལ་བྱ་རྣམས་ལ་ཕྱེ་སྟེ་རྣམ་མང་གསུངས། །
སློས་དང་བཅས་པར་སྟོན་པ་ཉིད། །
བཅུ་དྲུག་བཤད་ནས་མདོར་བསྡུས་ཏེ། །

སྣར་ཡང་བཞིར་བཤད་དེ་དག་ནི། །

ཐེག་ཆེན་དུ་ཡང་བཞིད་པ་ཡིན། །

ཞེས་གང་ཟག་གི་བདག་མེད་དང་ཚོས་ཀྱི་བདག་མེད་གཉིས་དང་། དེ་དག་ལ་ཡང་རྒྱས་པར་ཕྱེ་ན་དངོས་པོ་སྟོང་པ་ཉིད་དང་། དངོས་པོ་མེད་པ་སྟོང་པ་ཉིད་དང་། རང་བཞིན་སྟོང་པ་ཉིད་དང་། གཞན་གྱི་དངོས་པོ་སྟོང་པ་ཉིད་དེ་སྟོང་ཉིད་བཞི་དང་། ནང་སྟོང་པ་ཉིད་སོགས་བཅུ་དྲུག་དང་། སྟོང་པ་ཉིད་བཅོ་བརྒྱད་དང་། སྟོང་པ་ཉིད་ཉི་ཤུ་སོགས་ཡོད་གྱུན་ཚོབ་བདེན་པ།

གྱུན་ཚོབ་ཀྱི་བདེན་པ་ནི་སྟོང་པ་ཉིད་མ་ཡིན་པའི་རྟེ་སྟེད་པའི་ཚོས་མཐའན་དག་ལ་ཟེར་བ་ཡིན། དེ་ལ་ཡང་དབྱེ་བ་རྒྱས་པར་ཕྱིན་བ་སུ་བཀྲས་མཛད་པའི་ཨབྲི་དྲུ་ཀོ་ཏུ་ལས།

སྡུངས་དང་སྐྱེ་སྐྱོ་རིགས་ཀྱི་དོན། །

ཕུང་པོ་སྐྱེ་མཆེད་ཁམས་རྣམས་ཡིན། །

ཞེས་ཕུང་པོ་ལྔ་དང་། སྐྱེ་མཆེད་བཅུ་གཉིས་དང་། ཁམས་བཅོ་བརྒྱད་སོགས་ཡོད།

ཕུང་པོ་ལྔ།

ཕུང་པོ་ལྔའི་ནང་གི་དང་པོ་གཟུགས་ཕུང་ལ། མིག་དབང་སོགས་ནང་གི་དབང་པོ་གཟུགས་ཅན་པ་ལྔ་དང་། ཁྱིའི་གཟུགས་སྒྲ་དྲི་རོ་རིག་བྱ་ལྔ་དང་བཅུ། རྣམ་པར་རིག་བྱེད་མ་ཡིན་པའི་གཟུགས་དང་བཅུ་གཅིག་ནི་གཟུགས་ཀྱི་ཕུང་པོ་ཡིན། གཉིས་པ་ཚོར་བའི་ཕུང་པོ་ནི། ཚོར་བ་བདེ་སྡུག་དང་སྙོམས་མ་གསུམ། གསུམ་པ་འདུ་ཤེས་ཀྱི་ཕུང་པོ་ལ་རྟོག་བཅས་དང་རྟོག་མེད་ཀྱི་འདུ་ཤེས་གཉིས། དེ་རེ་རེ་ལའང་ཆུང་དུ་དང་། རྒྱ་ཆེན་པོ་དང་། ཚད་མེད་པ་དང་གསུམ་རེ་ཡོད། བཞི་པ་འདུ་བྱེད་ཀྱི་ཕུང་པོ་ལ། མཚུངས་ལྡན་འདུ་བྱེད་ཀྱི་ཕུང་པོ་ནི། ཚོར་བ་དང་འདུ་ཤེས་མ་གཏོགས་པའི་སེམས་བྱུང་ཐམས་ཅད་དང་། མཚུངས་ལྡན་མ་ཡིན་པའི་འདུ་བྱེད་ཀྱི་ཕུང་པོ་ནི། ལྡན་མིན་འདུ་བྱེད་བཅུ་བཞིའི་ལ་སོགས་པ་ཡིན། ལྔ་པ་རྣམ་ཤེས་ཀྱི་ཕུང་པོ་ནི། མིག་གི་རྣམ་པར་ཤེས་པ་ནས་ཡིད་ཀྱི་རྣམ་པར་ཤེས་པའི་བར་དྲུག་ལ་བྱེད།

སྐྱེ་མཆེད་བཅུ་གཉིས།

གཉིས་པ་སྐྱེ་མཆེད་བཅུ་གཉིས་ལ་ནང་གི་སྐྱེ་མཆེད་དྲུག་ནི། མིག་གི་དབང་པོ། རྣ་བའི་
དབང་པོ། སྣའི་དབང་པོ། ལྕེའི་དབང་པོ། ལུས་ཀྱི་དབང་པོ། ཡིད་ཀྱི་དབང་པོ་དང་དྲུག་ཡིའི་
སྐྱེ་མཆེད་དྲུག་ནི། གཟུགས་སྒྲ་དྲི་རོ་རེག་བྱ་ཆོས་ཀྱི་སྐྱེ་མཆེད་དང་དྲུག་ཡིན། མིག་གི་དབང་
པོ་དང་མིག་གི་སྐྱེ་མཆེད་དོན་གཅིག་གཟུགས་ཕུང་དང་གཟུགས་གཉིས་དོན་གཅིག་ཀྱིན།
གཟུགས་ཀྱི་སྐྱེ་མཆེད་དང་གཟུགས་གཉིས་དོན་མི་གཅིག གཟུགས་ཀྱི་སྐྱེ་མཆེད་ནི། མིག་ཤེས་
ཀྱི་བཟུང་བྱ་ཁོ་ན་སྟེ་ཁ་དོག་དང་དབྱིབས་ལྷ་བྱ་སྤྲ་དང་སྤྲའི་སྐྱེ་མཆེད་དང་། རྣ་ཤེས་ཀྱི་
མཉན་བྱ་གསུམ་དོན་གཅིག་ཡིན་ལ། དེ་བཞིན་དུ་དང་། རོ་དང་། རེག་བྱ་ལ་ཡང་འདུ། ཕྱི་ནང་
གི་སྐྱེ་མཆེད་དང་པོ་ལྷ་ནི་སྐྱེ་མཆེད་གཟུགས་ཅན་པ་ཡིན།

སེམས་ཡིད་རྣམ་ཤེས་གསུམ་དོན་གཅིག་པས་མིག་གི་རྣམ་པར་ཤེས་པ་སོགས་གཙོ་སེམས་
གང་ཡིན་ཐམས་ཅད་ཡིད་ཀྱི་སྐྱེ་མཆེད་ཡིན། ནས་མཁན་དང་སྟོང་ཉིད་སོགས་འདུས་མ་བྱས་
ཀྱི་ཆོས་རྣམས་ཆོས་ཀྱི་སྐྱེ་མཆེད་ཡིན།

ཁམས་བཅོ་བརྒྱད།

ཁམས་བཅོ་བརྒྱད་ནི་མིག་སོགས་རྟེན་དབང་པོའི་ཁམས་དྲུག་མིག་གི་རྣམ་པར་ཤེས་པ་
སོགས་བརྟེན་པ་རྣམ་པར་ཤེས་པའི་ཁམས་དྲུག གཟུགས་སྒྲ་སོགས་དམིགས་པ་ཡུལ་ཀྱི་ཁམས་
དྲུག་དང་བཅོ་བརྒྱད་ཡོད།

མདོར་ན་འདུས་བྱས་ཐམས་ཅད་ཕུང་པོ་ལྔའི་ནང་དུ་འདུས། ཤེས་བྱ་ཐམས་ཅད་སྐྱེ་
མཆེད་བཅུ་གཉིས་ཀྱི་ནང་དུ་འདུ་ཞིང་། ཁམས་བཅོ་བརྒྱད་ཀྱི་ནང་དུ་ཡང་འདུ་བས་བདེན་
གཉིས་ཀྱི་ཆོས་ཐམས་ཅད་སྐྱེ་མཆེད་བཅུ་གཉིས་དང་ཁམས་བཅོ་བརྒྱད་ཀྱི་ནང་དུ་འདུ།
ཁམས་ཀྱི་འབྲི་བ་རྒྱས་པར་ཕྱེ་ན་དྲུག་ཆུ་རེ་གཉིས་སོགས་ཡོད། མདོར་ན་དེ་དག་གི་ངོ་བོ་
དང་། བྱེད་ལས། འབྲི་བ་དང་། སྤྱད་བྱ་ཡིན་མིན་སོགས་ཀྱི་ཁྱད་པར་རྣམས་ཤེས་པར་བྱ་
དགོས་པས་དེ་ལྟ་བུའི་མཁས་བྱའི་དངོས་པོ་དྲུག་ལ་མཁས་པར་བྱས་ནས་སྣང་དོར་ཀྱི་གནས་
རྣམས་ཤེས་པར་བྱས་ཏེ་སྤྱག་བསྐྱད་ཐམས་ཅད་ལས་གཅན་དུ་བྱལ་བའི་ཐར་པའི་བདེ་བ་
ཐོབ་པར་བྱེད་དགོས།

༡. སངས་རྒྱས་ཀྱི་གསུང་རབ་རྣམས་སྤྱི་སྟོང་གསུམ་དུ་འདུད་ཚུལ་དང་སྤྱི་སྟོང་གསུམ་
འཇོག་པའི་རྒྱུ་མཚན།

སྤྱི་སྟོང་གསུམ།

དེ་ཡང་རང་རྒྱུད་ལ་ཡོད་པའི་སེམས་དང་། སེམས་བྱུང་རྣམས་ཉོན་མོངས་པའི་དབང་དུ་
སོང་བ་ལ་བརྟེན་ནས་འཁོར་བར་སྡུག་བསྔལ་གྱི་འཁོར་ལོ་རྒྱུན་མི་ཆད་དུ་སྐྱོང་ཞིང་འཁོར་
བ་དང་། དེ་སྤངས་ན་ཐར་པ་ཐོབ་པ་ཡིན་པས་གཙོ་བོ་རང་རྒྱུད་ཀྱི་ཆགས་སོགས་ཉོན་མོངས་
པ་འདུལ་དགོས། དེ་འདུལ་བའི་ཐབས་སུ་སངས་རྒྱས་བཅོམ་ལྡན་འདས་ཀྱིས་ཆོས་ཀྱི་ཕུང་པོ་
བརྒྱད་ཁྲི་བཞིའི་སྟོང་གསུངས་ཡོད།

དེ་དག་བསྡུས་ན་གསུང་རབ་ཡན་ལག་བཅུ་གཉིས། དེ་དག་ཀྱང་མདོར་བསྡུས་ན་སྤྱི་སྟོང་
གསུམ་ཞེས་མདོ་སྡེའི་སྤྱི་སྟོང་། འདུལ་བའི་སྤྱི་སྟོང་། མངོན་པའི་སྤྱི་སྟོང་གསུམ་གྱི་ནང་དུ་འདུ།
དེ་ལྟར་སྤྱི་སྟོང་གསུམ་འཇོག་པའི་རྒྱུ་མཚན་ལའང་། ལུང་མི་ཉིས་མཛད་པའི་སྐུ་ཏུ་ཞུའི་གྲ་ར་
ལས།

སྤྱི་སྟོང་དག་ནི་གསུམ་མམ་གཉིས་ཀྱང་རུང་། །
བསྡུས་པའི་ཕྱིར་ན་རྒྱུ་ནི་དགར་འདོད་དོ། །

ཞེས་སྦྱང་བྱ་ལ་བསྟོས་པའི་རྒྱུ་མཚན་གསུམ། བསླབ་པ་ལ་བསྟོས་པའི་རྒྱུ་མཚན་གསུམ།
ཤེས་བྱ་ལ་བསྟོས་པའི་རྒྱུ་མཚན་གསུམ་སྟེ་དགུ་ཡོད།

སྤྱི་སྟོང་གསུམ་དང་ནོན་མོངས་པ་གསུམ།

དེའི་དང་པོ་གསུམ་ནི་སྤྱི་ཚོམ་ཉེ་བའི་ཉོན་མོངས་པ་དང་གཉིས། རང་གི་ལྷ་བ་མཆོག་ཏུ་
འཛིན་པའི་ཉེ་བའི་ཉོན་མོངས་པ་གསུམ་གྱི་གཉེན་པོར་རིམ་པ་བཞིན། དང་པོའི་གཉེན་པོར་
མདོ་སྡེའི་སྤྱི་སྟོང་། གཉིས་པའི་གཉེན་པོར་འདུལ་བའི་སྤྱི་སྟོང་། གསུམ་པའི་གཉེན་པོར་མངོན་
པའི་སྤྱི་སྟོང་གསུམ་གསུངས་པ།

དེ་ཡང་མདོ་སྡེའི་སྤྱི་སྟོང་གྱི་སྐབས། ཕུང་པོ་དང་། ཁམས་དང་། སྐྱེ་མཆེད་དང་། རྟེན་
འབྲེལ་དང་། བདེན་པ་བཞི་དང་ས་དང་ཕ་རོལ་ཏུ་ཕྱིན་པ་སོགས་གཙོ་བོར་དེ་འཛིན་གྱི་

བསྐལ་པའི་སྣོར་ལེགས་པར་གཏན་ལ་ཕབ་སྟེ་རང་དང་སྒྲུབ་བའི་མཚན་ཉིད་ཀྱི་ཤེས་བྱའི་གནས་
དེ་དག་ལ་མཐའ་གཉིས་སུ་དགོས་པའི་ཕེ་ཚོམ་སེལ་བར་བྱེད་པས་མདོ་སྡེའི་དྲེ་སྤྲོད་དེ་ཕེ་ཚོམ་
ཞེ་བའི་ནོན་མོངས་ཀྱི་གཉེན་པོར་གསུངས།

འདུལ་བའི་སྡེ་སྣོད་སྐབས་མི་ཚངས་པ་སྤྱོད་པ་སོགས་དང་། ཟས་གོས་གནས་མལ་
བཟང་པོ་སོགས་ཕྱི་དང་ནང་གི་འདོད་པ་ལ་ཆགས་པ་སོགས་ལ་ན་མ་པོ་བའི་ཉེས་སྐྱོན་ཐམས་
ཅད་ལ་འཇུག་པ་བཀག་པས་འདོད་པ་བསྲོད་སྟོམས་ཀྱི་མཐའ་དང་ཡང་ངེས་འབྱུང་གི་ཚུལ་
ཁྲིམས་རྣམ་པར་དག་པ་དང་ཕུན་ཅིང་རྗེད་པ་སོགས་དཀར་ཚོགས་དག་འབད་རྩོལ་གྱིས་
བསྐལ་མི་དགོས་པ་དང་། དེ་ལ་ལོངས་སྤྱོད་པའི་ཚོ་ཆགས་ཞིན་དུག་པོ་འགོག་ནུས་པའི་གཉེན་
པོ་དང་ཕུན་པ་རྣམས་ལ་གོས་དང་། ལ་ཟས་དང་། ཁང་པ་སོགས་ཞེན་དུ་བཟང་པོར་ཡང་
ལོངས་སྤྱོད་པར་གནང་བས་ན། བདག་ཉིད་ལ་ཞིན་དུ་པ་ལ་སྤྱོར་བའི་མཐའ་གཉིས་ཀྱི་
གཉེན་པོ་བསྟན་པས་འདུལ་བའི་སྡེ་སྣོད་དེ་སྤྱོད་ཕྱོགས་ཀྱི་མཐའ་གཉིས་ལ་སྤྱོར་བའི་ཉེ་བའི་
ནོན་མོངས་པའི་གཉེན་པོར་གསུངས་ལ།

དེའི་དོན་དྲིལ་ན། ཟས་གོས་གནས་མལ་བཟང་པོ་ལ་ལོངས་སུ་སྤྱོད་ཀྱང་ཆགས་པ་དང་།
རྒྱགས་པ་སོགས་ཉེན་མོངས་པ་མི་སྐྱེད་ན་ཁ་ན་མ་ཐོ་བ་མེད་པར་སྤྱོད་པ་ཡིན་པས་སངས་
རྒྱས་ཀྱིས་གནང་བ་ཡིན་ལ། གལ་ཏེ་ཟས་ཟན་དོ་དང་གོས་ཕྱག་དར་ཁྲོད་པ་ལྟ་བུ་ལོངས་
སྤྱད་ཀྱང་། དེ་ལ་ཆགས་པ་སོགས་འཕེལ་ན་ཁ་ན་མ་ཐོ་མ་དང་བཅས་པར་སྤྱོད་པ་ཡིན་པས་
དེ་ལྟ་བུ་སངས་རྒྱས་ཀྱི་གནང་བ་མེད་པས་བཀག་གི་གཙོ་པོ་འདོད་ཆགས་སོགས་ནང་གི་ནོན་
མོངས་འཕེལ་མི་འཕེལ་ཚམ་ལས་ཕྱིའི་དངོས་པོ་གཙོ་ཆེ་བ་མ་ཡིན།

མཛོན་པའི་སྡེ་སྣོད་ཀྱི་སྐབས། ཚོས་རྣམས་ཀྱི་རང་གི་མཚན་ཉིད་དང་། མི་རྟག་པ་དང་།
སྡུག་བསྔལ་དང་། བདག་མེད་སོགས་སྟེའི་མཚན་ཉིད་ཕྱིན་ཅི་མ་ལོག་པར་གསལ་བར་གཏན་
ལ་ཕབ་པ་དེ་ལ་ཐོས་བསམ་གྱིས་ཞུགས་ན་གཙང་བའི་རྟག་བདག་ཏུ་འཛིན་པའི་ལྟ་བ་མཆོག་
ཏུ་འཛིན་པའི་གཉེན་པོར་བཤད་པ་ཡིན།

སྡེ་སྣོད་གསུམ་དང་བསླབ་པ་གསུམ།

རྒྱུ་མཚན་བཟར་པ་གསུམ་ནི། བསྐལ་པ་གསུམ་བཟོད་བྱར་བྱས་པའི་ཆ་ནས་མདོ་སྡེའི་སྡེ

སྤྱོད། ཚུལ་ཁྲིམས་དང་གཏིང་དེ་འཛིན་གྱི་བསླབ་པ་གཞིས་བསླབ་པའི་ཕྱིར་དུ་མཚོན་པའི་
སྟེ་སྤྱོད་དེ་རྒྱུ་མཚན་དེ་གསུམ་ལ་བརྟེན་ནས་སྟེ་སྤྱོད་གསུམ་བཞག

དེ་ཡང་མངོན་སྟེའི་སྟེ་སྤྱོད་ཀྱིས་བསླབ་པ་གསུམ་བཏོང་བྱེད་བྱེད་ཚུལ་ནི་དེས་ཐེག་དམན་
གྱི་ཚུལ་ཁྲིམས་ཀྱི་དབང་དུ་བྱས་པའི་སོ་སོར་ཐར་པའི་སྡོམ་པས་རྒྱུན་བསྲམས་པ་དང་། སྤྱོད་
ཡུལ་དང་ཚོག་ཡོངས་སུ་དག་པ་དང་། ཁ་ན་མ་ཐོ་བ་ཕྲ་མོ་ཚམ་ལའང་འཇིགས་པར་བལྟ་
བའི་ཚུལ་ཁྲིམས་དང་། ཐེག་དམན་གྱི་དབང་དུ་བྱས་པའི་བསམ་གཏན་དང་གཟུགས་མེད་ཀྱི་
སྙོམས་འཇུག་གི་གཏིང་དེ་འཛིན་དང་། ཐེག་དམན་གྱི་དབང་དུ་བྱས་པའི་བདེན་བཞི་དེ་ལྟ་བ་
བཞིན་དུ་ཤེས་པའི་ལྷག་མཐོང་ཤེས་རབ་ཀྱི་བསླབ་པ་རྣམས་དང་། ཐེག་ཆེན་གྱི་དབང་དུ་
བྱས་པའི་ཉེས་སྤྱོད་སྤོམ་པ་ལ་སོགས་པའི་ཚུལ་ཁྲིམས་དང་། ནས་མཁན་མཛོད་དང་དཔའ་
བར་འགྲོ་བ་ལ་སོགས་པའི་གཏིང་དེ་འཛིན་གྱི་བསླབ་པ་དང་། དོན་དམ་པའི་གནས་ལུགས་
རྟོགས་པའི་རྣམ་པར་མི་རྟོག་པའི་ཡེ་ཤེས་ཤེས་རབ་ཀྱི་བསླབ་པ་སྟེ་ཐེག་པ་གོང་འོག་གི་བསླབ་
པ་གསུམ་ག་བཙོད་བྱུར་བྱས་ཏེ་བཤད།

འདུལ་བའི་སྟེ་སྤྱོད་ཀྱི་ཚུལ་ཁྲིམས་དང་། ཏིང་དེ་འཛིན་གྱི་བསླབ་པ་གཞིས་སྐྱབ་ཚུལ་
ནི་ དེས་སྦྱང་དོར་འཇུག་སྤོག་གི་གནས་ཕྱི་ཙ་མ་ལོག་པར་སྤོན་པས་དགོས་སུ་ཚུལ་ཁྲིམས་དག་
པར་བྱེད་ཅིང་། དེ་ལྟར་ཚུལ་ཁྲིམས་དག་ན་སེམས་ལ་གདུང་བ་དང་འགྱོད་པ་མེད་པར་འགྱུར་
ལ། དེ་མེད་ན་ཡུས་བག་ཡངས་པའམ་ཤིན་དུ་སྦྱངས་པ་ཐོབ་ལ། དེ་ལ་བརྟེན་ནས་སེམས་ཀྱི་
དགའ་བའི་འཕེལ་ཞིང་། དེའི་མཐུས་སེམས་རྩེ་གཅིག་དུ་གནས་པར་འགྱུར་བས་ན་འདུལ་
བའི་སྟེ་སྤྱོད་ཀྱིས་ཚུལ་ཁྲིམས་དང་། ཏིང་དེ་འཛིན་གཞིས་སྐྱབ་པར་བྱེད།

མཛོན་པའི་སྟེ་སྤྱོད་ཀྱིས་ཤེས་རབ་ཀྱི་བསླབ་པ་སྐྱབ་ཚུལ་ནི་ དེས་ཚོས་རྣམས་ཀྱི་མཚན་
ཉིད་ལེགས་པར་ཕྱེ་ནས་གདན་ལ་ཕབ་པའི་མཐུས། དེ་ལ་ཕོས་པ་བྱས་པས་ཚོས་རྣམས་ཀྱི་
མཚན་ཉིད་མ་ནོར་བ་རིག་པའི་ཤེས་རབ་སྐྱེ་པར་བྱེད་པས་ལྷག་པ་ཤེས་རབ་ཀྱི་བསླབ་པ་
སྐྱབ་པར་བྱེད་ཅིང་མཛོན་སུམ་དུ་འཕོབ་པར་བྱེད་པ་ཡིན།

སྟེ་སྤྱོད་གསུམ་དང་ཤེས་བྱ་བའི་གཞི་གསུམ།
རྒྱུ་མཚན་ཐ་མ་གསུམ་ནི། ཚོས་དང་དོན་བཤད་པའི་ཕྱིར་དུ་མཛོ་སྟེ་དང་། ཚོས་དང་དོན་

སྒྲུབ་པར་བྱེད་པའི་ཆ་ནས་འདུལ་བ་དང་། ཆོས་དང་དོན་འབྱེལ་བའི་གཏན་ལ་མ་བབས་པར་
བྱེད་པའི་ཕྱིར་མཚན་པ་སྟེ། དེ་ཡང་མདོ་སྟེས་ཆོས་དང་དོན་བཤད་ཚུལ་ནི། མིང་ཚིག་ཡི་གེའི་
ཆོས་དང་། དེའི་བརྗོད་བྱ་ཕྱུང་ཁམས་སྐྱེ་མཆེད་ལ་སོགས་པའི་དོན་དང་། ཡང་ན་ཕྱུང་ཁམས་
ལ་སོགས་པའི་ཆོས་དང་། དགོངས་ཕྱིམ་དགོངས་བརྒྱུད་ཀྱི་དོན་དང་། ཡང་ན་མཐོ་རིས་འཐོབ་
པར་བྱེད་པའི་ལས་དགེ་བ་བཅུའི་ཆོས་དང་། དེས་ལེགས་ཀྱི་ཡོན་ཏན་འཐོབ་པར་བྱེད་པའི་
ལམ་བྱང་ཕྱོགས་སོ་བདུན་གྱི་དོན་རྣམས་རྒྱས་པར་འཆད་པའི་སྐོ་ནས་ཚིག་དོན་ལ་འབྱུང་
བར་བྱེད།

འདུལ་བའི་སྡེ་སྣོད་ཀྱིས་ཆོས་དང་དོན་སྒྲུབ་ཚུལ་ནི། ཚུལ་ཁྲིམས་རྣམ་པར་དག་པ་ལ་སློར་
བ་དང་། མི་གཙང་བ་སྐྲ་པ་ལ་སོགས་པ་བསྟན་པའི་སྐོ་ནས་ཉོན་མོངས་པ་འདུལ་ཞིང་དེའི་
མཐུ་ལས་ཟུར་སྐོས་པའི་ཆོས་དང་དོན་རྣམས་ཤེས་པ་དང་། རྒྱུ་ལ་མཚན་དུ་གྱུར་པའི་སྐོ་
ནས་རྟོགས་པར་འགྱུར་བས་ན་ཆོས་དང་དོན་སྒྲུབ་པར་བྱེད། མཚན་པའི་སྡེ་སྣོད་ཀྱིས་ཆོས་
དང་དོན་འབྱེལ་བའི་གཏན་ལ་མ་བབས་པར་འགྱུར་བ་ཡིན།

དེ་འདྲ་བའི་རྒྱུ་མཚན་དགུའི་སྐོ་ནས་ཐེག་པ་གསུམ་གྱི་ཉམས་ལེན་ཐབས་ཤེས་ཀྱི་གནད་
སྣོན་པའི་རྒྱལ་བའི་གསུང་རབ་ཐམས་ཅད་སྡེ་སྣོད་གསུམ་དུ་བསྡུས་པ་ཡིན། སྡེ་སྣོད་གསུམ་
གྱི་བརྗོད་བྱ་ཐམས་ཅད་ཆུར་བསྲས་ན་ལྷག་པའི་ཚུལ་ཁྲིམས་ཀྱི་བསླབ་པ་དང་། ཏིང་ངེ་འཛིན་
གྱི་བསླབ་པ་དང་། ཤེས་རབ་ཀྱི་བསླབ་པ་གསུམ་གྱི་ཉམས་ལེན་དངོས་དང་ཡན་ལག་ཅི་རིགས་
པར་འདུ་ཞིང་། དེ་ཡང་སངས་རྒྱས་ཀྱིས་གསུངས་པའི་ཚུལ་ཁྲིམས་ཀྱིས་དངོས་བརྒྱུད་གཉིས་
ནས་རང་གཞན་ཐམས་ཅད་ལ་ཕན་པར་འགྱུར་བས་ལྷག་ཅིག བསླབ་པ་འདི་ལས་གཞན་
གྱ་སྟེགས་པ་སོགས་ཀྱིས་མེ་ལ་བསྟེན་པ་ལ་སོགས་པའི་དཀའ་ཐུབ་དང་། ཚུལ་ཁྲིམས་ཀྱིས་ནི་
དངོས་དང་བརྒྱུད་ནས་རང་དང་གཞན་གཉུང་བར་འགྱུར་བས་དན་ལ། དེ་བཞིན་དུ་
སངས་རྒྱས་ཀྱིས་གསུངས་པའི་ཏིང་ངེ་འཛིན་ནི་ནོན་མོངས་པ་དང་། རྣམ་རྟོག་གི་གཉེན་པོར་
འགྲོ་བས་མཆོང་པའི་ཆོས་ལ་བདེ་བ་ཚམ་དུ་མ་ཟད་ཚེ་རབས་གཞན་དང་གཞན་དུ་འང་བདེ་
བར་བྱེད་ཅིང་། ཐར་པའི་བདེ་བ་ལ་ཡང་འཐོབ་པར་བྱེད་པས་ལྷག་ལ། ཕྱི་རོལ་པ་སོགས་ཀྱི
ཏིང་ངེ་འཛིན་ནི་སེམས་ཕྱི་རོལ་དུ་གཡེངས་པ་ལས་ལྡོག་པ་དང་། མཐོང་བའི་ཆོས་ལ་བདེ་
བར་གནས་པ་དང་། འབྲས་བུ་ཧེ་ཚམ་བཟང་ཡང་གཟུགས་དང་གཟུགས་མེད་ཀྱི་ལྷའི་གནས་

ཤུ་སྐྱེ་བར་བྱེད་ནུས་པ་ཚམ་ལས་མེད་ཅིང་། ཚོན་མོངས་དང་རྣམ་ཐོག་གི་གཉེན་པོར་མི་འགྲོ་
བས་དགའ་ལྡན་པ་དང་། སངས་རྒྱས་ཀྱི་གསུང་རབ་ནས་བཤད་པའི་ཤེས་རབ་ཀྱིས་ནི་དངོས་སམ་
བརྒྱུད་པས་བདག་གཉིས་སུ་འཛིན་པའི་སྒྲིབ་པ་མཐའ་དག་སེལ་བར་བྱེད་ནུས་པས་ལྷག་ལ།
ཕྱི་རོལ་པ་སོགས་ཀྱིས་བདག་པའི་ཤེས་རབ་ཀྱིས་ནི་གནས་ལུགས་མཐོང་པའི་སྐྱོ་ནས་འཕོར་
བའི་ཚུལ་གཅོད་མི་ནུས་པས་དམན་པ་སྟེ། རྒྱ་མཚན་དེ་དག་ལ་བརྟེན་ནས་སངས་རྒྱས་ཀྱིས་
གསུངས་པའི་ཚུལ་ཁྲིམས་དང་། ཏིང་ངེ་འཛིན་དང་། ཤེས་རབ་ནི་གནན་ལས་ལྷག་པ་ཡིན་
པས་ལྷག་པའི་བསླབ་པ་གསུམ་ཞེས་ཟེར་བ་ཡིན་ནོ།།

༩. བྱེ་སྨྲད་གསུམ་གྱི་བརྗོད་བྱ་བསླབ་པ་གསུམ་གྱི་དང་པོ་ཚུལ་ལ་ཁྲིམས་ཀྱི་བསླབ་པའི་
སྐོར།

ཚོ་ན་ལྷག་པའི་བསླབ་པ་གསུམ་པོ་དེ་དེ་འདྲ་ཞིག་ཡིན་སྙམ་ན། དང་པོ་ལྷག་པ་ཚུལ་
ཁྲིམས་ཀྱི་བསླབ་པ་ནི། ཡོན་ཏན་ཐམས་ཅད་ཀྱི་གཞི་རྟེན་ཡིན་ཞིང་སངས་རྒྱས་ཀྱི་བསྟན་པའི་
ཉམས་ལེན་གྱི་སྟེང་པོ་བསླབ་པ་ཞིག་ཡིན། ནུ་གཱུ་ནས་མཛད་པའི་སུ་ཏི་ད་ལེ་ཁ་ལས།
ཁྲིམས་ནི་རྒྱུ་དང་མི་རྒྱུའི་ས་བཞིན་དུ། །
ཡོན་ཏན་ཀུན་གྱི་གཞི་རྟེན་ལགས་པར་གསུངས། །
ཞེས་གསུངས།
དེ་ལ་མི་དགེ་བཅུ་སྤོང་གི་ཚུལ་ཁྲིམས་གཞིར་བྱས་པའི་ཚུལ་ཁྲིམས་ཀྱི་རྣམ་གྲངས་མང་པོ་
ཡོད་པ་བསྟུ་ན། སོ་ཐར་གྱི་ཚུལ་ཁྲིམས། བྱང་ཆུབ་སེམས་དཔའི་ཚུལ་ཁྲིམས། གསང་སྔགས་ཀྱི་
ཚུལ་ཁྲིམས་གསུམ་གྱི་ནང་དུ་འདུས་པ་རེད། དེ་ལ་མི་དགེ་བཅུ་སྤོང་གི་ཚུལ་ཁྲིམས་ཞེས་པ་ནི།
མི་དགེ་བ་བཅུ་སྤོང་པའི་ཁྲིམས་ཤིག་ལ་ཟེར་ཞིང་། ལུ་སྒྲུབ་བ་སྤྲུབ་རྩས་མཛད་པའི་ཚ་ཧྲྀ་རྩ་
ཀོ་ཏྲ་ལས།
དེ་ལས་ཆེ་ལོང་བསྒྲུབས་ནས་ནི། །
དགེ་དང་མི་དགེ་ཉི་ཤུ་རིགས་པར། །
ལས་ཀྱི་ལམ་ནི་བཅུར་གསུངས་སོ། །

ཞེས་གསུངས། མི་དགེ་བ་བཅུ་ནི། ལུས་ཀྱི་སྒོ་ནས་སྲོག་གཅོད། མ་བྱིན་ལེན། ལོག་ག་ཡེམ་
དང་གསུམ། ངག་གི་སྒོ་ནས་རྫུན། ཕྲ་མ། ཚིག་རྩུབ། ངག་འཁྱལ་དང་བཞི་ཡིད་ཀྱི་སྒོ་ནས་
བརྐབ་སེམས། གནོད་སེམས། ལོག་ལྟ་དང་གསུམ་བཅས་སྟེ་གསུམ་གྱི་ལམ་ནས་བྱས་ཤིང་
བསགས་པའི་ལས་ལས་བཅུ་ཡོད།

སྲོག་གཅོད་ནི། ཡན་ལག་ལྟ་དང་ལྷུན་པ་སྟེ་གཞི་རང་ལས་རྒྱུད་ཕ་དང་པའི་སེམས་ཅན།
བསམ་པ་དེར་འདུད་ཤེས་ཤིང་མ་འཁྲུལ་བ། སྦྱོར་བ་དུག་མཚོན་རིག་སྲགས་སོགས་ཀྱིས་རང་
གིས་གསོད་པའམ་གཞན་ལ་གསོད་དུ་འཇུག་པ། ཉོན་མོངས་ནི་འདོད་ཆགས། ཞེ་སྡང་། གཏི་
མུག་གསུམ་སྟེ་དང་། ཁྲིད་པར་ཞེ་སྡང་། མཐར་ཕྱུག་ནི་གསད་བྱ་དེ་རང་ཉིད་མ་ཤི་བའི་
སྔོན་དུ་ཉི་བ། དེ་ལྟར་ནི་སྲོག་གཅོད་ཀྱི་ལས་ལམ་རྫོགས་ལ། ཡན་ལག་ཉི་རིགས་མ་ཚང་ན་
ཉེས་པ་འབྱུང་ཡང་ལས་ལམ་མ་རྫོགས་པ་སྟེ་འདི་ཉིད་ལོག་མ་རྣམས་ལའང་ཤེས་དགོས།

འདི་ལ་དབྱེ་ན། ཤ་ལ་སྲེད་པ་ལྟ་བུ་འདོད་ཆགས་ཀྱི་སྒོ་ནས་སྲོག་གཅོད་པ་དང་། འགོན་
ཞུགས་པ་ལྟ་བུ་ཞེ་སྡང་གི་སྒོ་ནས་སྲོག་གཅོད་པ་དང་། ཕྱུགས་ཀྱི་མཆོད་སྦྱིན་ལྟ་བུ་གཏི་མུག་
གི་སྒོ་ནས་སྲོག་གཅོད་པ་སྟེ་གསུམ། སྲོག་གཅོད་ཀྱི་ནང་ནས་ཀྱང་དུག་བཙལ་པ་དང་། རང་གི་
བླ་མ་དང་། ཕ་མ། དགེ་སྦྱོང་། བྲམ་ཞེ་སོགས་ཀྱི་སྲོག་གཅོད་པ་ལྟ་བུ་ཐྱིག་པ་ཤིན་ཏུ་ཆེ།

མ་བྱིན་ལེན་ནི། གཞི་གཞན་གྱིས་བདག་གིར་བཟུང་བའི་རྫས་དང་། དཀོན་མཆོག་ལ་
བསྔོས་པའི་ཡོ་བྱད་སོགས་དང་། བསམ་པ་གཡོ་སྒྱུའི་སེམས་དང་མ་ཐྱུ་དང་འཁབ་ཁུས་ལེན་
པར་འདོད་པའི་ཀུན་སློང་། སྦྱོར་བ་རང་ངམ་གཞན་ལ་བྱེད་དུ་འཇུག་པ། ཉོན་མོངས་དུག་
གསུམ་སྟེ་དང་། ཁྲིད་པར་འདོད་ཆགས། མཐར་ཕྱུག་ནི་རྫས་དེ་དག་གཞན་ནས་སྲོས་སམ་
མ་སྲོས་ཀྱང་རང་ལ་ཐོབ་བློ་སྐྱེས་པ། འདི་ལ་དབྱེ་ན་ཉེས་མེད་བཙན་འཕྲོག་ལྟ་བུ་མཐུའི་
སྒོ་ནས་བརྐུས་པ། ཁང་བ་འཕུགས་པ་ལྟ་བུ་འཁབ་བུའི་སྒོ་ནས་བརྐུས་པ། ཉེ་སྲུང་ལོག་པ་
འཇུགས་པ་ལྟ་བུ་གཡོའི་སྒོ་ནས་མ་བྱིན་པར་ལེན་པ་སྟེ་གསུམ་ཡོད། མ་བྱིན་ལེན་གྱི་ནང་
ནས་དཀོན་མཆོག་གི་རྫས་རྐུ་བ་ཉེས་པ་ཤིག་པ་ཉིན་ཏུ་ཆེ། །

ལོག་ག་ཡེམ་ནི། གཞི་གཞན་གྱིས་བདག་ཏུ་བཟུང་བའི་བུད་མེད་དང་། བདུན་བརྒྱད་ཆུན་
གྱི་ཉི་དུ། ཚུལ་ཁྲིམས་སྲུང་བའི་དགེ་སློང་མ་སོགས་བསྒྲོ་བྱ་མ་ཡིན་པ། རང་གི་རྒྱུང་མ་ཡིན་
ཡང་དཀོན་མཆོག་གི་རྟེན་དུང་སོགས་གནས་མ་ཡིན་པ། མངལ་སྒོ་མ་གཏོགས་པའི་ལམ་

གནན་ཏེ་ལམ་མ་ཡིན་པ་གསོ་སྐྱོང་ལ་གནས་པ་དང་། སྐྱམ་མ་ཟླ་མཚན་ཤུན་ཏུས་དང་། ཉིན་
མོ་སོགས་དུས་མ་ཡིན་པ་རྣམས་དང་། བསམ་པ་བགྲོད་འདོད་ཀྱི་ཀུན་སློང་། སྤྱོར་བ་ལས་
དེ་ཚོལ་པ། ཉེན་མོངས་དུག་གསུམ་དང་ཁྱད་པར་འདོད་ཆགས། མཐར་ཐུག་ནི་དབང་པོ་
གཉིས་རེག་པ་ལས་བྱུང་བའི་ཚོར་བའི་འཇམས་སུ་སྐྱོང་བ་ལ་སྲེད་པས་བདག་གིར་བྱེད་པ། འདི་
ལ་དབྱེ་ན། མ་སྲིད་ལྟ་བུ་རིགས་ཀྱིས་སྐྱོང་བ་ལ་ལོག་པར་གཡེམ་པ། གནན་གྱི་ཆུང་མ་ལྟ་བུ་
བདག་པོས་སྐྱོང་བ་ལ་ལོག་པར་གཡེམ་པ། དགེ་སྐྱོང་མ་ལྟ་བུ་ཚོས་ཀྱིས་སྐྱོང་བ་ལ་ལོག་པར་
གཡེམ་པ་སྟེ་གསུམ། འདོད་ལོག་གི་ནན་ནས་མ་ཡང་ཡིན་ལ་དགུ་བཙམ་མ་ཡང་ཡིན་པ་ཞིག་
ལ་ལོག་པར་སྤྱོད་པ་ལྟ་བུ་ཞིག་པ་ཡིན་ཏུ་ཆེ། །

 རྫུན་སྨྲ་བ་ནི། གཞི་རང་ལས་ཐ་དད་པའི་གང་ཟག བསམ་པ་གཞན་སྐྱུ་སེམས་ཀྱིས་མ་
མཐོང་བ་ལ་མཐོང་ཞེས་པ་ལྟ་བུ་རྫུ་འདོད་ཀྱི་ཀུན་སློང་། སྤྱོར་བ་ནི་ལས་དེ་ལྷུས་ངག་གང་
རུང་གི་རིག་བྱེད་དུ་ཐོན་པ། ཉེན་མོངས་ནི་དུག་གསུམ་སོགས་པ་རོལ་པོས་དོན་གོ་བ། འདིའི་
སྤྱོར་བ་ངག་གི་རིག་བྱེད་དང་ངག་གི་རྟོད་པ་ལོ་ནར་མ་ཟེས་ཏེ། ལྷུས་ཀྱི་བརྡ་ལས་རྫུན་ཏུ་
འགྱུར་བ་ཡང་ཡོད། འདེ་ལ་དབྱེ་ན། མིའི་ཚོས་ཟླ་མ་སྟེ་ཡོན་ཏུན་གོང་མ་མ་ཐོབ་པ་ཐོབ་ཚུལ་
ལྟ་བུ་ཐམ་པའི་རྫུན། བདག་གཞན་ལ་ཐན་གཏོང་སྐྱེལ་བའི་རྫུན་ཆེན་པོ་ཐབ་གཏོད་མེད་པའི་
རྫུན་ཕ་མོ་སྟེ་གསུམ། རྫུན་གྱི་ནན་ནས་སངས་རྒྱས་ལ་སྐུར་བ་བཏབ་པ་དང་། བླ་མ་དང་། ཕ་
མ་སོགས་དགུ་གཡོག་པ་ལ་ཐིག་ཅེན་ཏུ་ཆེ། །

ཕྲ་མ་ནི། གཞི་མ་རོལ་པོ་མཐུན་པ། བསམ་པ་དབྱེ་བར་འདོད་པ། སྤྱོར་བ་ལས་དེ་ཚོལ་པ།
ཉེན་མོངས་གསུམ་དང་ཁྱུད་པར་ཞེ་སྡང་། མཐར་ཐུག་པ་རོལ་པོས་དོན་གོ་བ། མི་མཐུན་པ་
སྐྱམ་པར་ཚོལ་བ་ལྟར་ནི་བསྒུམ་པའི་བསམ་སྦྱོར་བྱེད་པའང་འདིའི་ཁོངས་གཏོགས་ཡིན། འདི་
ལ་དབྱེ་ན། མཛའ་བ་དགོས་སུ་འབྱེད་པ་ལྟ་བུའི་བཙན་ཕྱ། གཞིགས་སྐྱོང་བྱེད་པས་དབྱེ་བ་
ལྟ་བུ་གཞིགས་ཕྱ། ཤོག་ཏུ་དབྱེན་བྱེད་པ་ལྟ་བུའི་ཤོག་ཕ་སྟེ་གསུམ། ཕ་མའི་ནན་ནས་བླ་སློབ་
དང་དགེ་འདུན་གྱི་དབྱེན་བྱེད་པ་ཐིག་ཅེན་ཏུ་ཆེ། །

ཚིག་རྩུབ་ནི། གཞི་སེམས་ཅན་གྱི་རྒྱུད་ཏུ་གཏོགས་པ། བསམ་པ་མི་སྙན་པ་བརྗོད་འདོད་
ཀྱི་ཀུན་སློང་། སྤྱོར་བ་དེ་བརྩོན་པ། མཐར་ཐུག་དག་གི་རྣམ་པར་རིག་བྱེད་ཏུ་ཐོན་པ། ཉེན་
མོངས་གསུམ་དང་ཁྱུད་པར་ཞེ་སྡང་། འདི་ལ་དབྱེ་ན། གནན་ལ་དགོས་སུ་ངན་མཚང་སྒྲ་བ་ལྟ་

བུ་དོར་རྒྱུབ་པ། ཀྱལ་ཀ་དང་བཤེས་ནས་གནན་ལ་ཚིག་ངན་སྨྲ་བ་ལྷ་བུ་གཤོགས་ཏེ་རྒྱུབ་པ།
གནན་གྱི་དེའི་མཐང་པོ་སོགས་ལ་ངན་མཚང་སྨྲ་བ་ལྷ་བུ་བརྒྱུད་ནས་རྒྱུབ་པ་དང་གསུམ། ཚིག་
རྒྱུབ་ཀྱི་ནང་ནས་པ་མཐའ་འཕགས་པ་ལ་ཚིག་རྒྱུབ་སྨྲ་བ་ཕྱིག་པ་ཤིན་ཏུ་ཁེ།

    དག་འཁྱལ་བ་ནི། གཞི་སེམས་ཅན་གྱི་རྒྱུད་དུ་གཏོགས་པ། བསམ་པ་དག་མེད་པས་ཚུལ་
ཚོལ་མང་པོ་སྨྲ་འདོད་ཀྱི་ཀུན་སློང་། སྦྱོར་བ་ནི་ཁ་གསག་དང་སྒྲ་སོགས་བརྗོད་པར་ཚོལ་པ།
མཐར་ཐུག་དག་གི་རིག་བྱེད་དུ་ཐོན་པ། ཉིན་མོངས་ནི་དུ་ག་གསུམ་དང་ཁྱུད་པར་གདི་ཤུག་
འདི་ལ་དབྱེ་ན། སྒྱུ་སྟེགས་པའི་བཀླས་ཏོང་ལྷ་བུ་ལོག་པའི་དག་ཀྱལ། བྱེ་མོའི་གཏམ་ལྷ་བུའི་
འཇིག་རྟེན་པའི་དག་ཀྱལ། སྦྱོང་མིན་ལ་ཚིག་འཆད་པ་ལྷ་བུ་བདེན་པའི་དག་ཀྱལ་ཏེ་གསུམ།
དག་ཀྱལ་གྱི་ནང་ནས་ཚོས་ལོ་ན་དོན་དུ་གཏེར་བ་རྣམས་གཡེང་བར་བྱེད་པ་ཕྱིག་པ་ཁེ།

    བརྐུབ་སེམས་ནི། གཞི་པ་རོལ་པོའི་ཕྱི་ནང་གི་རྫས། བསམ་པ་གནན་གྱི་ཕུན་ཚོགས་དང་
པོ་བྱད་ལ་རེ་བ་དང་སྐྱོན་པའི་ཀུན་སློང་། སྦྱོར་བ་དེ་ཡང་ཡང་སེམས་པ། ཉིན་མོངས་གསུམ་
དང་ཁྱུད་པར་འདོད་ཆགས། མཐར་ཐུག་ནི་ལས་དེ་ཡང་དང་ཡང་དུ་བྱེད་ཅིང་ཁྲེལ་དང་ངོ་
ཚ་དོར་ནས་གནེན་པོ་མ་བསྟེན་པ། འདི་ལ་དབྱེ་ན། རང་གི་ཚོ་རིགས་ལ་ཞེན་པ་ལྷ་བུ་བདག
གི་པ་ལ་བརྐུབ་སེམས་པ། ཕ་རོལ་པོའི་ཕུན་ཚོགས་ལ་ཆགས་པ་ལྷ་བུ་གནན་གྱི་ལ་བརྐུབ
སེམས་པ། ས་འོག་གི་གཏེར་ལ་སྐློན་པ་ལྷ་བུ་གཞིས་ཀ་མ་ཡིན་པ་ལ་བརྐུབ་སེམས་པ་སྟེ་གསུམ་
ཡོད། བརྐུབ་སེམས་ཀྱི་ནང་ནས་སྟོང་བ་པའི་རྗེ་པ་ལ་བརྐུབ་སེམས་པ་ཕྱིག་པ་ཁེ། །

    གནོད་སེམས་ནི། གཞི་སེམས་ཅན་གྱི་རྒྱུད་དུ་གཏོགས་པ། བསམ་པ་གནོད་བཟེག་སོགས
གནོད་པར་བྱེད་འདོད་ཀྱི་ཀུན་སློང་། སྦྱོར་བ་དེར་སེམས་བཞིན་པའི་གནས་སྐབས། ཉིན་
མོངས་གསུམ་དང་ཁྱུད་པར་ཞེ་སྡང་། མཐར་ཐུག་དེ་ལ་ཡོན་ཏན་དུ་བལྟ་ཞིང་གཉེན་པོ
བསྟེན་འདོད་མེད་པ། འདི་ལ་དབྱེ་ན། གཡུལ་པོ་སོགས་སུ་གནན་གསོད་སེམས་ལྷ་བུ་ཞེ་སྡང
གི་ཆ་ལས་བྱུང་བའི་གནོད་སེམས། འཁྲན་ལྷ་སོགས་ལ་གནོད་སེམས་ལྷ་བུ་ཕྲག་དོག་གི་ཆ་ལས
བྱུང་བའི་གནོད་སེམས། གནོད་བྱེད་སྐར་འདུད་ཀྱང་མནར་སེམས་པ་ལྷ་བུ་ལོན་འཛིན་གྱི་ཆ
ལས་བྱུང་བའི་གནོད་སེམས་ཏེ་གསུམ་ཡོད། གནོད་སེམས་ཀྱི་ནང་ནས་མཆོགས་མེད་པའི་ཀུན
སློང་གནོད་སེམས་ལྷ་བུ་ཕྱིག་པ་ཤིན་ཏུ་ཁེ།

    ལོག་ལྷ་ནི། གཞི་དགེ་མི་དགེའི་ཚོས་སོགས། བསམ་པ་ནི་དགེ་ཕྱིག་མེད་པར་ལྷ་བ་དང་

རྒྱུ་འབྲས་ཕྱིན་ཅི་ལོག་ཏུ་ལྟ་བ་སོགས་ཀྱི་ཀུན་སློང་། སློང་བ་ནི་དེར་ཡང་ཡང་སེམས་པའི་གནས་
སྐབས། ཉོན་མོངས་གསུམ་དང་ཕྱུང་པར་གཏི་མུག་མཐར་ཐུག་དེར་ཐག་བཅད་ཅིང་གཉེན་པོ་
མེད་པ། འདི་ལ་དབྱེ་ན། དགེ་ཕྱིག་བའི་ཕྱུག་གི་རྒྱུར་མི་འདོད་པ་ལྟ་བུ་ལས་འབྲས་ལ་ལོག་ལྟ་
ལས་བདེན་ཉམས་སུ་བླངས་ཀྱང་འགོག་བདེན་ཐོབ་པར་མི་འདོད་པ་ལྟ་བུ་བདེན་པ་ལ་ལོག་
ལྟ། དཀོན་མཆོག་ལ་སྐུར་འདེབས་ལྟ་བུ་དཀོན་མཆོག་ལ་ལོག་ལྟ་སྟེ་གསུམ་ཡོད། ལོག་ལྟ་ནི་
ཡིད་ཀྱི་མི་དགེ་བའི་ནང་ནས་ལྕེ་ཤོས་ཡིན། དེ་འདྲ་བའི་མི་དགེ་བ་བཅུ་སྤངས་པ་ལ་མི་དགེ་
བཅུ་སློང་གི་ཚུལ་ཁྲིམས་ཟེར།

སོ་སོར་ཐར་པ།

སོ་སོར་ཐར་པའི་ཚུལ་ཁྲིམས་ཞེས་པ་ནི། གང་ཟག་སོ་སོ་འཁོར་བའི་སྡུག་བསྔལ་ལས་ཐར་
བར་བྱེད་པས་ན་སོ་སོར་ཐར་པ་ཞེས་བརྗོད་པ་རེད། དེའི་ངོ་བོ་ནི་རང་ཉིད་ཞི་བ་དོན་གཉེར་
གྱི་སློབ་འཇིགས་སྐྱོབ་དང་ལྷགས་སྐྱོབ་ཚད་མ་ཡིན་པར་འཁོར་བ་མཐའ་དག་ལས་ངེས་པར་
འབྱུང་འདོད་ཀྱི་བསམ་པས་ཀུན་ནས་བསླངས་ཏེ་ཉོན་པའི་ཚུལ་ཁྲིམས་གཉེན་གཅོད་གཞི་
དང་བཅས་པ་སྡོང་བའི་སེམས་པ་མཚུངས་ལྡན་དང་བཅས་ས་ཞིག་ལ་ཟེར། སོ་སོར་ཐར་པའི་
ཚུལ་ཁྲིམས་ལ་རྟེན་གྱི་སྒོ་ནས་དབྱེ་ན། བ་བརྒྱ་བཅུགས།

སོ་སོར་ཐར་ཚེས་བུ་རྣམ་བརྒྱད། །

ཧྲས་སུ་རྣམ་པ་བཞི་ཡིན་ནོ། །

ཞེས་བསྟེན་གནས། དགེ་བསྙེན་ཕ་མ་གཉིས། དགེ་ཚུལ་ཕ་མ་གཉིས། དགེ་སློབ་མ། དགེ་
སློང་ཕ་མ་གཉིས་བཅས་ཀྱི་སྡོམ་པ་སྟེ་སོ་ཐར་ཀྱི་སྡོམ་པ་རིགས་བརྒྱད་ཡོད། བསྟེན་གནས་
ཀྱི་སྡོམ་པའི་བསྲུང་བྱ་བརྒྱད་དང་། དགེ་བསྙེན་ཕ་མ་ལ་བསྲུང་བྱ་ལྔ་རེ། དགེ་ཚུལ་ལ་བསྲུང་
བྱ་བླངས་འདས་སོ་དྲུག་ཕྱོགས་མཐུན་དང་བསམས་བྱུང་ཉེས་བྱས་སོགས་ཡོད། དགེ་སློབ་མ་
ལ་དགེ་ཚུལ་གྱི་བསྲུང་བྱ་རྣམས་ཀྱི་སྟེང་དུ་རྩ་བའི་ཆོས་དྲུག་དང་། རྗེས་མཐུན་གྱི་ཆོས་དྲུག་
བཅས་བཅུ་གཉིས་བསྲུང་དགོས། དགེ་སློང་ཕ་ལ་བསྲུང་བྱ་ཕལ་ལ་བཞི། ལྷག་མ་བཅུ་གསུམ།
སྤང་ལྟུང་སུམ་ཅུ། ལྟུང་བྱེད་འབའ་ཞིག་པ་དགུ་བཅུ། སོར་བཤགས་པའི་ཉེས་བྱས་བཅུ་དང་
བཅུ་གཉིས་བཅས་ཁྲིམས་ཞེས་བཅུ་ལྔ་བཅུ་རྩ་གསུམ་ཡོད་པ་བསྲུང་དགོས། དགེ་སློང་མ་ལ་
བསྲུང་བྱ་ཕལ་མ་ལ་བརྒྱད། ལྷག་མ་ཉི་ཤུ། སྤང་ལྟུང་སོ་གསུམ། ལྟུང་བྱེད་འབའ་ཞིག་པ་བཅུ་དང་

བརྒྱུད་ཅུ་སོར་བཞགས་བཅུ་གཅིག །ཉིས་བྱལ་བཅུ་དང་བཅུ་གཉིས་བཅས་ཁྲིམས་སུམ་བཅུ་
དང་དྲུག་ཅུ་རྩ་བཞི་ཡོད་པ་བསྲུང་དགོས། །

སོ་ཐར་རིགས་བརྒྱད་ཀྱི་ནང་ནས་དང་པོ་བསྙེན་གནས་ནི། ཉིན་ཞག་གཅིག་གི་མཐའ་
ཅན་ཡིན་པས་ཉིན་གཅིག་བསྲུང་ན་འགྲིག་ཅིང་། དགེ་བསྙེན་པ་མ་སོགས་ལྔ་ག་མ་བདུན་ནི་
ཇི་སྲིད་འཚོའི་མཐའ་ཅན་ཡིན་པས་མ་ཤི་བར་དུ་བསྲུང་དགོས། །

དེ་འདྲའི་ཚུལ་པ་ནོད་པ་པོ་ཡང་། མཚམས་མེད་ཀྱི་ལས་བྱས་པ་སོགས་ཚུལ་པ་སྐྱེ་བའི་
བར་ཆད་རྒྱལ་པོ་དང་པ་མས་མ་གནང་བ་སོགས་གནས་པའི་བར་ཆད། བུ་རོག་སྐྱོང་མི་ནུས་
པ་སོགས་ཁྱུད་པར་དུ་འགྱུར་བའི་བར་ཆད། སྐུ་སེར་ཅན་དང་རུ་རྒྱལ་སོགས་མཛེས་པའི་བར་
ཆད་དེ། བར་ཆད་དེ་དག་བྲལ་བ་ཞིག་དགོས་པ་མ་གཏོགས་རིགས་བཟང་ངན་དང་། དབུལ་
ཕྱུག་གི་ཁ་སྣང་མེད་པར་རང་གི་བློ་ནུས་དང་བསྟུན་པའི་ལག་ལེན་ཐུབ་ན་ཚུལ་པ་ནོད་ཆོག་
པ་རེད། །

ཚུལ་པ་མ་ཐོབ་པ་འཐོབ་པར་བྱེད་པའི་ཚོ་ག་ལ་དགའ་ཚོགས་ཆེན་པོ་མི་དགོས་པ་སྟོན་
གྱི་ཚོ་ག་དང་། དཀའ་ཚོགས་ཆེན་པོའི་སྡོ་ནས་བསྒྲུབ་དགོས་པ་ད་ལྟར་གྱི་ཚོ་ག་དང་གཉིས་
ཡོད། ཐོབ་ཟིན་ནས་བསྲུང་བའི་ཆུལ་ལ་འང་། གང་ཟག་གཞན་ལ་བསྙེན་ནས་བསྲུང་བ། བསམ་
པ་དག་པའི་སྡོ་ནས་བསྲུང་བ། མི་མཐུན་ཕྱོགས་རོ་ཤེས་པའི་སྡོ་ནས་བསྲུང་བ། བསླབ་པ་
ཡོངས་སུ་སྐྱོང་བའི་སྡོ་ནས་བསྲུང་བ། བདེ་བར་གནས་པའི་རྒྱུ་བསྙེན་པའི་སྡོ་ནས་བསྲུང་བ་
དང་ལྔ་ཡོད་པ་ལས། །

དང་པོ་གང་ཟག་གཞན་ལ་བསྙེན་ནས་བསྲུང་བ་ནི། མང་དུ་ཐོས་པའི་མཁས་པ་རྣམས་
ཀྱི་གདམས་ངག་དང་། བརྟན་པའི་ཕྱག་ལེན་བཟང་པོའི་མིག་ལྟོས་ལ་བརྟེན་ནས་བསྲུང་ཞིང་།
ཁྱད་པར་བསྙེན་པར་རྟོགས་ནས་མཚན་ཉིད་ཚང་བའི་གནས་ཀྱི་སློབ་དཔོན་ལ་བརྟེན་དགོས་
པ་ཡིན། །

གཉིས་པ་རང་གི་བློའི་བསམ་པ་དག་པས་བསྲུང་བ་ནི། སྔར་དོར་གྱི་གནས་ལ་སློ་བའི་
བཅོན་འགྱུས། འདུག་ཕྱོག་གི་གནས་ལ་གཟབ་པའི་བག་ཡོད། རང་གི་རྒྱུད་ལ་བརྟག་ཅིང་
དཔྱད་པའི་དུན་པ་དང་ཤེས་བཞིན། གཞན་ལ་སློན་ནས་ཕོ་ཚ་ཤེས་ཤིང་རང་ལ་སློན་ནས་ཁྲེལ་
ཡོད་པ་དང་མ་བྲལ་བའི་སློ་ནས་བསྲུང་བ་དང་། །

གསུམ་པ་མི་མཐུན་ཕྱོགས་ཏོ་ཤེས་པས་བསྒྲུབ་པ་ནི། ཕྱིམ་པ་གཏོང་བའི་རྒྱུ། ཉེམས་པའི་རྒྱུ། གནས་པའི་རྐྱེན། སེམས་རབ་ཏུ་དྭངས་པ་ལ་གེགས་བྱེད་པའི་རྒྱུ་རྣམས་ཏོ་ཤེས་ནས་མངོན་ན་འདུལ་བའི་གཞུང་ལུགས་ལ་སྦྱོར་ཅིང་ཕོབ་བསམས་བྱ་བའི་སྐྲོ་ནས་བསྒྲུབ་པ་དང་། །

བཞི་པ་བསླབ་པ་ཡོངས་སུ་སྐྲོང་བས་བསྒྲུབ་པ་ནི། གསོ་སྐྲོང་དང་། དབྱེར་གནས། དགའ་བྲེ་བཅས་གཞི་གསུམ་གྱི་ཕྱག་ལེན་ལ་བརྩོན་པ་ཡིན། །

ལྔ་པ་བདེ་བར་གནས་པའི་རྒྱེན་བརྟེན་པས་བསྒྲུབ་པ་ནི། གོས་ལ་བརྟེན་པའི་ལྷུང་བ་དེ་བཞིན་དུ་ཟས་ལ་བརྟེན་པ་དང་། སྤྱོད་སྤྱུང་ལ་བརྟེན་པ། གནས་ལ་བརྟེན་པ་རྣམས་སྲུངས་ཤིང་བསྒྲུབ་དགོས་པ་ཡིན། །

ཉེས་པ་འབྱུང་བའི་རྒྱུའི་གཙོ་བོ་ནི། ལྷུང་བ་འབྱུང་བའི་སྐྲོ་བཞི་ཤེས་པ། མི་ཤེས་པ་དང་། མ་གུས་པ་དང་། བག་མེད་པ་དང་། ཉོན་མོངས་པ་མང་བ་བཅས་ཀྱི་གཉེན་པོར་འདིར་བཤད་པའི་བསླབ་པ་བསྒྲུང་བའི་ཐབས་ལྔ་པོ་བསྟེན་ནས་ཚུལ་ཁྲིམས་ཤིག་གི་འབས་བུ་ལྡུར་བསྒྲུབ་པ་ལ་བརྩོན་པར་བྱ་དགོས་པ་ཡིན། །

དེ་ལྟར་སོ་ཐར་གྱི་ཕྱིམ་པ་ནི། ཐེག་པ་ཆེ་ཆུང་གི་ཐུན་མོང་གི་ཚུལ་ཁྲིམས་ཡིན་ཞིང་། བྱང་ཆུབ་སེམས་དཔའི་ཕྱིམ་པ་དང་། གསང་སྔགས་ཀྱི་ཕྱིམ་པ་ནི་ཐེག་པ་ཆེན་པོའི་ཚུལ་ཁྲིམས་ཡིན་ཞིང་ཆུབ་སེམས་དཔའི་ཕྱིམ་པ་དོན་ནས་བསྒྲུབ་བྱ་ལ། ཚ་སྤྱུང་བཅོ་བརྒྱད་དང་། ཉེས་བྱས་བཞི་བཅུ་ཞེ་ལྔག་ཡོང་། གསང་སྔགས་ཀྱི་ཕྱིམ་པ་དོན་ནས་བསྒྲུབ་བྱ་ལ། ཚ་སྤྱུང་བཅུ་བཞི་དང་། ཕྱིམ་པོ་བཅུད་སོགས་རིགས་ལྔ་སྒྲི་དང་། སོ་སོའི་དང་ཆིག་ཕྱིམ་པའི་རྣམ་གྲངས་མང་དུ་ཡོད། ཕྱིམ་པ་དེ་གཉིས་ཀྱི་བསྒྲུང་བྱའི་དྲེ་བ་སོ་སོའི་དོས་འཇིན་དང་། བསྒྲུང་ཚུལ་སོགས་ཆེས་ཤེན་ཏུ་རྒྱ་ཆེ་བས་འདིར་མ་བཀོད། །

ལྔ། གཉིས་པ་ཏིང་ངེ་འཛིན་གྱི་བསླབ་པའི་སྐོར།

ལྷག་པའི་བསླབ་པ་གསུམ་གྱི་ནང་ནས་གཉིས་ཏིང་ངེ་འཛིན་གྱི་བསླབ་པ་ནི། སེམས་དགེ་བའི་དམིགས་པ་གང་རུང་ལ་མི་གཡེང་བར་རྩེ་གཅིག་ཏུ་གནས་པ་དེ་ལ་ཏིང་ངེ་འཛིན་ཞེར་བ་

ཡིན། དེ་ཉིད་གོམས་པ་ལ་བརྟེན་ནས་བསམ་གཏན་དང་གཟུགས་མེད་ཀྱི་དངོས་གཞི་ཐོབ་
ཅིང་། མཐར་གོམས་པ་ཕྱོགས་སུ་ཚོགས་པ་ན་བསམ་གཏན་གྱི་པར་ཕྱིན་དུ་འགྱུར་བ་ཡིན། དེ་
ལ་རོ་བོའི་སྐྱ་ནས་དབྱེ། འཇིག་རྟེན་པའི་ཏིང་ངེ་འཛིན་དང་། འཇིག་རྟེན་ལས་འདས་པའི་
ཏིང་ངེ་འཛིན་གཉིས་ཡོད། དེ་དག་འགྲུབ་པ་ལ། རྒྱལ་སྲས་ཤནྟི་དེ་ཝས་མཛད་པའི་ཚུལ་ཁྲ་བ་
དུ་ར་ལས།

ཞི་གནས་རབ་ཏུ་ལྡན་པའི་ལྷག་མཐོང་གིས། །
ཉོན་མོངས་རྣམ་པར་འཇོམས་པར་ཤེས་བྱས་ནས། །
ཐོག་མར་ཞི་གནས་བཙལ་བྱ་དེ་ཡང་ནི། །

འཇིག་རྟེན་ཆགས་པ་མེད་ལ་མངོན་དགས་འགྲུབ། ཅེས་ཐོག་མར་ཞི་གནས་རྒྱུད་ལ་སྐྱེས།
དེ་ནས་ལྷག་མཐོང་རྒྱུད་ལ་སྐྱེས། དེ་ནས་ཞི་ལྷག་ཟུང་འབྲེལ་གྱི་ཏིང་ངེ་འཛིན་རྒྱུད་ལ་སྐྱེ་
དགོས།   དེ་ཡང་ཐོག་མར་ཞི་གནས་སྒོམ་པའི་རྒྱ་མཚན་ནི། ཐེག་པ་གསུམ་གྱི་ཡོན་ཏན་
ཐམས་ཅད་ཞི་ལྷག་དངོས་སམ་རྗེས་མཐུན་པའི་དཔྱད་འཇིག་གི་སྒོམ་གང་ཡང་རུང་བའི་
འབྲས་བུ་ཡིན། ཞི་གནས་གྲུབ་ན་དཔྱད་སྒོམ་བྱེད་པ་ཐམས་ཅད་ཀྱང་། རང་རང་སོ་སོའི་
དམིགས་པ་གང་ཡིན་ལ་སེམས་གཞན་ལ་མི་གཡོང་བར་འཇུག་པ་ཡིན་པས་དགེ་སྦྱོར་གང་
བྱས་ཀྱང་སྟོབས་ཆེ། ཞི་གནས་སྒོམ་པ་ལ། སྔ་དུ་མི་ཉེས་མཛད་པའི་མ་ལྟུ་ཀི་བུ་ལྡག་ལས།

ཉེས་པ་ལྷ་སྟོང་འདུ་བྱེད་བཀུད། །
བསྟེན་པའི་རྒྱ་ལས་བྱུང་བ་ཡོ། །
ཞེས་ཉེས་པའི་སྐྱོན་ལྷ་སྟོང་ཞིག། གཉིན་པོ་འདུ་བྱེད་བཀྱུད་བསྟེན་དགོས།
ཉེས་པ་ལྷ་ནི། དེ་ཉིད་ལས།
ལེ་ལོ་དང་ནི་གདམས་ངག་རྣམས། །
བརྟེད་དང་བྱིང་དང་རྒོད་པ་དང་། །
འདུ་མི་བྱེད་དང་འདུ་བྱེད་དེ། །

འདི་དག་ཉེས་པ་ལྷར་འདོད་དོ། ཞིས་ཏིང་ངེ་འཛིན་སྒོམ་པ་སྐྱོ་བ་མེད་པའི་ལེ་ལོ་དང་
གཅིག གང་ལ་དམིགས་པའི་རྟེན་དེ་ཉིད་དྲན་ཡུལ་ནས་སྟོར་བའི་བརྗེད་པ་དང་གཉིས།
དམིགས་རྟེན་ལ་བརྗེད་ཀྱང་སེམས་བྱིང་རྒོད་གང་རུང་གི་དབང་དུ་ཤོར་བ་དང་གསུམ།

དེའི་དབང་དུ་བྱས་པ་ཆོས་འཛིན་ཀྱང་དེ་སྟོང་པའི་གཉེན་པོ་མི་བསྟེན་ཞིང་འདུ་མི་བྱེད་པ་
དང་བཞི་བྱེད་ཆོད་ཀྱི་སྐྱོན་མེད་ཀྱང་ད་དུང་དམིགས་པ་ལ་གནང་དུ་མ་བསྟུན་པར་བྱེད་ཆོད་
ཀྱི་གཉེན་པོ་བསྟེན་ཞིང་འདུ་བྱེད་པ་སྟེ་ཉེས་པ་ལྷ་པོ་འདི་དག་སྤང་ནས་བསྒོམ་དགོས། དེ་
དགའ་སྟོང་བྱེད་ཀྱི་གཉེན་པོ་འདུ་བྱེད་བརྒྱད་བསྟེན་ཆུལ་ནི་ དེ་ཉིད་ལས།

གནས་དང་དེ་ལ་གནས་པ་དང་། །
རྒྱུ་དང་འབྲས་བུ་ཉིད་དུ་འོ། །
དམིགས་པ་བརྗེད་པར་མ་གྱུར་དང་། །
བྱིང་དང་རྒོད་པ་རྟོགས་པ་དང་། །
དེ་སྟོང་མཚོན་པར་འདུ་བྱེད་དང་། །
ཞི་ཚེ་རྣལ་དུ་འཇུག་པ་འོ། །
ཞེས་གསུངས།

སེམས་དགེ་བའི་དམིགས་པ་གང་རུང་ལ་མི་གཡེང་བར་རྩེ་གཅིག་ཏུ་གནས་པ་དེ་ལ་
ཏིང་ངེ་འཛིན་ཞེས་ཟེར།

ཉེས་པ་ལྔའི་དང་པོ་ལེ་ལོའི་གཉེན་པོར་བཞི་དང་། དེ་ནི་རྣམས་ལ་རེ་རེ་ཡོད། དང་པོ་
ལེ་ལོའི་གཉེན་པོ་བཞི་ནི། དང་པ་དང་། འདུན་པ་དང་། བརྩོན་འགྲུས་དང་། ཤིན་སྦྱངས་བཞི་
ཡིན། གཉིས་པ་བརྗེད་ངས་ཀྱི་གཉེན་པོར་དྲན་པ་དང་། གསུམ་པ་བྱིང་རྒོད་ཀྱི་གཉེན་པོར་
ཤེས་བཞིན་དང་། བཞི་པ་འདུ་མི་བྱེད་ཀྱི་གཉེན་པོར་འདུ་བྱེད་སེམས་པ་དང་། ལྔ་པ་འདུ་
བྱེད་པའི་གཉེན་པོར་རྣལ་དུ་འཇོག་པའི་བདང་སྙོམས་དེ་འདུ་བྱེད་བརྒྱད་བསྟེན་ནས་བསྒོམ་
དགོས། དེ་དག་ཀྱང་སེམས་གནས་འགྱུར་ཕྱི་ལ་དང་། དེ་རྣམས་སྟོབས་དྲུག་གིས་འགྲུབ་ལུགས་
དང་། ཡིད་བྱེད་བཞིས་སྟུང་ཆུལ་རྣམས་ཤེས་ནས་བསྒོམ་ན་ཏིང་ངེ་འཛིན་སྐྱོན་མེད་བའི་ལྷག་
ཏུ་འགྲུབ་པར་འགྱུར་བ་ཡིན། སེམས་གནས་དགུ་ནི། ལྕང་མི་ཉིས་མཉད་པའི་སྐུ་ཏུ་ཤླཽཀྱར་
ལས།

དམིགས་པ་ལ་ནི་སེམས་གཏད་ནས། །
དེའི་རྒྱུན་རྣམ་པར་གཡེང་མི་བྱ། །

རྣམ་གཡེང་སྒྱུར་དུ་རྟོགས་ཐུབ་ནས། །

དེ་ལ་སྒྲར་ནི་སྐྱོན་པར་བྱ། །

བློ་ལྡན་གོང་ནས་གོང་དུ་ཡང་། །

སེམས་ནི་ནན་དུ་བསྒྲུ་བར་བྱ། །

དེ་ནས་ཡོན་ཏན་མཆོག་པའི་ཕྱིར། །

ཏིང་ངེ་འཛིན་ལ་སེམས་འདུལ་བ། །

རྣམ་གཡེང་ཤེས་པ་མཆོག་པའི་ཕྱིར། །

དེ་ལ་མི་དགའར་ཞི་བར་བྱ། །

ཆགས་སོགས་ཡིད་མི་བདེ་ལ་སོགས། །

ལངས་པ་དེ་བཞིན་ཞི་བར་བྱ། །

དེ་ནས་སྟོམ་བཙོན་ཅན་གྱིས་ནི། །

སེམས་ལ་མཆོན་པར་འདུ་བྱེད་བཅས། །

རང་གི་ངང་གིས་འབྱུང་བ་འཆོལ། །

དེ་གོམས་པ་ལས་འདུ་མི་བྱེད། །

ཅེས་སེམས་འཛོག་པ། རྒྱུན་དུ་འཛོག་པ། སླན་ཏེ་འཛོག་པ། ཉེ་བར་འཛོག་པ། དུལ་བར་བྱེད་པ། ཞི་བར་བྱེད་པ། རྣམ་པར་ཞི་བར་བྱེད་པ། རྩེ་གཅིག་ཏུ་བྱེད་པ། མཉམ་པར་འཛོག་པ་དང་དགུ།

སྒྲོབས་དྲུག་ནི། ཐོས་པའི་སྒྲོབས། བསམ་པའི་སྒྲོབས། དྲན་པའི་སྒྲོབས། ཤེས་བཞིན་གྱི་སྒྲོབས། བཙོན་འགྲུས་ཀྱི་སྒྲོབས། ཡོངས་སུ་འདྲིས་པའི་སྒྲོབས་དང་དྲུག

ཡིད་བྱེད་བཞི་ནི། བསྒྲིམས་ཏེ་འཇུག་པའི་ཡིད་བྱེད། ཆད་ཅིང་འཇུག་པའི་ཡིད་བྱེད། ཆད་མེད་དུ་འཇུག་པའི་ཡིད་བྱེད། རྩོལ་མེད་དུ་འཇུག་པའི་ཡིད་བྱེད་དང་བཞི་ཡིན།

དེ་ཡང་ཐོག་མར་སྒྲོབས་དང་པོ་སེམས་དམིགས་པ་ལ་འཛོག་ཆུལ་གྱི་གདམས་ངག་ཐོས་པ་ཙམ་གྱི་རྟེན་སུ་འབྱངས་ནས་སེམས་ཕྱི་རོལ་གྱི་ཡུལ་ལ་འཕྲོ་དུ་མ་བཅུག་པར་ནང་དུ་བསྡུས་ནས་དམིགས་པ་ལ་གཏོད་པ་སེམས་གནས་དང་པོ་སེམས་འཛོག་པ་ཞེས་པ་འབྱུང་། དེའི་ཚེ་དམིགས་པ་ལ་སེམས་ཆེར་གནས་སུ་མི་བཏུབ་པར་རྣམ་རྟོག་རེ་གཟར་གྱི་འབབ་ཆུ་བཞིན་

གཅིག་རྗེས་གཅིག་མཐུད་སྤྲ་བུར་འོངས་པས། རྣམ་རྟོག་མང་དུ་སོང་ངམ་སྐྱམ་པ་རྣམ་རྟོག་
ཏོས་ཟིན་པའི་ཉམས་ཤིག་འོང་། འདི་ནི་སྤྲ་སེམས་ནང་དུ་མ་ཐྱོགས་པར་ཏོས་མ་ཟིན་པ་ལ་
འདི་དུས་དྲན་ཤེས་བསྟེན་པས་ལས་ཆེན་གྱི་འཁྱལ་པ་ལ་ཏོག་དཔྱོད་ཞུགས་པ་ལྟ་བུ་ཡིན་པས་
ཀྱིན་མིན།

དེ་ནས་རིམ་གྱིས་བསྒོམས་པས་སྤོབས་གཉིས་པ་བསམ་པའི་སྤོབས་ཀྱིས་སེམས་དམིགས་
པ་ལ་བཞག་པ་དེའི་རྒྱུན་ཡང་ཡང་བསམས་ནས་བསྐྱངས་པ་ལས་རྒྱུན་ཆུང་ཟད་མཐུད་ནུས་
པ་སེམས་གནས་གཉིས་པ་རྒྱུན་དུ་འགྲོ་བ་ཞེས་པ་འབྱུང་། དེའི་ཚེ་སྐབས་རེར་རྣམ་རྟོག་
ཞི་ཞིང་། སྐབས་རེར་རྣམ་རྟོག་ཐོལ་ལེར་སྐྱེ་བའི་རྣམ་རྟོག་འབལ་གསོ་བའི་ཉམས་ཤིག་འོང་།
སེམས་གནས་འདི་གཉིས་བྱེད་གྲོེན་དུ་ཙང་མང་ཞིང་ཏིང་དེ་འཛིན་ལྟུང་དུ་ལས་མི་འོང་ལ་
སེམས་དམིགས་པར་གཏོད་པ་ལ་འབད་པས་སྐྱེམ་དགོས་པས་ཡིད་བྱེད་བཞིའི་ནང་ཚོན་དང་
པོ་བསྒྲིམས་ཏེ་འཇུག་པའི་སྐབས་ཡིན།

དེ་ནས་སྤོབས་གསུམ་པ་དྲན་པའི་སྤོབས་ཀྱིས་རིས་པ་བཞིན་སེམས་དམིགས་པ་ལས་
གཞན་དུ་གཡེང་སོང་ན་འཕྱལ་དུ་ཤེས་ནས་སླར་གྱི་དམིགས་པ་ལ་འཛོག་པ་སེམས་གནས་
གསུམ་པ་སླན་ཏེ་འཛོག་པ་ཞེས་འབྱུང་།

དེ་རྗེས་དང་པོ་ནས་དྲན་པའི་ཤུགས་བསྐྱེད་དེ་དམིགས་པ་ལས་ཡིད་གཡེང་བར་མི་བྱེད་
ཅིང་། སེམས་རང་བཞིན་གྱིས་རྒྱ་ཆེ་བ་ལས་ཡང་ཡང་བསྡུས་ཏེ་ཕྲ་བར་བྱས་ནས་གོང་ནས་
གོང་དུ་འཛོག་པའི་སེམས་གནས་བཞི་པ་ནེ་བར་འཛོག་པ་ཞེས་འབྱུང་།

དེ་ནས་སྤོབས་བཞི་པ་ཤེས་བཞིན་གྱི་སྤོབས་ཀྱིས་རྣམ་རྟོག་དང་ནེ་ཉོན་གྱི་མཚན་མ་ལ་
འཕོ་བའི་ཉེས་དམིགས་ཤེས་བཞིན་གྱིས་རིག་ནས། དེ་གཉིས་ལ་འཕོར་མི་སྟེར་ཞིང་ཏིང་དེ་
འཛིན་གྱི་ཡོན་ཏན་བསམས་ནས་དེ་ལ་དགའ་བ་སེམས་གནས་ལྷ་པ་དུལ་བར་བྱེད་པ་ཞེས་པ་
དང་། རྣམ་གཡེང་གི་ཉེས་དམིགས་ཤེས་བཞིན་གྱིས་རིག་ནས་ཏིང་དེ་འཛིན་ལ་མི་དགའ་བ་
འགོག་པ་སེམས་གནས་དྲུག་པ་ཞི་བར་བྱེད་པ་ཞེས་པ་འབྱུང་།

དེ་ནས་སྤོབས་ལྔ་པ་བརྩོན་འགྲུས་ཀྱི་སྤོབས་ཀྱིས་ཆགས་སེམས་དང་། འཕྲོ་བ་དང་། བྱིང་
རྒྱགས་སོགས་ཕྱ་མོ་འབའ་སྐྱེས་མ་ཐག་དང་དུ་མི་ལེན་པར་ཙོལ་བས་སྤང་བར་བྱེད་པ་སེམས་
གནས་བདུན་པ་རྣམ་པར་ཞི་བར་བྱེད་པ་ཞེས་འབྱུང་། སེམས་གནས་གསུམ་པ་ནས་བདུན་

པའི་བར་ལུ་པོ་དེ་ཏིང་ངེ་འཛིན་ལ་གནས་པ་ཤེས་ཚེ་ཡང་བྱིང་རྐྱེན་གྱིས་བར་དུ་གཅོད་པས་ཆད་ཅིང་འཐུབ་པའི་ཡིད་བྱེད་ཀྱི་སྐབས་ཡིན།

དེ་ནས་ཡང་བཅོམ་འགྲུས་ཀྱི་སྟོབས་ཀྱི་དུན་ཤེས་བསྟེན་ན་བྱིང་རྐྱེད་སོགས་མི་མཐུན་ཕྱོགས་ཀྱི་ཏིང་ངེ་འཛིན་ལ་བར་དུ་གཅོད་མི་ནུས་པར་རྒྱུན་ཆགས་སུ་སྐྱེ་བ་སེམས་གནས་བརྒྱད་པ་རྩེ་གཅིག་ཏུ་བྱེད་པ་ཞེས་པ་འབྱུང་། འདིའི་སྐབས་སུ་རྩོལ་བ་རྒྱལ་བར་བསྟེན་ན་བྱིང་རྐྱེན་གྱིས་བར་གཅོད་མི་ནུས་པར་ཕྱུན་རིང་པོར་སྒྱིང་ཐུབ་པས་ཆད་པ་མེད་པར་འཐུག་པའི་ཡིད་བྱེད་ཀྱི་སྐབས་ཡིན།

དེ་ནས་རིམ་གྱིས་བསྒོམས་པས་སྟོབས་དྲུག་པ་ཡོངས་སུ་འདྲིས་པའི་སྟོབས་ཀྱི་དུན་ཤེས་བསྟེན་པའི་རྩོལ་བ་མི་དགོས་པར་དམིགས་པ་ལ་རང་ཤུགས་ཀྱིས་འཇུག་པ་སེམས་གནས་དགུ་པ་མཉམ་པར་འཇོག་པ་ཞེས་པ་འབྱུང་། འདི་དུས་དཔེར་ན། དགེ་ཆ་སོགས་འདོན་པ་ཤིན་ཏུ་གོམས་པའི་ཚེ་དང་པོར་འདོན་པའི་ཀུན་སློང་བྱུང་ནས་འགོ་བཙུགས་པ་ན་བར་སྐབས་སུ་སེམས་གཡེང་ཀྱང་འདོན་པ་དེ་མི་ཆད་པར་ཚོལ་མེད་དུ་འོང་བ་ལྟར་དང་པོར་སེམས་དམིགས་པ་ལ་གཏོད་པའི་དུན་པས་ལན་གཅིག་མཉམ་པར་བཞག་ན་དེ་རྗེས་དུན་ཤེས་བསྟེན་མི་དགོས་པར་རང་ཤུགས་ཀྱིས་ཏིང་ངེ་འཛིན་དེ་རྒྱུན་མི་ཆད་པར་ཡུན་རིང་པོའི་བར་དུ་འཇུངས་པ་འབྱུང་བས་ཚོལ་བ་མེད་པར་འཐུག་པའི་ཡིད་བྱེད་ཀྱི་སྐབས་ཡིན།

དེ་ལྟ་བུའི་འབད་ཚོལ་མེད་པར་སེམས་ཏིང་ངེ་འཛིན་གྱི་ངང་དུ་ཕྱིལ་ཕྱིལ་འགྲོ་བའི་སེམས་གནས་དགུ་པ་དེ་ཞི་གནས་རྟེན་མཐུན་པ་ཡིན། སྤར་ནས་ཤིན་སྦྱངས་ཀྱི་ཆ་ཕྲ་མོ་ཡོང་བ་རིམ་གྱིས་གོང་དུ་འཕེལ་བ་ལ་བརྟེན་ནས་སེམས་དགེ་བ་ལ་གང་འདོད་དུ་བཀོལ་དུ་མི་རུང་བའི་གནས་ངན་ལེན་ཞི་ནས་སེམས་ཤིན་སྦྱངས་སྐྱེ། དེའི་མཐུས་ལུས་ཀྱི་གནས་ངན་ལེན་དང་བྲལ་ནས་རེག་བྱ་ཆེས་ཡིད་དུ་འོང་བའི་རང་བཞིན་གྱི་ལུས་ཤིན་སྦྱངས་སྐྱེས་པའི་ཚོ་ལུས་ལ་བདེ་ཉམས་ཆེན་པོ་དང་། དེ་ལ་བརྟེན་ནས་སེམས་ལའང་དགའ་བདེའི་ཉམས་ཕུལ་དུ་བྱུང་བ་འབྱུང་། དེའི་དུས་སེམས་དགའ་ཡལ་ཡལ་དེ་ཡང་རིམ་གྱིས་རྒྱུད་དུ་སོང་ནས་སེམས་དམིགས་པ་ལ་བརྟན་པར་གནས་པའི་ཏིང་ངེ་འཛིན་དང་རྗེས་སུ་མཐུན་པའི་ཤིན་སྦྱངས་མི་གཡོ་བ་ཐོབ་པ་དང་དུས་མཉམ་དུ་བསམ་གཏན་དང་པོའི་ཉེར་བསྒྲགས་ཀྱིས་བསྡུས་པའི་ཞི་གནས་གྲུབ་པ་ཡིན།

དེ་ལྟར་ཞེ་གནས་མཚན་ཉིད་པ་གྲུབ་ནས་རིག་གྱིས་སྐྱོ་གོམས་པ་ལས། །ཁམས་གསུམ་ས་
དགུའི༑ ཁམས་གསུམ་ནི། འདོད་པའི་ཁམས། གཟུགས་ཀྱི་ཁམས། གཟུགས་མེད་ཀྱི་ཁམས་དང་
གསུམ། ས་དགུ་ནི། འདོད་པའི་ས། བསམ་གཏན་དང་པོའི་ས། བསམ་གཏན་གཉིས་པའི་
ས། བསམ་གཏན་གསུམ་པའི་ས། བསམ་གཏན་བཞི་པའི་ས། གཟུགས་མེད་ནས་མཁའ་མཐའ་
ཡས་ཀྱི་ས། རྣམ་ཤེས་མཐའ་ཡས་ཀྱི་ས། ཅི་ཡང་མེད་པའི་ས། སྲིད་རྩེའི་ས་བཅས་དགུ་ཡིན། །
ནང་ནས་འོག་མ་ལ་ཆགས་པ་དང་བྲལ་བའི་ཆེ་ས་གོང་མའི་འདོད་གའི་ཐོབ་ཅིང་། དེ་འདི་
བའི་རྒྱུ་སྐྱོམས་འཇུག་བསྒོམ་པ་ལ་བརྟེན་ནས་འབྲས་བུ་གཟུགས་གཟུགས་མེད་ཀྱི་ལྟར་སྐྱེ་བར་
འགྱུར་བ་ཡིན་ཞིང་། དེ་ལ་ཐོག་མར་རྒྱུ་སྐྱོམས་འཇུག་གི་བསམ་གཏན་སྐྱོམ་ཚུལ་ནི་ཉན་ཐོ
ཡམ་མདུས་མཛོད་པའི་ཨ་བྱེ་རྩྱ་སྐྱུ་ཚ་ཡ་ལས༑

    "ཡིད་ལ་བྱེད་པ་བདུན་གྱིས་བསམ་གཏན་དང་པོ་ལ་སྐྱོམས་པར་འཇུག་སྟེ། ཡིད་ལ་བྱེ
པ་བདུན་གང་ཞེ་ན། མཚན་ཉིད་རབ་ཏུ་རིག་པའི་ཡིད་ལ་བྱེད་པ་དང་། མོས་པ་ལས་བྱུང་བ་
དང་། རབ་ཏུ་དབེན་པ་དང་། དགའ་བ་སྡུད་པ་དང་། དཔྱོད་པ་དང་། སྦྱོར་བའི་མཐའ་དང་།
སྦྱོར་བའི་མཐའི་འབྲས་བུ་ཡིད་ལ་བྱེད་པའོ། །"

    ཞེས་བསམ་གཏན་དང་པོའི་ཉེར་བསྡོགས་ལ་མཚན་ཉིད་སོ་སོ་རིག་པ་ཡིད་བྱེད། མོས་པ་
ཡིད་བྱེད། རབ་ཏུ་དབེན་པ་ཡིད་བྱེད། དགའ་བ་སྡུད་པ་ཡིད་བྱེད། དཔྱོད་པ་ཡིད་བྱེད། སྦྱོར་
བའི་མཐའ་ཡི་ཡིད་བྱེད་དང་དྲུག་ཡོད།

    དང་པོ་མཚན་ཉིད་སོ་སོ་རིག་པ་ཡིད་ལ་བྱེད་པ་ཞེས་པ་ནི་ཁམས་འོག་མ་འདོད་པ་ལ་
སྐྱོན་ཅན་དང་། གོང་མ་བསམ་གཏན་དང་པོ་ལ་ཡོན་ཏན་ཅན་དུ་ཐོས་བསམ་འདྲེས་མའི་
བློ་ནས་རྩེར་པོར་རྟོག་ཅིང་ཞེན་མོར་དཔྱོད་པ་དང་། མོས་པ་ལས་བྱུང་བའི་ཡིད་ལ་བྱེད་པ་
ཞེས་པ་ནི་དེ་ཉིད་སྒོམ་བྱུང་གི་ངོ་བོར་སྐྱེས་པ་དང་། དབེན་པ་ལས་སྐྱེས་པའི་ཡིད་ལ་བྱེད་པ་
ཞེས་པ་ནི་འདོད་ཉོན་མཚོན་གྱུར་པ་ཆེན་པོ་སྐོར་གསུམ། །འདོད་ཉོན་སྐོར་དགུ་ནི། འདོད་
ཉོན་ཆེན་པོའི་ཆེན་པོ། ཆེན་པོའི་འབྲིང་། ཆེན་པོའི་ཆུང་དུ་གསུམ་ནི་ཆེན་པོ་སྐོར་གསུམ། དེ
བཞིན་དུ་འབྲིང་གི་ཆེན་པོ། འབྲིང་གི་འབྲིང་། འབྲིང་གི་ཆུང་དུ་སྟེ་འབྲིང་སྐོར་གསུམ། ཆུང་
དུའི་ཆེན་པོ། ཆུང་དུའི་འབྲིང་། ཆུང་དུའི་ཆུང་དུ་གསུམ་ནི་ཆུང་དུ་སྐོར་གསུམ་སྟེ་འདོད་
ཉོན་སྐོར་དགུ་ཡོད། གྱིས་དབེན་པ་ལ་སྟེ་སྤངས་པ་དང་། དགའ་བ་སྡུད་པའི་ཡིད་ལ་བྱེད་པ

ཞེས་པ་ནི། འདོད་ཆེན་མཐོང་གྱུར་བ་འཕྲིང་གསུམ་ཡང་སྲངས་པ་དང་། དཔྱོད་པ་ཡིད་ལ་
བྱེད་པ་ཞེས་པ་འདོད་ཆེན་རྒྱུན་དུ་སྐྱོར་གསུམ་གྱིས་ཀྱང་རྒྱུན་ལ་གོས་མ་གོས་ཏོག་ཅིང་དཔྱོད་
པ་དང་། སྐྱོར་བའི་མཐའ་ཡིད་ལ་བྱེད་པ་ཞེས་པ་ནི་དེ་ལྟར་དཔྱོད་པ་ལ་བརྟེན་ནས་འདོད་
ཆེན་ཕྲ་ཞིང་ཕྲ་བ་རྒྱུན་དུ་སྐྱོར་གསུམ་ཡང་གཏན་པོའི་སྟོབས་ཀྱིས་སྲངས་པ་སྟེ།

དེ་ལྟར་ཡིད་ལ་བྱེད་པ་དྲུག་གིས་སྐྱོར་བའི་མཐའི་འབྲས་བུ་ཡིད་ལ་བྱེད་པ་ཞེས་བསམ་
གཏན་དང་པོའི་དངོས་གཞི་འཐོབ་སྟེ། དེ་དག་ནི་ས་བོག་མ་ལ་སྐྱོན་ཅན་དང་རགས་པར་བལྟ་
ཞིང་། ས་གོང་མ་ལ་སྐྱོན་མེད་པ་དང་ཞི་བར་བལྟ་བའི་ཞི་རགས་རྣམ་པ་ཅན་ཏེ་འཇིག་རྟེན་
པ་དང་འཇིག་རྟེན་ལས་འདས་པའི་ལམ་ཐུན་མོང་བའི་མཚན་ཉིད་ཡིན།

དེ་འདི་ཏོག་དཔྱོད་གཉིས་གཉེན་པོའི་ཡན་ལག་དགའ་བདེ་གཉིས་ཕན་ཡོན་གྱི་ཡན་ལག་
སེམས་རྩེ་གཅིག་པ་གནས་ཀྱི་ཡན་ལག་སྟེ་ཡན་ལག་ལྔ་དང་ལྡན་པ་ནི་བསམ་གཏན་དང་པོའི་
དངོས་གཞི་ཡིན། དེ་ལ་ཏོག་དཔྱོད་གཉིས་ཀ་དང་ལྡན་པ་ནི་དངོས་གཞི་ཙམ་པོ་དང་། ཏོག་
པ་མེད་ཅིང་དཔྱོད་པ་དང་བཅས་པ་དངོས་གཞི་ཁྱད་པར་ཅན་དུ་བཞག་བསམ་གཏན་དང་
པོ་ལ་སྐྱོན་ཅན་དང་། བསམ་གཏན་གཉིས་པ་ལ་སྐྱོན་མེད་ཡོན་ཏན་ཅན་དུ་མཚན་ཉིད་སོ་སོ་
རིག་པ་ཡིད་བྱེད་སོགས་བསམ་གཏན་གཉིས་པའི་ཉེར་བསྒྲགས་ལ་བརྟེན་ནས་བསམ་གཏན་
གཉིས་པའི་དངོས་གཞི་ཐོབ་པ་ཡིན།

བསམ་གཏན་གཉིས་པའི་དངོས་གཞི་ནི་རབ་ཏུ་དང་བ་སོགས་ཡན་ལག་བཞི་དང་ལྡན་
པ་སྟེ། དེ་འདི་ནང་རབ་ཏུ་དང་བ་གཉེན་པོའི་ཡན་ལག་ཏེ་དེ་འཛིན་ལས་སྐྱེས་པའི་དགའ་
བདེ་གཉིས་ཕན་ཡོན་གྱི་ཡན་ལག་ཏེ་དེ་འཛིན་གནས་ཀྱི་ཡན་ལག་ཡིན། འདིའི་ནང་རབ་
ཏུ་དང་བ་ནི་རང་སའི་དྲན་པ་ཞེས་བཞིན་བདང་སྙོམས་གསུམ་ལ་བྱེད། དེ་ཡང་ནང་གི་ཏོག་
པ་རབ་ཏུ་སྲངས་པས་ནང་རབ་ཏུ་དང་བ་ཞེས་ཟེར།

བསམ་གཏན་གཉིས་པ་ལ་སྐྱོན་ཅན་དང་གསུམ་པ་ལ་ཡོན་ཏན་ཅན་དུ་ཡིད་བྱེད་དྲུག་
གིས་དཔྱོད་པའི་ཉེར་བསྒྲགས་ལ་བརྟེན་ནས་བསམ་གཏན་གཉིས་པ་ལ་འདོད་ཆགས་དང་
བྲལ་བ་ན་བསམ་གཏན་གསུམ་པའི་དངོས་གཞི་འཐོབ། བསམ་གཏན་གསུམ་པའི་དངོས་གཞི་
ཡན་ལག་ལྔ་སྲུན་ཏེ། དྲན་པ་ཞེས་བཞིན་བདང་སྙོམས་གསུམ་གཉིས་པའི་ཡན་ལག་དགའ་བ་
སྲངས་པའི་བདེ་བ་ཐུན་ཡོན་གྱི་ཡན་ལག་ཏེ་དེ་འཛིན་གནས་ཀྱི་ཡན་ལག་ཡིན། བསམ

གཏན་གསུམ་པ་ལ་སྐྱོན་ཅན་དང་བསམ་གཏན་བཞི་པ་ལ་ཡོན་ཏན་ཅན་ཏུ་ཡིན་ཏེ་དྲུག་
གིས་དཔྱོད་པའི་ཉེར་བསྒྲགས་ལ་བརྟེན་ནས་བསམ་གཏན་གསུམ་པ་ལ་འདོད་ཆགས་དང་
བྲལ་བ་ན་བསམ་གཏན་བཞི་པའི་དངོས་གཞི་ཐོབ། བསམ་གཏན་བཞི་པའི་དངོས་གཞི་ཡན་
ལག་བཞི་དང་ལྡན་པ་སྟེ། དྲན་པ་ཡང་དག་དང་བཏང་སྙོམས་ཡང་དག་གཉིས་གཉེན་པོའི་
ཡན་ལག་ཚོར་བ་བཏང་སྙོམས་ཟན་ཡོན་གྱི་ཡན་ལག་ཏིང་ངེ་འཛིན་གནས་ཀྱི་ཡན་ལག་གོ །

འདིར་དྲན་པ་ཡང་དག་ཅེས་པ་བསམ་གཏན་གྱི་སྐྱོན་བརྒྱད་ཀྱིས་ཡོངས་སུ་དག་པ་ཡིན་
ཏེ། དེའང་བསམ་གཏན་དང་པོ་ལ་བསྒོས་པའི་རྟོག་དཔྱོད་མི་ལྟ་བུ་གཉིས། གཉིས་པ་ལ་བསྒོས་
པའི་དགའ་ཤེས་ཀྱི་འཁོར་དུ་བྱུང་བའི་ཚོར་བ་བདེ་སྡུག་གཉིས། གསུམ་པ་ལ་བསྒོས་པའི་
ཡིད་ཤེས་ཀྱི་འཁོར་དུ་བྱུང་བའི་ཡིད་བདེ་མི་བདེ་གཉིས། བཞི་པ་ལ་བསྒོས་པའི་དབུགས་
དབྱུང་རྔུབ་གཉིས་ཏེ་དེ་བརྒྱད་ཀྱིས་ཡོངས་སུ་དག་པ་ཡིན།

བསམ་གཏན་གྱི་ཡན་ལག་དེ་དག་ཀུན་མིན་གྱི་སྨྲ་ནས་བཅོ་བརྒྱད་དང་། ཟུས་ཀྱི་སྨྲ་ནས་
བཅུ་གཅིག་ཡོད་ལ་སྟོབ་བུ་སུ་བཀྲལ་མཛད་པའི་ཨ་བྷི་དྲ་ཀོ་ཤ་ལས།

དང་པོ་ལ་ལྷ་རྟོག་དཔྱོད་དང་། །
དགའ་དང་བདེ་དང་ཏིང་འཛིན་ལྔ་མས། །
གཉིས་པ་ལ་ནི་ཡན་ལག་བཞི། །
རབ་དང་དང་ནི་དགའ་བ་སོགས། །
གསུམ་པ་ལ་ལྷ་བཏང་སྙོམས་དང་། །
དྲན་དང་ཤེས་བཞིན་བདེ་དང་གནས། །
ཐ་ན་བཞི་དྲན་བཏང་སྙོམས་དང་། །
བདེ་མིན་སྡུག་མིན་ཏིང་འཛིན་ལྔ་མས། །
མཐའ་ན་བཞི་དྲན་བཏང་སྙོམས་དང་། །
ཟས་སུ་བཅུ་གཅིག

ཅེས་གསུངས། བསམ་གཏན་གྱི་སྙོམས་འཇུག་དེ་དག་གི་འབྲས་བུ་སྐྱེ་བའི་བསམ་གཏན་
ནི་བསམ་གཏན་དང་པོའི་དངོས་གཞི་ཆུང་འབྲིང་ཆེ་གསུམ་བསྐོམས་པ་ལས་བསམ་གཏན་
དང་པོའི་གནས་ཚངས་རིས་སོགས་སུ་སྐྱེ་བ་ནས། བསམ་གཏན་བཞི་པའི་དངོས་གཞི་ཆུང་

འབྲིང་ཚེ་གསུམ་བསྒྲིམས་པ་ལས་བསམ་གཏན་བཞི་པའི་གནས་སྟིན་མེད་སོགས་སུ་སྐྱེ་བའི་
བར་བསམ་གཏན་སོ་སོའི་དངོས་གཞི་ཆུང་འབྲིང་ཆེན་པོ་མཐར་ཕྱིན་པ་ལས། སོ་སོའི་གནས་
ལ་རྣམ་སྨིན་གྱི་འབྲས་བུ་སོགས་སྐྱོང་སྟེ། དེའང་གནས་དེ་དང་དེར་སྐྱེས་པའི་གཟུགས་སུ་སྐྱང་
བ་ནི་རྣམ་སྨིན་གྱི་འབྲས་བུ། སྐྱོམས་འཇུག་གི་སེམས་རྣམས་རྒྱུ་མཐུན་གྱི་འབྲས་བུ། ཡུལ་གྱི་
ལོངས་སྤྱོད་དུ་སྐྱང་བ་ནི་བདག་པོའི་འབྲས་བུ་ཡིན།

དེ་བཞིན་དུ་ནས་མཁའ་མཐའ་ཡས། རྣམ་ཤེས་མཐའ་ཡས། ཅི་ཡང་མེད། སྲིད་རྩེ་སྟེ་
གཟུགས་མེད་སྐྱེ་མཆེད་ཤུ་བཞིར་ཡོད་པ་ལས། བསམ་གཏན་བཞི་པའི་སེམས་ཐོབ་ལ་མ་
ཆགས་པའི་སྟེང་དུ་གཟུགས་ལ་རེག་མཐོང་སྐྱང་གསུམ་བཀག་སྟེ། ཚོན་ཐབས་ཅད་ནས་
མཁའ་སྣར་མཐའ་ཡས་སོ་སྣམ་དུ་སྐྱོམ་པ་སྐྱོམས་པ་ཡོངས་སུ་རྫོགས་པ་ན་ནས་མཁའ་མཐའ་ཡས་སྐྱེ་
མཆེད་ཀྱི་སྐྱོམས་འཇུག་དང་། དེའི་སྟེང་དུ་ནས་མཁའ་མཐའ་ཡས་པ་དེ་ལྟར་རྣམ་པར་ཤེས་
པ་ཡང་མཐའ་ཡས་སོ་སྣམ་དུ་སྐྱོམ་པ་ཡོངས་སུ་རྫོགས་པ་རྣམ་ཤེས་མཐའ་ཡས་སྐྱེ་མཆེད་ཀྱི་
སྐྱོམས་འཇུག་དང་། དེ་གཉིས་ཀ་གང་མཚན་མ་དང་བཅས་པར་མཐོང་ནས་གཟུང་བར་བྱ་
བ་ཅི་ཡང་མེད་དོ་སྐྱམ་དུ་སྐྱོམ་པ་ཡོངས་སུ་རྫོགས་པ་ཅི་ཡང་མེད་པའི་སྐྱེ་མཆེད་ཀྱི་སྐྱོམས་
འཇུག་དང་། དེ་གསུམ་གཡང་མཚན་མ་དང་བཅས་པར་མཐོང་ནས་འདུ་ཤེས་རགས་པ་མེད་
ཅིང་ཕྲ་བ་མེད་པ་མིན་ནོ་སྣམ་སྐྱོམ་པ་ཡོངས་སུ་རྫོགས་པ་འདུ་ཤེས་མེད་འདུ་ཤེས་མེད་མིན་
གྱི་སྐྱོམས་འཇུག་གས་སྲིད་རྩེའི་སྐྱོམས་འཇུག་ཡིན། གཟུགས་མེད་པའི་སྐྱོམས་འཇུག་དེ་དག་གི་
འབྲས་བུ་ནི། གཟུགས་མེད་ཁམས་ལ་གཟུགས་རགས་པས་ཕྱེ་བའི་གནས་ཐ་དད་པ་མེད་ཀྱང་
མཚག་དམན་དང་ཚེ་རིང་ཐུང་དང་། གོང་འོག་ལ་སོགས་པའི་སྐྱོ་ནས་ཐ་དད་དུ་ཡོད་ཅིང་།
གོང་ནས་གོང་དུ་ཏིང་ངེ་འཛིན་རྒྱུ་ཆེ་ཞིང་ཟེ་བཏུན་དུ་གྱུར་པ་དང་། ཚེ་རིང་བ་སོགས་ཀྱི་སྐྱོ་
ནས་མཚོན་མཐོའི་བདེ་འབྲས་ཁྱད་པར་དུ་འཕགས་པ་ཡིན།

བསམ་གཏན་བཞིའི་དངོས་གཞི་རྣམས་ལ་བརྟེན་ནས་ཆུ་གསགས་སོགས་ཚད་མེད་བཞི་དང་།
འཇིག་རྟེན་པའི་མཚོན་པར་ཤེས་པ་སྐྱུའི་མིག་དང་། སྐྱུའི་རྣ་བ་དང་། གཞན་གྱི་སེམས་ཤེས་
པ་སྟོན་གནས་རྗེས་སུ་དྲན་པ་དང་། འཆི་འཕོ་དང་སྐྱེ་བ་ཤེས་པ་ལྷ་ནི་ཁམས་གོང་མ་གཉིས་
ཀྱི་ཡོན་ཏན་གྱི་ཁྱད་པར་ཡིན། ཐེག་པ་གསུམ་གྱི་ལམ་ལ་ཞུགས་པ་རྣམས་ཀྱིས་ཀྱང་ཐོག་མར་
ཏིང་ངེ་འཛིན་དེ་དག་དང་། ཡོན་ཏན་དེ་དག་བསྐྱེད་ནས། སྟར་གོང་མའི་ཁྱད་པར་བསྐྱབ་

དགོས་པས་མཚན་ཉིས་ལ་སོགས་པ་ཡོན་ཏན་ཀུན་གྱི་གཞིར་གྱུར་པ་དང་། ཁྱད་པར་བསམ་
གཏན་བཞི་པའི་དངོས་གཞིའི་སེམས་ལ་བརྟེན་ནས་འདུ་ཤེས་མེད་པའི་སྙོམས་འཇུག་དང་།
སྲིད་རྩེའི་དངོས་གཞིའི་སེམས་ལ་བརྟེན་ནས་འགོག་པའི་སྙོམས་འཇུག་སོགས་ཐོབ་པས། ཕྱི་
རོལ་པ་དང་ནང་པ་གཉིས་ཀས་དོན་དུ་གཉེར་བྱ་དང་བསྒྲུབ་བྱ་ཡིན་ལ། རྒྱལ་བའི་བསྟན་པ་
རིན་པར་འཇུག་པ་རྣམས་ཀྱི་སྟོན་འགྲོའི་ཚོས་ཀྱང་ཡིན་པས་དེ་ལྟར་ཤེས་ནས་གོམས་པའི་
སྟོར་བ་ལ་བསླབ་དགོས།

༥. གསུམ་པ་ཤེས་རབ་ཀྱི་བསླབ་པའི་སྐོར།

ལྷག་པའི་བསླབ་པ་གསུམ་ཀྱི་ནང་ནས་གསུམ་པ་ལྷག་པ་ཤེས་རབ་ཀྱི་བསླབ་པ་ནི།
བཅགས་ཤིང་དཔྱད་པའི་སྐྱོ་ནས་ཚོས་རབ་ཏུ་རྣམ་པར་འབྱེད་པ་ནི་ཤེས་རབ་དང་། དེའི་
གོམས་པ་རྟོགས་པ་ནས་ཤེས་རབ་ཀྱི་པར་ཕྱིན་དུ་འགྱུར་བ་ཡིན། དབྱེ་ན་གསུམ་ལས། དོན་
དམ་རྟོགས་པའི་ཤེས་རབ་ནི། བདག་མེད་པའི་དེ་ཁོ་ན་ཉིད་རྟོན་སྟེའི་སྐྱོ་ནས་རྟོགས་པའམ་
མཚོན་སུམ་དུ་རྟོགས་པ་དང་། ཀུན་རྟོབ་རྟོགས་པའི་ཤེས་རབ་ནི། རིག་པའི་གནས་ལྔ་ལ་
མཁས་པའི་ཤེས་རབ་དང་། སེམས་ཅན་དོན་བྱ་བ་རྟོགས་པའི་ཤེས་ནི། སེམས་ཅན་རྣམས་ཀྱི་
འདི་དང་ཕྱི་མའི་དོན་ཁ་ན་མ་ཐོ་བ་མེད་པར་སྒྲུབ་ཚུལ་ཤེས་པ་ལ་བྱེད།
དེ་དག་གི་ནང་ནས་གཙོ་བོ་བདག་མེད་རྟོགས་པའི་ཤེས་རབ་བསྒྲུབ་དགོས། བདག་མེད་
པའི་དོན་འཛིན་ཚུལ་ལ་ནང་པ་སངས་རྒྱས་པའི་གྲུབ་མཐའ་མི་འདྲ་བ་རྣམས་ཀྱིས་འདོད་
ཚུལ་སྣ་ཚོགས་ཡོད་ཅིང་། དེ་ཐམས་ཅད་མཐར་དབུ་མ་ཐལ་འགྱུར་བའི་ལྟ་བ་རྟོགས་པའི་
ཐབས་སུ་འགྱུར་བ་ན་ཤ་ལྷག་ཡིན་ཞིང་། སྐབས་འདིར་གཙོ་བོ་དབུ་མ་ཐལ་འགྱུར་བའི་ལུགས་
གཞིར་བཞག་ནས་བཀད་ན། ཚ་ཕྱི་ཀྱི་ཉིས།
ཉོན་མོངས་སྐྱོན་རྣམས་མ་ལུས་འཇིག་ཚོགས་ལ། །
ལྷ་ལས་བྱུང་བར་བློ་ཡིས་མཐོང་གྱུར་ཏེ། །
བདག་ནི་འདི་ཡི་ཡུལ་དུ་རྟོགས་བྱས་ནས། །

རྩལ་འབྱོར་པ་ཡིས་བདག་ནི་འགྲོག་པར་བྱེད། །

ཅེས་བྱིན་ཞིང་རྒྱུད་པ་མ་ལུས་པའི་རྩ་བ་བདེན་པར་འཛིན་པའི་བདེན་འཛིན་མ་རིག་པ་
བག་ཆགས་དང་བཅས་པ་ཡིན་ལ། དེ་དྲུངས་ནས་འཕྱིན་བྱེད་ནི་དེ་དང་འཛིན་སྟངས་དངོས་
སུ་འགལ་བ་བདག་མེད་རྟོགས་པའི་ཡེ་ཤེས་ཁོ་ན་མ་གཏོགས་གཞན་མེད། དེས་ན་སྔག་མཛོང་
ཁྱུང་པར་ཅན་བདག་མེད་པའི་དོན་རྟོགས་པའི་ཐབས་ལ་འབད་བརྩོན་བྱ་དགོས།

བདག་མེད་ལ་གང་ཟག་གི་བདག་མེད་དང་། ཆོས་ཀྱི་བདག་མེད་གཉིས་ཡོད། དེའི་དང་
པོ་གང་ཟག་གི་བདག་མེད་ལེགས་པར་ཏེས་ན། ཆོས་ཀྱི་བདག་མེད་དེས་སླ་བས་ཐོག་མར་གང་
ཟག་གི་བདག་མེད་གཏན་ལ་འབེབས་དགོས། དེ་ཡང་ཨ་རྩྭ་ནུརྒྱེ་རྣལ་དུས་མཛད་པའི་མཚུ་
མག་ཨུལྤོ་ཀུ་ར་ལས།

བདག་དང་གཞན་སྐྱེས་དངོས་འདི་དག །
ཡང་དག་པར་ནི་གཅིག་པ་དང་། །
དུ་མའི་དངོས་དང་བྲལ་བའི་ཕྱིར། །
རང་བཞིན་མེད་དེ་གཟུགས་བརྙན་བཞིན། །

ཞེས་གནད་བཞི་ཚང་བའི་གཅིག་དང་དུ་བྲལ་གྱི་གཏན་ཚིགས་བརྟེན་པ་གལ་ཆེ། གནད་
བཞི་ནི། དགག་བྱ་ངེས་པའི་གནད། ཁྱབ་པ་ངེས་པའི་གནད། གཅིག་བྲལ་ངེས་པའི་གནད་དུ་
བྲལ་ངེས་པའི་གནད་དང་བཞི་ཡིན། ཨ་རྩྭ་ནུརྒྱེ་དེ་ལྟར།

བཅགས་པའི་དངོས་ལ་མ་རིག་པར། །
དེ་ཡི་དངོས་མེད་འཛིན་མ་ཡིན། །

ཞེས་གསུངས། དེ་ཡང་བདག་མེད་པའི་དོན་བཙལ་བ་ལ་སྔོ་བདེན་འཛིན་གྱི་འཛིན་ཆུལ་
སྣར་གྱི་དགག་བྱ་དོས་ཟིན་པ་ཤིན་ཏུ་གལ་ཆེ། དགག་བྱ་རགས་པ་ཚལ་ལས་ཕུ་མོ་དོས་མ་ཟིན་
ན་དགག་བྱ་རགས་པ་ཚམ་ཞིག་ས་པ་མ་གཏོགས་དགག་བྱའི་ལྟག་འགྲོ་ཡུལ་པའི་དབང་
གིས་བདེན་འཛིན་ལ་གནོད་མི་ཐུབ་པར་སྐྱོ་འདོགས་ཀྱི་མཐར་སྐྱེང་ལ། དགག་བྱ་ཐལ་ཆེས་ཏེ་
རྣམ་ཤེས་ཆོས་དྲུག་གི་ཡུལ་དུ་གང་ཤར་ཐམས་ཅད་དགག་བྱར་བཟུང་ན་ཐ་སྙད་ཀྱི་རྣམ་
གཞག་ལ་སྐྱུར་བ་འདེབས་པའི་མཐར་སྐྱེང་བས་ཆད་སྐྱའི་ལྟ་ཤིན་ཏུ་ཆེ། དེས་ན་ངར་འཛིན་
སྐྱེན་སྐྱེས་ཀྱིས་ང་རང་བཞིན་གྱིས་གྲུབ་པར་འཛིན་ཆུལ་ཇེ་འདྲ་ཞིག་ཡིན་སྐྱམ་དུ་ཞིབ་པར་

བརྟགས་པས་ཕུང་པོའི་སྟེང་ནས་ང་ཞེས་ཚུགས་ཐུབ་ཏུ་གྲུབ་པར་སྣང་བ་ནི་ངར་འཛིན་ལྷན་སྐྱེས་ཀྱི་འཛིན་ཚུལ་ཡིན་ལ། དེ་འཕྱུགས་མེད་དུ་ངོས་ཟིན་པ་ནི་གནད་དང་པོ་དགག་བྱ་ངེས་པའི་གནད་ཡིན།

ང་དེ་རང་བཞིན་གྱིས་གྲུབ་ན་རང་གི་གདགས་གཞིའི་ཕུང་པོ་དང་ངོ་བོ་གཅིག་དང་ཐ་དད་གང་རུང་དུ་གྲུབ་དགོས་པ་མ་གཏོགས། དེ་གཉིས་གང་རུང་མ་ཡིན་པའི་གྲུབ་ལུགས་མེད་པར་ཐག་ཆོད་པ་ནི་གནད་གཉིས་པ་ཁྱབ་པ་ངེས་པའི་གནད་ཡིན།

བདག་དང་ཕུང་པོ་གཉིས་བདེན་པའམ་རང་བཞིན་གྱིས་གྲུབ་པའི་ངོ་བོ་གཅིག་ཡིན་ན་དབྱེ་བ་གཏན་ནས་མེད་པའི་གཅིག་ཡིན་དགོས། དེ་གང་ཡིན་ཞེ་ན། ངོ་བོ་གཅིག་ཏུ་གནས་ཀྱང་ཟློག་པའམ་དབྱེ་བ་ཐ་དད་པར་སྣང་བའི་གནས་ཚུལ་དང་སྣང་ཚུལ་མི་མཐུན་པ་ནི་ཀུན་རྫོབ་ཀྱི་རྫུན་ཚུལ་ཡིན་པས་བདེན་པར་གྲུབ་ན། སྣང་ཚུལ་དང་གནས་ཚུལ་མི་མཐུན་པ་དེ་འདྲ་ཡོང་མི་སྲིད་ཅིང་བདེན་གྲུབ་སྣང་བའི་བློ་དེ་ལ་ཡུལ་གྱི་གནས་ཚུལ་ཇི་ལྟ་བ་བཞིན་སྣང་དགོས་པའི་དབང་གིས་རེད། དེས་ན་བདག་དང་ཕུང་པོ་གཉིས་བདེན་པའི་གཅིག་ཏུ་སོང་ན། གང་ཟག་གཅིག་ལའང་ཕུང་པོ་དུ་མ་ཡོད་པ་བཞིན་དུ་བདག་ཀྱང་མང་པོ་ཡོད་པར་འགྱུར་བའི་སྐྱོན་དང་། བདག་གཅིག་ལས་མེད་པ་བཞིན་དུ་ཕུང་པོ་རྣམས་ཀྱང་གཅིག་ཏུ་འགྱུར་བ་དང་། ཕུང་པོ་སྐྱེ་འཇིག་བྱེད་པ་བཞིན་དུ་བདག་ཀྱང་སྐྱེ་འཇིག་བྱེད་པར་འགྱུར་བའི་སྐྱོན་ཡོད། དེ་ལྟར་རིགས་པ་དབུ་མའི་སྒོ་ནས་དཔྱད་པས་བདག་ཕུང་གཉིས་རང་བཞིན་གྱིས་གྲུབ་པའི་གཅིག་ཏུ་མེད་པར་རྟོགས་པ་ན་གནད་གསུམ་པ་གཅིག་བྲལ་ངེས་པའི་གནད་ཡིན།

བདག་དང་ཕུང་པོ་གཉིས་རང་བཞིན་གྱིས་གྲུབ་པའི་ཐ་དད་ཡིན་ན་རིགས་པས་དཔྱད་བཟོད་ཀྱི་ཐ་དད་ཡིན་དགོས་ལ། དེ་ལྟར་ན་ངོ་བོ་དང་རྫས་སོགས་རྣམ་པ་ཐམས་ཅད་དུ་ཐ་དད་པའི་འབྲེལ་མེད་དོན་གཞན་ཞིག་ཡིན་དགོས། གང་ཡིན་ཞེ་ན་ཟློག་པའི་སྒོ་ནས་ཐ་དད་ཀྱང་ངོ་བོའི་སྒོ་ནས་ཐ་མི་དད་པ་ནི་རྫུན་པའི་རྣམ་གཞག་ཡིན་པས་རང་བཞིན་གྱིས་གྲུབ་ན་དེ་མི་འཐད། དེ་ལྟར་འབྲེལ་མེད་ཀྱང་ཐ་དད་ཡིན་ན། ཕུང་པོ་ན་བ་དང་རྒས་པ་དང་དོར་བ་སོགས་བྱུང་བའི་ཚེ་བདག་ན་བ་དང་། རྒ་བ་སོགས་སུ་མི་འགྱུར་བས་བདག་ལ་ཕུང་པོའི་མཚན་ཉིད་སྐྱེ་འཇིག་སོགས་མེད་པར་འགྱུར་བ་དང་། ཕུང་པོ་ལྔ་པོ་སོ་སོར་བསལ་བའི་ཤུལ་དུ་བདག་ལོགས་སུ་སྟོན་རྒྱུ་ཡོད་པར་འགྱུར་བ་སོགས་ཀྱི་སྐྱོན་འབྱུང་བས། བདག་ཕུང་པོ་

དང་རང་བཞིན་གྱིས་གྲུབ་པའི་ཐ་དད་མེད་པར་ཐག་ཆོད་པ་ནི་གནད་བཞི་པ་དུ་ཐུལ་ཉེས་པའི་གནད་ཡིན།

དེ་ལྟར་རང་བཞིན་གྱིས་གྲུབ་པའི་གཅིག་དང་ཐ་དད་གང་དུ་འང་མ་གྲུབ་པར་རྟོགས་པ་དེ་བསྐྱབ་བྱ་རང་བཞིན་གྱིས་མེད་པར་སྐྱབ་པའི་སྐྱབ་བྱེད་གཏན་ཚིགས་རྟོགས་པའི་བློ་ཡིན་ལ། དེ་ལས་བསྐྱབ་བྱ་བདག་རང་བཞིན་མེད་པ་རྟོགས་ཚུལ་ནི། དཔེར་ན། འགྲོས་ལྱུང་བ་གཉིས་ལས་མེད་པ་ཞིག་ཏུ་ལ་ལང་པོར་བ་བཙལ་བས་ལྱུང་པ་གཉིས་ཀྱི་ཕུ་མཐའ་བར་གསུམ་གང་དུ་འང་མེད་པ་མཐོང་ཚམ་ནས་བཙལ་ཀྱུའི་བ་ཡོད་ལ་བཤག་པ་དེ་མི་འདུག་གོ་སྙམ་པ་སྐྱེད་གྱིས་སྐྱེ་བ་བཞིན། བདེན་འཛིན་ལ་དགག་བྱའི་སྐྱེ་ཚུལ་དེ་ལྟར་ནས་ཚོལ་བཙུང་སྟེ་ཞི་ལ་བཤག་བཞིན་པར་གཅིག་དང་དུ་བྲལ་གྱིས་དཔྱད་པའི་ཚེ་དུ་བྲལ་རྟོགས་ཟིན་མ་ཐག་ཡིན། ཏོར་འཇགས་པའི་དགག་བྱའི་བདག་དེ་མི་འདུག་སྙམ་དུ་སྟོང་ཚམ་གྱིས་སོང་བ་ན་གང་ཟག་གི་བདག་མེད་རྟོགས་ཏེ་དུབ་མཐའི་ལྟ་བ་རྙེད་པ་རེད།

ཚོས་ཀྱི་བདག་མེད་ནི། མདོ་ཏིང་ངེ་འཛིན་གྱི་རྒྱལ་པོ་ལས།
ཇི་ལྟར་ཁྱོད་ཀྱིས་བདག་གི་འདུ་ཤེས་ནི།།
ཤེས་པ་དེ་བཞིན་ཀུན་ལ་བློས་སྦྱར་བྱ།།
ཚོས་རྣམས་ཐམས་ཅད་དེ་ཡི་རང་བཞིན་ཏེ།།
ཡོངས་སུ་དག་པ་ནས་མཁའ་ལྟ་བུ་ཡིན།།

ཞེས་གསུངས། སྤྱིར་གང་ཟག་ལ་བཀོད་པ་དང་མཚུངས་པར་གཞི་བུམ་པ་ལྟ་བུ་ལ་མཚོན་ན། ཉེར་ལེན་གྱི་རྒྱུ་དུལ་ཕྲ་རྡུལ་ཚོ་ལ་འདུས་པའི་ཚོགས་པ་དང་། སྣན་ཅིག་བྱེད་ཀྱིན་བཟོ་བོའི་ལག་གི་འདུ་བྱེད་སོགས་རྒྱུ་རྐྱེན་རྟེན་འབྲེལ་མང་པོ་ཚོགས་པ་ལ་བརྟེན་ནས་གྲུབ་པ་ཙམ་མ་གཏོགས། དེ་དག་གང་ལའང་མི་སྐྱོས་པའི་བུམ་པ་ཞིག་རང་རྒྱུང་རང་དབང་གི་ཚུལ་དུ་གྲུབ་པ་མེད། དེ་བཞིན་དུ་ཚོས་གང་དང་གང་ཡང་རྒྱུ་རྐྱེན་དང་། ཆ་ཤས་སོགས་རྟེན་འབྲེལ་སྟོར་གྲུབ་ཚམ་ལས་གཞན་པའི་རང་བཞིན་གྱིས་གྲུབ་པ་མེད། དེ་ལྟར་མེད་བཞིན་དུ་ཡོད་པར་སྣང་ཞིང་། སྣང་བ་ལྟར་འཛིན་ཚུལ་དེ་ཚོས་ཀྱི་བདག་འཛིན་ཡིན། དེ་འདུའི་བློའི་འཛིན་ཚུལ་དེ་ཏོས་ཟིན་པར་བྱས་ནས་གོང་དུ་སློས་པ་ལྟར་གྱི་དགག་བྱ་ཟེས་པའི་གནད་སོགས་གནད་བཞིའི་སློ་ནས་དཔྱད་པའི་མཐར་དེ་འདུའི་བློའི་འཛིན་སྟངས་ཀྱི་ཡུལ་དེ་ཞིག་སྟོང་ཚམ་གྱིས

ཞིག་ནས་ཧྲེན་འབྲེལ་ཚོགས་ཚམ་གྱི་མེད་རྒྱུང་བདགས་ཡོད་ཚམ་ཞིག་ཏུ་སྐྱོ་ལ་ནས་འཆར་
བ་ན་ཚོས་ཀྱི་བདག་མེད་རྟོགས་པ་ཡིན། དེ་ལྟར་གང་ཟག་དང་ཚོས་གཉིས་རང་བཞིན་མེད་
པ་ཏེས་པའི་སྟོབས་ཀྱིས་བརྟེན་ནས་བདགས་པ་ཚམ་གྱི་རྒྱུ་འབྲས་བུ་བྱེད་ཀྱི་རྣམ་གཞག་ལ་
ཏེས་པ་ཤུག་པར་འཇུག་པ་དང་། མེད་གིས་བདགས་ཚམ་གྱི་ཧྲེན་འབྲེལ་ཏེས་པ་ལ་བརྟེན་ནས་
རང་དོས་ནས་སྟོང་པ་ལ་ཏེས་པ་ཚབས་ཆེ་བ་བྱུང་ན་སྟོང་པ་ཧྲེན་འབྲེལ་གྱི་དོན་དང་ཧྲེན་
འབྲེལ་སྟོང་པའི་དོན་དུ་ཤར་བ་ཞེས་སངས་རྒྱས་ཀྱི་དགོངས་པ་བླ་ན་མེད་པའི་ལྟ་བ་ཡང་དག་
པ་དེ་ཇི་ལྟ་བ་བཞིན་རྟོགས་པ་ཡིན།

    ཡང་དེ་འདུ་པའི་སྟོང་ཉིད་རྟོགས་པར་བྱེད་པའི་ཐབས་ལ་དག་ལྔ་བཀད་ན་ཐག་པའི་
གཅིག་དང་དུ་བྲལ་གྱི་རིགས་པ་དེ་ཚ་དུ་མ་ཟད། རིགས་པའི་རྣམ་གྲངས་ལ་རྡོ་རྗེ་གཟེགས་
མའི་གཏན་ཚིགས། ཡོད་མེད་སྐྱེ་འགོག་གི་གཏན་ཚིགས། མུ་བཞི་སྐྱེ་འགོག་གི་གཏན་ཚིགས།
ཧྲེན་འབྲེལ་གྱི་གཏན་ཚིགས་སོགས་ཤིན་ཏུ་མང་པོ་ཡོད། དེ་ལྟར་རིགས་པ་དུ་མའི་སྒོ་ནས་
བདག་མེད་པའི་དོན་རབ་མོ་སྟོང་པ་ཉིད་ཕྱིན་ཅི་མ་ལོག་པར་ཏེས་པ་ན། དེ་ལ་དཔྱད་འཇོག་
གི་ཉམས་ལེན་གོང་ནས་གོང་མཐར་སྟོང་བ་ནི་ལྟག་པའི་ཞེས་རབ་ཀྱི་བསླབ་པ་ཉམས་སུ་ལེན་
ཚུལ་ཡིན།

    ༧. བསླབ་པ་གསུམ་ལ་བརྟེན་ནས་ཉན་རང་གི་ལམ་བགྲོད་ཚུལ།

    དེ་ལྟ་བུའི་ལྷག་པའི་བསླབ་པ་གསུམ་གྱི་ཉམས་ལེན་ལ་བརྟེན་ནས་འགའ་ཞིག་གིས་ཐེག་
དམན་གྱི་ལམ་ལ་བགྲོད་དེ་ཐར་པ་དག་པ་ཉན་རང་དག་བཅོམ་པའི་གོ་འཕང་འཐོབ་པར་
བྱེད། འགའ་ཞིག་གིས་ནི་ཐེག་པ་ཆེན་པོའི་ལམ་ལ་བགྲོད་ནས་སངས་རྒྱས་ཀྱི་གོ་འཕང་འཐོབ་
པར་བྱེད་པ་ཡིན། ཐེག་དམན་ཉན་རང་གི་ལམ་གཉིས་ཀྱི་དང་པོ་ཉན་ཐོས་ཀྱི་ལམ་ལ། ཚོགས་
ལམ། སྦྱོར་ལམ། མཐོང་ལམ། སྒོམ་ལམ། མི་སློབ་ལམ་ལྔ་དང་། དེ་དག་ལ་ཇེ་ལྟར་བགྲོད་ཚུལ་ནི།
སྐྱེ་ཚོ་རྒྱུ་ཀུ་ཧྲེས་མཛད་པའི་སྐབས་འགྲོ་བདུན་ཅུ་པར།
    དེ་ཕྱིར་ཐབ་པའི་ཆ་ནས་ནི། །

བཅངས་ཏེ་ཐུག་ཏུ་དགེ་བ་ལ།།

ཉན་ཐོས་ཉིད་ཕྱིར་འབད་ན་ཞི།།

རིམ་གྱིས་ཉན་ཐོས་ཉིད་དུ་འགྱུར།།

ཞེས་༼འཁོར་བ་ཞེས་པ་ལས་ཉོན་གཉིས་ཀྱིས་དབང་གིས་སྲིད་རྩེ་ནས་མནར་མེད་ཀྱི་བར་དུ་ལུས་ལྔངས་ནས་རང་དབང་མེད་པར་འཁོར་བའི་ཟག་བཅས་ཉེར་ལེན་གྱི་ཕུང་པོའི་རྒྱུན་གྱི་ཚ་ཞིག་ལ་ཟེར༽ འཁོར་བ་ན་ན་སྡུག་བསྔལ་གསུམ་གྱིས་མནར་ཚུལ་ཇི་ལྟ་བ་བཞིན་ཉྟོགས་ནས་དེ་ལས་ཡིད་འབྱུང་སྟེ་རང་གི་དོན་དུ་གཉེར་བྱའི་ཐར་པ་ལ་དོན་གཉེར་གྱི་བློ་བཅོས་མ་མ་ཡིན་པ་ཞིག་སྐྱེས་ནས་སྐྱོང་བ་ཐོན་པ་ན་ཉན་ཐོས་ཀྱི་ཚོགས་ལམ་དུ་ཞུགས་པ་ཡིན།

ཉན་ཐོས་ཚོགས་ལམ་ལ་རྒྱུང་འབྲིང་ཆེན་པོ་གསུམ་ཡོད་ཅིང་། དེ་དག་གི་ སྐབས་དེར་མི་སྐྱག་པ་སྐོམ་པ་དང་། དགའ་བ་འབྱུང་ཧུབ་དྲན་པའི་ཏིང་ངེ་འཛིན་དང་། དྲན་པ་ཉེར་གཞག་དང་། ཡང་དག་སྤོང་བ་དང་། རྫུ་འཕྲུལ་གྱི་ཀང་པ་སོགས་སྐོས་པའི་སྡོངས་ཀྱིས། སྤྱག་བསྒྲལ་གཏོང་བ་བདེ་བ་ཧུག་པ་བདག་ཏུ་འཛིན་པའི་འཛིན་པ་ཕྱིན་ཅི་ལོག་དང་། ཆགས་སྡང་ལ་སོགས་པའི་ཉོན་མོངས་པ་རྣམས་ཟིལ་གྱིས་མནན་པས། སྲིད་པ་འཁོར་བའི་དཔལ་འབྱོར་ལོངས་སྤྱོད་སོགས་གང་ལའང་ཡིད་སྨོན་མི་སྐྱེ་བར་རྣམ་བྱང་ཐར་པའི་ཕྱོགས་ལ་རྗེས་སུ་གཞོལ་བའི་ཡོན་ཏན་དང་། སྒྲུལ་པ་སོགས་གང་འདོད་དུ་བྱེད་ནུས་པ་དང་། མངོན་ཤེས་ལྔ་ཡང་ཅི་རིགས་པར་ཡོད།

དེ་རྗེས་སྦྱོར་ལམ་གྱི་དུས་སུ་ཚོགས་ལམ་གྱི་ཡོན་ཏན་གྱི་རིགས་ཐམས་ཅད་སྤར་ལས་ལྷག་པ་ཡོད་པ་མ་ཟད། སྦྱོར་ལམ་ལ། དྲོད། རྩེ་མོ། བཟོད་པ། ཆོས་མཆོག་བཞིའི་ཡོད་པ་དེ་དག་སོ་སོའི་སྐབས་སུ་བདེན་པ་བཞིའི་དེ་ཁོ་ན་ཉིད་ལ་དམིགས་པའི་སྐོམ་བྱུང་གི་ཤེས་རབ་ཁྱད་པར་ཅན་རིམ་བཞིན་འཕེལ་པས། མི་ཐུག་སྤྱག་བསྒྲལ་སྟོང་བདག་མེད་ལ་སོགས་པའི་རྣམ་པའི་དོན་སྤྱི་ལ་གསལ་སྣང་ཁྱུང་བར་ཆན་རིམ་བཞིན་འཕེལ་པས། དབང་པོ་ལྟ་དང་སྟོབས་ལྔ་ཐོབ་པ་སོགས་ཡོན་ཏན་བསམ་གྱིས་མི་ཁྱབ་པ་ཡོད།

སྦྱོར་ལམ་ཚོས་མཆོག་ནས་མཐོང་ལམ་དུ་འཕོས་པ་ན་བདེན་བཞིའི་རྣམ་པ་བཅུ་དྲུག་གིས་བསྒྲུས་པའི་དེ་ཁོ་ན་ཉིད་མཉན་སུམ་དུ་གཟིགས་པའི་སྡོངས་ཀྱིས་ཁམས་གསུམ་གྱི་མཐོང་སྤང་ཉོན་མོངས་བརྒྱད་དང་བརྒྱ་གཉིས་ཐམས་ཅད་ཀྱི་ས་བོན་དངས་ནས་སྤྱང་བས་འཕགས་པའི

ཁྱུང་ཆོས་རྣམས་ཐོབ་པའི་རྒྱུ་མཚན་གྱིས་དོན་དག་དཔའི་དགེ་འདུན་དགོན་མཆོག་ཏུ་གྱུར་པ་
རེད།

མཐོང་ལམ་ཐོབ་ཟིན་ནས་ཉིན་མོངས་སྐྱེན་སྐྱེས་ཀྱིས་ས་བོན་གཞིལ་པའི་ཆེད་དུ་འཕགས་
ལམ་ཡན་ལག་བརྒྱད་ནི། ཡང་དག་པའི་ལྟ་བ། ཡང་དག་པའི་རྟོག་པ། ཡང་དག་པའི་ངག ཡང་
དག་པའི་ལས་ཀྱི་མཐའ། ཡང་དག་པའི་འཚོ་བ། ཡང་དག་པའི་རྩོལ་བ། ཡང་དག་པའི་དྲན་
པ། ཡང་དག་པའི་ཏིང་ངེ་འཛིན་དང་བརྒྱད་ཡིན།

དེ་དག་གི་ངོ་བོ་དང་བྱེད་ལས་ནི། ཡང་དག་པའི་ལྟ་བ་ནི། མཐམ་བཞག་ཏུ་བཏེན་བཞིའི་
ཆོས་ཉིད་འདི་ལྟར་རྟོགས་ཞེས་རྗེས་ཐོབ་ཏུ་དཔྱོད་པས་ཡོངས་གཅོད་ཀྱི་སྒྲོ་ནས་ཏེས་པའི་ལྟ་
བ་དང་།

ཡང་དག་པའི་རྟོག་པ་ནི། ཟབ་དོན་ཇི་ལྟར་རྟོགས་པ་དེ་དུགས་དང་གཏན་ཆོགས་ཀྱི་སྒྲོ་
ནས་བཅུག་ཅིང་། དེ་དག་མཛའི་དོན་ཇི་ལྟར་འགྲོ་བ་གཞན་ལ་མཆོན་པའི་ཚུལ་གཏན་ལ་
འབེབས་ཤིང་པོ་པར་བྱེད་པ་དང་།

ཡང་དག་པའི་ངག་ནི། ཆོས་ཉིད་སློབས་ཐབལ་དེའི་རང་བཞིན་ཐ་སྙད་ཚམ་ཏུ་ཆིག་གིས་
མཆོན་པས་འཆད་ཚོད་ཆོམ་གསུམ་ཀྱི་སྒྲོ་ནས་གཞན་ལ་སྟོན་པས་ལྟ་བ་རྣམ་དག་ཏུ་ཡིད་ཆེས་
པར་བྱེད་ཅིང་། རྩུན་སོགས་དག་པའི་དག་རྣམ་དག་དང་།

ཡང་དག་པའི་ལས་ཀྱི་མཐའ་ནི། སྤྱོད་ལམ་ཐམས་ཅད་ཆོས་དང་མི་མཐུན་པ་མེད་ཅིང་
ཆོས་དང་མཐུན་པའི་ཚུལ་ཁྲིམས་རྣམ་དག་ཏུ་ཡིད་ཆེས་པར་བྱེད་པའི་ལུས་ཀྱི་ལས་དག་པ་
དང་།

ཡང་དག་པའི་འཚོ་བ་ནི། སྒྱུག་ཟས་ལོག་འཚོ་དང་མ་འདྲེས་ཤིང་། ལུས་ཀྱི་ཚུལ་འཆོས་
དང་། དག་གི་ཁ་གསལས་སོགས་དག་པས་འཚོ་བ་རྣམ་དག་ཏུ་ཡིད་ཆེས་པར་བྱེད་པ་དང་།

ཡང་དག་པའི་རྩོལ་བ་ནི། མཐོང་ཟིན་ཆོས་ཉིད་ཀྱི་དོན་ལ་ཡང་དང་ཡང་དུ་སྒོམ་པར་
བྱེད་པས་སློམ་སྤང་ཉོན་མོངས་ཀྱི་གཉེན་པོ་བྱེད།

ཡང་དག་པའི་དྲན་པ་ནི། ཞི་ལྷག་གི་དམིགས་རྣམ་མི་བརྗེད་པར་འཛིན་པས་ནི་པའི་ཉོན་
མོངས་པ་བརྗེད་ངས་ཀྱི་གཉེན་པོ་བྱེད།

ཡང་དག་པའི་ཏིང་ངེ་འཛིན་ནི། ཁྱིང་ཉོང་ལ་སོགས་པའི་སྐྱོན་མེད་པའི་ཏིང་ངེ་འཛིན་

བསྐུལ་བས་ཞིང་ལམ་གྱི་ཡོན་ཏན་གོང་ནས་གོང་དུ་འཕེལ་ནས་མི་མཐུན་པའི་ཕྱོགས་ཀྱི་གཉེན་
པོ་བྱེད་པ་ཡིན། དེ་དག་ཀུང་བསྟན་བཞིར་འདུ་སྟེ། སྐྱུ་མི་ཅིས་མཛད་པའི་མཛུ་ཕྱི་ལྟག་
ལས།

ཡོངས་སུ་གཅོད་དང་གོ་བྱེད་དང་། །
རྣམ་གསུམ་གཞན་ཡིད་ཆེས་པར་བྱེད། །
མི་མཐུན་ཕྱོགས་ཀྱི་གཉེན་པོར་ནི། །
ལམ་གྱི་ཡན་ལག་དེ་བཅུད་དོ། །

ཞེས་གསུངས། ཡང་དག་པའི་ལྟ་བ་ནི་ཡོངས་སུ་གཅོད་བྱེད། ཡང་དག་པའི་རྟོག་པ་ནི་
གོ་བྱེད་དང་། ཡང་དག་པའི་ངག་ལས་མཐའ་འཚོ་བ་གསུམ་ཡིད་ཆེས་པའི་ཡན་ལག་
དང་། སྒྲ་མ་གསུམ་གཉེན་པོའི་ཡན་ལག་ཡིན།

དེ་ལྟར་དེ་ལྟ་ན་བྱེད་ཀྱི་དོན་རྟོགས་ནས་བློམ་པར་བྱེད་པ་ལ་བརྟེན་ནས་བློམ་སྦྱང་དོན་
མོངས་ཆེན་པོའི་དངོས་ཀྱི་གཉེན་པོ་སྐྱེས་པ་ན་བློམ་ལས་ཕོབ། དེ་ལ་སྦྱང་བྱ་རིམ་གྱིས་སྦྱོང་
བ་དང་། ཅིག་ཅར་དུ་སྦྱོང་བ་གཉིས་ཡོད། སྦྱང་བྱ་རིམ་གྱིས་སྦྱོང་བའི་དབང་དུ་བྱས་ན་འཇིག་
རྟེན་པའི་བློམ་སྦྱང་དུ་གྱུར་པའི་འདོད་པའི་སས་བསྡུས་ཀྱི་བློམ་སྦྱང་དོན་མོངས་སྐོར་དགུ།
ཆེ་རིམ་གྱིས་སྦྱོང་བ་ནས། སྲིད་རྩེའི་བློམ་སྦྱང་སྐོར་དགུ་རིམ་བཞིན་སྦྱོང་བའི་བར་བློམ་སྦྱང་
བརྒྱད་ཅུ་གྱུ་གཅིག་གི་དངོས་གཉེན་རྣམས་ཆུང་རིམ་ནས་རིམ་གྱིས་སྐྱེས་པའི་ཐ་མ་བློམ་
ལམ་རྡོ་རྗེ་ལྟ་བུའི་ཏིང་ངེ་འཛིན་གྱིས་དངས་པའི་རྣམ་གྲོལ་ལམ་ཐོབ་པ་ན་ཉན་ཐོས་མི་སློབ་
ལམ་མམ་ཉན་ཐོས་དགྲ་བཅོམ་པའི་གོ་འཕང་ཐོབ་པ་རེད།

སྦྱང་བྱ་ཅིག་ཆར་བ་རྣམས་ལམས་གསུམ་ས་དགུའི་བློམ་སྦྱང་དོན་མོངས་ཆེན་པོའི་ཆེན་པོ་
དགུ་དུས་མཉམ་དུ་སྦྱོང་ཞིང་། དེ་བཞིན་དུ་ཆེན་པོའི་འབྲིང་དགུ་མཉམ་དུ་སྦྱོང་བ་ནས། ཆུང་
དུའི་ཆུང་དུ་དགུ་མཉམ་དུ་སྦྱོང་བའི་བར་གྱི་ལམ་བགྲོད་དེ་དགུ་བཅོས་པའི་གོ་འཕང་འཐོབ་
པར་བྱེད་པ་ཡིན། ཐེག་དམན་རང་རྒྱལ་གྱི་ལམ་ལ་ཡང་། ཚོག་ཀྱི་ཏེས་མཛད་པའི་སྐྱབས་འགྲོ་
བདུན་ཅུ་པར།

གང་ཞིག་རང་བྱུང་ཡེ་ཤེས་འདོད། །
རང་རྒྱལ་བྱང་རྒྱབ་དོན་གཉེར་བས། །

བརྩོན་པ་དེ་ཡང་རང་རྒྱལ་གྱི། །
བྱང་ཆུབ་ལོན་ནེ་དེས་འཐོབ་བོ། །

ཞེས་དོན་དུ་གཉེར་བྱའི་བྱང་ཆུབ་མི་འདྲ་བ་དང་། བསྒྲུབ་ནས་བསྐྱལ་བ་དུ་མར་བསགས་མི་བསགས་ཀྱི་ཁྱད་པར་ལས་གཞན་ལམ་ལྷ་ཡོད་པ་སོགས་ཐབ་ལ་ཆེར་ཉན་ཐོས་དང་འདྲ་བོ། །

ༀ༠ ཐེག་པ་ཆེན་པོ་ལས་ཐར་ཕྱིན་ཐེག་པའི་སྐོར།

ཐེག་པ་ཆེན་པོ་ལ་ཞན་གསེས་པ་རོལ་ཏུ་ཕྱིན་པའི་ཐེག་པ་དང་། གསང་སྔགས་རྡོ་རྗེ་ཐེག་པ་གཉིས་ཡོད་པའི་དང་པོ་ཕར་ཕྱིན་ཐེག་པའི་ལམ་ལ་འང་། ཐེག་དམན་གྱི་ལམ་བཞིན་དུ། ཚོགས་ལམ་སོབ་ལྷ་ཡོད་ཅིང་། དེ་ཡང་སྦྱག་བསྒྲལ་གྱིས་མནར་ཞིང་བའི་བས་ཕོངས་པའི་སེམས་ཅན་ཐམས་ཅད་ཀྱི་ཕན་བདའི་སྒྲུབ་པའི་ཁྱར་མཐའ་དག་རང་ཉིད་ཀྱིས་འཁྱེར་བའི་བྱམས་པ་དང་། སྙིང་རྗེས་ཀུན་ནས་བསླངས་ཏེ་སངས་རྒྱས་ཀྱི་གོ་འཕང་དོན་གཉེར་གྱི་བསམ་པ་བཙོས་མིན་སྐྱེ་པ་ན། བྱང་ཆུབ་སེམས་དཔའ་རྒྱལ་སྲས་བདག་ཉིད་ཆེན་པོ་ཞེས་ལྷ་མིར་བཅས་པའི་འཇིག་རྟེན་ཐམས་ཅད་ཀྱི་ཕྱག་བྱ་བའི་འོས་སུ་གྱུར་ཅིང་ཐེག་ཆེན་གྱི་ཚོན་ལམ་ཕོག་སེམས་བསྐྱེད་མ་ཐག་ནས་ཕྱག་ལྷུན་ཞིག་ཏུ་མང་བ་འདག་པ་དང་། ཚོགས་རྣམས་ཆེན་གྱུར་དུ་སྦྱང་པ་ལ་སོགས་པའི་ཡོན་ཏན་མཐའ་ཡས་པ་མང་ཞིང་། ཚོགས་ལམ་ཆེན་པོའི་དུས་བསམ་གཏན་གྱི་དངོས་གཞི་ལ་བརྟེན་ནས་མཐོང་ཞེས་བསླབས་པའི་སོ་ནས་ཕྱོགས་བཅུའི་ཞིང་ཁམས་སུ་ཕྱིན་ཏེ་སངས་རྒྱས་མང་པོ་ལ་བསྙེན་བཀུར་མཛད་ཅིང་། ཆོས་རྒྱལ་གྱི་ཀྱེང་དེ་འཇིན་འཐོབ་པའི་མཐུ་ལ་བརྟེན་ནས། སངས་རྒྱས་དེ་དག་ལས་ཟབ་རྒྱས་ཀྱི་གདམས་ངག་མཐའ་ཡས་པ་ཐོས་པའི་དོན་ཉམས་སུ་ལེན་པ་སོགས་འབྱུང་། །

དེ་ནས་ཚོས་ཐམས་ཅད་བདེན་པས་སྟོང་པའི་སྟོང་ཉིད་ལ་དོན་སྤྱིའི་ཚུལ་གྱིས་དམིགས་པའི་ཞི་ལྷག་ཟུང་དུ་འབྲེལ་བའི་སྒོར་ལམ་ཐོབ་ཅིང་། སྒོར་ལམ་ལ། དྲོད། རྩེ་མོ། བཟོད་པ། ཆོས་མཆོག་བཞི་ཡོད། དེ་དག་སོ་སོའི་སྐབས་བདེན་འཛིན་གྱི་གཉིས་སྣང་རགས་པ་རྣམས་

དེ་ཕྱིར་སོང་བས་སྟོང་པ་ཉིད་ཀྱི་དོན་ཕྱིར་གསལ་སྣང་ཁྱད་པར་ཅན་རིམ་བཞིན་འབྱུང་བའི་
མཐུས་གབྱུང་བ་དང་འཛིན་པའི་བདེན་ཞེན་གྱི་རྟོག་པ་ཐམས་སྣང་པར་བྱེད་པ་དང་། ཉིན་
མོར་ཐབས་ཤེས་ཀྱི་ཉམས་ལེན་རྒྱ་ཆེ་བའི་དབང་གིས་མཚན་མོ་རྨི་ལམ་དུའང་ཆོས་ཐམས་
ཅད་རྨི་ལམ་ལྟར་རང་བཞིན་མེད་པར་བསྟ་བ་དང་། ཐེག་པ་དམན་པའི་ཡིད་བྱེད་གཏན་
ནས་མི་བསྐྱེད་པ་དང་། སེམས་ཅན་རྣམས་ལ་ཆོས་སྟོན་པའི་སེམས་སྐྱེ་བ་སོགས་དང་། འབྱུང་
བཞིའི་གནོད་པ་དང་། གནད་གནོན་སོགས་གཏོང་འཆེའི་རིགས་ཞི་བར་བྱེད་ནུས་པའི་བདེ་
ཆེག་སྒྲུབ་པ་ལ་སོགས་པ་ཅེ་སྦྱོར་ཐོབ་པའི་རྟགས་རྣམས་དང་། བྱང་སེམས་དབང་རྡོན་སྦྱོར་
ལམ་གྱི་སྐབས་སུ་རྟོགས་པའི་བྱང་ཆུབ་ལམ་ཕྱིར་མི་ལྡོག་པའི་རྟགས་ཐོབ་པ་རྣམས་ལ་འོ་
མཚར་བའི་ཡོན་ཏན་བརྗོད་ཀྱིས་མི་ལང་བ་ཡོད།

དེ་ནས་སྟོང་ཉིད་མཆོག་སུམ་དུ་གཟིགས་པའི་ཐེག་ཆེན་མཐོང་ལམ་བར་ཆད་མེད་ལམ་
གྱིས་ཁམས་གསུམ་གྱི་ཉོན་སྒྲིབ་ཀུན་བཏགས་བརྒྱ་དང་བཅུ་གཉིས་དང་། ཤེས་སྒྲིབ་ཀུན་
བཏགས་བརྒྱ་དང་བརྒྱད་ཀྱི་ས་བོན་ཅིག་ཅར་དུ་སྤོང་བར་བྱེད་ལ། དེ་འདྲའི་མཐོང་ལམ་
ཐོབ་པའི་ཚེ་ལས་ནོན་གྱི་གཞན་དབང་དུ་གྱུར་པའི་སྐྱེ་རྒ་ན་འཆིའི་སྡུག་བསྔལ་སོགས་སྣང་ས
པ་དང་། ཆོས་ཐམས་ཅད་ལ་བདེ་བར་འགྲོ་བ་ཞེས་བུ་བའི་ཏིང་ངེ་འཛིན་ཐོབ་པས་དུག་
དང་མཚོན་དང་། མེ་ལ་སོགས་པ་ཐམ་ང་བའི་རྐྱེན་ཅི་འདུ་དང་འཕྲད་ཀྱང་བདེ་བ་ལོན་ཨ་
གཏོགས་སྡུག་བསྔལ་གཏན་ནས་མི་འབྱུང་།

དེ་ནས་སྒོམ་ལམ་གྱིས་བསྒྲུབ་པའི་ས་དང་པོ་ནས་ས་བཅུ་པའི་བར་གྱིས་སྒོམ་སྤང་ཉོན་
མོངས་བཅུ་དྲུག་དང་། སྒོམ་སྤང་ཤེས་སྒྲིབ་བརྒྱ་དང་བརྒྱད་ཀྱིས་བོན་ཆེ་རིམ་ནས་རིམ་གྱིས་
སྤོང་བར་བྱེད་པ་ལྟ་བུ་སྤང་བྱ་མི་མཐུན་ཕྱོགས་འཇོམས་པའི་ཡོན་ཏན་གོང་འཕེལ་དུ་སོང་བ
རེད།

ས་བཅུ་ནི། ས་དང་པོ་རབ་ཏུ་དགའ་བ། གཉིས་པ་དྲི་མ་མེད་པ། གསུམ་པ་འོད་བྱེད་པ།
བཞི་པ་འོད་འཕྲོ་བ། ལྔ་པ་སྦྱང་དཀའ་བ། དྲུག་པ་མཐོན་དུ་གྱུར་པ། བདུན་པ་རིང་དུ་སོང་
བ། བརྒྱད་པ་མི་གཡོ་བ། དགུ་པ་ལེགས་པའི་བློ་གྲོས། བཅུ་པ་ཆོས་ཀྱི་སྤྲིན་རྣམས་ཡིན།

ས་བཅུ་སོ་སོའི་གནས་སྐབས་སུ་བསྒྲལ་བ་མང་པོར་སངས་རྒྱས་ཏྲེ་བ་ཁྲག་ཁྲིག་འབུམ་
ཕྲག་ཏུ་མ་ལ་སྩལ་བསམས་རྒྱ་ཆེན་པོའི་བློ་ནས་བསྟེན་བཀུར་བྱེད་ཅིང་དམ་པའི་ཆོས་འཛིན་པ

དང་། བསྐུ་བའི་དངོས་པོ་བཞིས་སེམས་ཅན་མཐའ་ཡས་པ་སྨིན་པར་བྱེད་པ་སོགས་ས་སོ་སོའི་ཡོངས་སྦྱོང་དང་དགའ་བ་ཀྱི་ཁྱད་པར་ལ་སོགས་ཡོན་ཏན་རྣམས་བསམ་བཛོད་ཀྱི་ཡུལ་ལས་འདས་པ་མཐའ་ཞིང་།

དེ་འདྲའི་ས་བཅུ་རིམ་གྱིས་བགྲོད་དེ་མཐར་ས་བཅུ་པའི་མཐུག་ཐོགས་སུ་རྒྱུན་མཐའི་བར་ཆད་མེད་ལམ་གྱིས་ཤེས་སྒྲིབ་ཕྲ་མོའི་རྒྱུན་བཅད་དེ། ཡོན་ཏན་མཐའ་ཡས་པའི་སངས་རྒྱས་ཀྱི་གོ་འཕང་དེ་འཐོབ་པར་འགྱུར་བ་ཡིན།།

༡. ཐེག་པ་ཆེན་པོ་གསང་སྔགས་ཀྱི་སྐོར།

གཉིས་པ་ཐེག་པ་ཆེན་པོ་གསང་སྔགས་རྡོ་རྗེ་ཐེག་པ་ནི། ལྷ་སྲུ་ཏུ་པི་ཏ་ཀ་མ་ལས་མཛད་པའི་ཏེ་ཤྲིལ་དེ་པོ་ལས།

དོན་གཅིག་ན་ཡང་མ་རྨོངས་དང་།།
ཐབས་མང་དཀའ་བ་མེད་པ་དང་།།
དབང་པོ་རྣོན་པོའི་དབང་བྱས་པས།།
སྔགས་ཀྱི་ཐེག་པ་ཁྱད་པར་འཕགས།།
ཞེས་པ་རོལ་དུ་ཕྱིན་པའི་ཐེག་པ་ལས་ཆེས་མཆོག་ཏུ་གྱུར་པ་ཡིན། དོན་ཀྱང་ཐེག་པ་འདི་དང་ཕར་ཕྱིན་ཐེག་པ་གཉིས་ཀྱི་ཐོབ་ཏུ་མཐར་ཐུག་འབྲས་བུ་སངས་རྒྱས་ཀྱི་གོ་འཕང་ལ་བཟང་ངན་དང་མཆོག་དམན་གྱི་ཁྱད་པར་གང་ཡང་མེད་ཅིང་། ཐེག་པ་དེ་གཉིས་ཀྱི་ཁྱད་པར་ནི། འབྲས་བུ་སངས་རྒྱས་ཀྱི་གོ་འཕང་འཐོབ་བྱེད་ཀྱི་རྒྱུའི་ཆ་ནས་ཁྱད་པར་འབྱེད་དགོས། དེ་ཡང་འབྲས་བུ་སངས་རྒྱས་ཀྱི་སྐུ་དེ་ལ་ཚོ སྐུ་དང་གཟུགས་སྐུ་གཉིས་ཡོད་པ་ལྟར། དེ་གཉིས་ཀྱི་ཕུན་ཚོང་མ་ཡིན་པའི་རྒྱུ་ལ་ཡང་གཉིས་ཡོད་དགོས་པས། བྱང་ཆུབ་ཀྱི་སེམས་ཀྱི་ཟིན་པའི་སྟོང་ཉིད་རྟོགས་པའི་ཤེས་རབ་དེ་ཆོས་སྐུའི་ཕུན་ཚོང་མ་ཡིན་པའི་རྒྱུ་དང་གཟུགས་སྐུའི་ལྷན་ཅིག་བྱེད་རྐྱེན་ཡིན་པ་མདོ་སྔགས་གཉིས་ཀ་ལ་འདྲབ་ཡིན།

གསུངས་སྐུའི་ཕུན་ཚོང་མ་ཡིན་པའི་རྒྱུ་རྒྱུ་ཆེ་བའི་ཐབས་ཡོད་པ་ནི། གསང་སྔགས་རྡོ་རྗེ

ཐེག་པ་དང་། དེ་མེད་ཅིང་སེམས་བསྐྱེད་དང་ཕྱིན་དྲུག་སོགས་ཀྱི་ཐབས་ཚམ་ཡོད་པ་ནི། ཕར་
ཕྱིན་གྱི་ཐེག་པ་ཡིན། དེའི་གནད་ཀྱིས་ཕར་ཕྱིན་ཐེག་པའི་ལམ་ལ་བརྟེན་ནས་ཚེ་རབས་མང་
པོ་བཅུད་ནས་སངས་རྒྱས་ཀྱི་གོ་འཕང་འཐོབ་པ་མ་གཏོགས། ཚེ་གཅིག་ལ་སངས་རྒྱས་གོ་
འཕང་འཐོབ་མི་ནུས་ཤིང་། གསང་སྔགས་ཀྱི་ལམ་ལ་བརྟེན་ནས་དབང་པོ་རབ་ཀྱིས་ཚེ་གཅིག་
དང་། མི་ལོ་འགའ་ཞིག་ལ་འང་འཚང་རྒྱ་བ་ཡོད་པས་གསང་སྔགས་ཀྱི་མྱུར་བྱུང་ཉིད་དུ་ཆེ་

གསང་སྔགས་རྡོ་རྗེ་ཐེག་པའི་བྱུང་ཚོས་གཟུགས་སྐུའི་ཐུན་མོང་མ་ཡིན་པའི་རྒྱུ་དེ་གང་
ཡིན་སྙམ་ན། འབྲས་བུ་གཟུགས་ཀྱི་སྐུའི་གནས་ལུགས་སོགས་དང་རྣམ་པ་འདྲ་བའི་སྟེའི་རྣལ་
འབྱོར་སྐོམས་པའི་ཐབས་ལྷ་ན་མེད་པ་དེ་ཕར་ཕྱིན་ཐེག་པ་ལ་མེད་པའི་རྒྱུ་ཆེ་བའི་ཐབས་ཡིན།
གསང་སྔགས་དེ་ལའང་། རྡོ་རྗེ་གུར་གྱི་ལེའུ་བཅུ་གསུམ་པ་ལས།

དམན་པ་རྣམས་ལ་བྱ་བའི་རྒྱུད། །
བྱ་མེད་རྣལ་འབྱོར་དེ་ལྷག་ལའོ། །
རྣལ་འབྱོར་མཆོག་ནི་སེམས་ཅན་མཆོག །
རྣལ་འབྱོར་བླ་མེད་དེ་ལྷག་ལའོ། །

ཞེས་གདུལ་བྱའི་དབང་པོའི་རིམ་པ་དང་བསྟུན་པའི་རྒྱ་བའི་རྒྱུད་སྡེ་བཞི་དང་། དེ་རེ་རེ་
ལའང་ནང་གསེས་ཀྱི་དབྱེ་བ་མང་པོ་དང་། དེ་དག་གི་ལམ་གྱི་རྡོ་རྗེ་མི་འདྲ་བ། རྣམ་གྲངས་མི་
འདྲ་བ་རྒྱུད་སྡེ་ནས་གསུངས་ཚུལ་མི་འདྲ་བ། ལམ་ལ་བྱུར་ཁྱབ་མི་འདྲ་བ་སོགས་ཤིན་ཏུ་མི་
འདྲ་བ་ཡོད་ཀྱང་། དེ་དག་གི་གནད་པོ་ཞིག་ཞིག་པ་ནི་རྡོ་རྗེ་ཐེག་པའི་དཀྱིལ་འཁོར་དུ་ཞུགས་
ཤིང་དབང་གིས་རྒྱུད་སྨིན་པའི་སྟོང་སྐྱོན་གྱི་གདུལ་བྱ་ལ་གསང་བས་བསྟན་པར་འོས་པ་ལས།
གང་བྱུང་ཁྲོམ་བསྐྲག་དུ་བྱ་བར་མི་རུང་ལ། སྐབས་སུ་མ་བབས་པས་འདིར་མ་སྤྲོས་ཤིང་།

མཚར་ན་གསང་སྔགས་སྤྱིའི་ཉམས་ལེན་གྱི་སྟོམ་ལྟ་བུ་ནི། ལས་ཕྲིན་མོང་བ་ངེས་འབྱུང་
དང་། བྱང་རྒྱུད་ཀྱི་སེམས་ལ་སྐྱོང་བ་སྟོན་པའམ། དེ་ལྟ་མིན་ཡང་སྐྱོང་བ་སྟེ་ཟེན་ཚལ་སྟོན་
དུ་སོང་བའི་གང་ཟག་གིས། ཐོག་མར་མཆོན་སྤྱན་གྱི་བླ་མའི་དུང་ནས་རྒྱུད་སྟེ་གང་ཡང་རུང་
བའི་དཀྱིལ་འཁོར་དུ་དབང་རྫོགས་དེ། དམ་ཚིག་དང་སྟོམ་པ་ཚུལ་བཞིན་བསྲུང་བ་གཞིར་
བཟུང་བའི་ཐོག་ནས་སྣང་སྤྱོགས་སྐྱེའི་འབྱོར་པོ་ལ་རྗེ་གཅིག་ཏུ་དམིགས་ནས་འབྲས་བུ་སངས་
རྒྱས་ཀྱི་གཟུགས་སྐུ་བསྐྱབས་ཤིང་། ནང་གི་རྐྱེང་དང་རྩ་ཁམས་སོགས་ལ་གནད་དུ་བསྟུན་པའི་

ཐབས་མཁས་ལ་བརྟེན་ནས་སེམས་སྦྱོང་ཐུལ་འོད་གསལ་ཕྱག་རྒྱ་ཆེན་པོའི་དབྱིངས་སུ་ཞུགས་པའི་རྣལ་འབྱོར་ལ་གཞོལ་བས་འབྲས་བུ་སངས་རྒྱས་ཀྱི་ཡེ་ཤེས་ཆོས་ཀྱི་སྐུ་ཐུབ་པར་བྱེད་པ་ཡིན།།

༡༠. འབྲས་བུ་སངས་རྒྱས་ཀྱི་སྐུ་བཞི་དང་ཡོན་ཏན་འཐོབ་ཚུལ་ལས་ཀྱི་སྐོར།

དེ་ལྟར་གོང་དུ་བཤད་པའི་མདོ་སྔགས་ཀྱི་ལམ་དེ་རྣམས་ལ་བརྟེན་ནས་ཐོབ་པའི་སངས་རྒྱས་ཀྱི་སྐུ་དེ་ལ་ཡང་། སྤྱིར་མི་ཉིས་མཛད་པའི་ཨཏྟྲིསམཡཀླགྱུལདཀྱུར་ལས།
དྷོ་པོ་ཉིད་ལོངས་རྫོགས་བཅས་དང་།།
དེ་བཞིན་གཞན་པ་སྤྲུལ་པ་ནི། །
ཚོས་སྐུ་མཛད་པ་དང་བཅས་པ། །
རྣམ་པ་བཞིར་ནི་ཡང་དག་བརྗོད། །
ཅེས་བཞི་ཡོད་དེ། དྷོ་པོ་ཉིད་སྐུ། ཡེ་ཤེས་ཆོས་སྐུ། ལོངས་སྐུ། སྤྲུལ་སྐུ་དང་བཞི་ཡོད། དང་དྷོ་དྷོ་ཉིད་སྐུ་ནི། ས་བཅུའི་རྒྱུན་གྱི་ཐ་མ་སློས་ལས་དྷོ་རྗེ་ལྟ་བུའི་ཏིང་ངེ་འཛིན་གྱིས་ཤེས་སྒྲིབ་ཟད་པར་སྦོང་ཞིང་། དེ་འདའི་བར་ཆད་མེད་ལམ་དེས་དངས་པའི་རྣམ་གྲོལ་ལམ་ཐོབ་པ་ན། སྒྲིབ་གཉིས་སྐྱོ་བྱུར་བའི་དྷི་མ་མཐའ་དག་སྤངས་པའི་སྤངས་པ་དྷོ་དྷོ་ཉིད་སྐུ་འཐོབ་པ་ནི་སྦོ་བུར་རྣམ་དག་གི་ཆ་དང་། སྦྱར་ཐ་མལ་པའི་གནས་སྐབས་སུ་རང་བཞིན་གནས་རིགས་སུ་འཇོག་པའི་སེམས་ཀྱི་སྟེང་གི་བདེན་སྦོང་དེ་ཉིད་གནས་འགྱུར་མཐར་ཕྱིན་པའི་ཚེ་སངས་རྒྱས་ཀྱི་ཕྱགས་རྣམ་དག་མཐྱེན་གྱི་སྟེང་གི་སྦོང་པ་ཉིད་དུ་སོང་བ་དེ་ནི་རང་བཞིན་རྣམ་དག་གི་ཆ་སྟེ་དེ་འདའི་དག་པ་གཉིས་ལྡན་གྱི་ཚོས་སྐུ་ནི་དྷོ་པོ་ཉིད་སྐུ་ཡིན། དེ་ནི་སངས་རྒྱས་ཀྱི་གོ་འཕང་འཐོབ་པའི་དུས་འབའ་ཞིག་ལ་འབྱུང་ཡང་མི་རྟག་པ་མ་ཡིན་ཞིང་། རྒྱུ་རྐྱེན་གྱིས་འདུས་མ་བྱས་པ་དང་། རང་བཞིན་གཞན་དུ་འགྱུར་བ་མེད་པ་རྟག་པའི་རང་བཞིན་ཡིན།།
གཉིས་པ་ཡེ་ཤེས་ཆོས་སྐུ་ནི། ཤེས་བྱ་ཇི་ལྟ་བ་དང་ཇི་སྟེད་པའི་ཚོས་མཐའ་དག་རང་ཉིད་ཀྱི་མདུན་ན་ཡོད་པ་ལྟར་མཛོ་གསུམ་དུ་གཟིགས་པའི་ཀུན་མཐྱེན་ཡེ་ཤེས་དེ་ཡིན། དེ་ལའང་

ཕྱོག་ཆས་དབྱེ་ན། ཆུང་ཕྱོགས་སོ་བདུན་གྱི་སྟེ་ཆེན་ནས་རྣམ་མཐྱེན་གྱི་བར་རབག་མེད་ཡེ་ཤེས་
ཀྱི་སྟེ་ཆེན་ཉེར་གཅིག་ཡོད་ཆུལ་སོགས་བོག་ཏུ་ཕྱུགས་ཀྱི་ཡོན་ཏན་འཆང་པའི་སྐབས་སུ་
གསལ་ཞིང་དེ་འདིའི་དོ་པོ་ཉིད་སྐུ་དང་ཡེ་ཤེས་ཆོས་སྐུ་ནི། སངས་རྒྱས་ནང་ཐར་ཆུན་ལོ་ནའི་
མཚན་སུམ་གྱི་སྤྱོད་ཡུལ་ཆམ་ཞིག་ཡིན། །

གསུམ་པ་ལོང་ས་སྤྱོད་རྫོགས་པའི་སྐུ་ནི། སྤྱོབ་པ་ལམ་གྱི་གནས་སྐབས་སུ་ཞིང་དག་སྤྱོར་བ་
སྐོམ་པའི་སྟོབས་ཀྱིས་འགྲུབ་པའི་གནས་ཁྱད་པར་ཆན་བོག་མེན་སྟུག་པོ་བཀོད་པའི་ཞིང་དུ་
ཐོག་མར་གང་གི་དོ་བོར་སངས་རྒྱས་པའི་ངེས་པ་ལྔ་ལྡན་གྱི་གཟུགས་སྐུ་སྟེ་མཆོག་གི་སྤྲུལ་སྐུའི་
སྤྲུལ་གཞི་དེ་ལ་ཟེར། དེ་འདིའི་ངེས་པ་ལྔ་ནི། གནས་ངེས་པ་བོག་མེན་སྟུག་པོ་བཀོད་པའི་ཞིང་
བོར་ནར་བཞུགས་པ། སྐུ་ངེས་པ་མཚན་བཟང་པོ་སུམ་ཅུ་རྩ་གཉིས་དང་། དཔེ་ཆུང་བཟང་པོ་
བརྒྱད་ཅུ་གསལ་ལ་རྫོགས་པས་སྤྲས་པ། འཁོར་ངེས་པ་ཆུང་སེམས་འཕགས་པ་ཤ་སྟག་གིས་
བསྐོར་བ་ལ་གཏོགས་སོ་སྟེ་རྣམ་དང་། ཆན་རང་འཕགས་པ་རྣམས་ཀྱིས་མཐལ་བར་མི་ནུས་
པ། ཆོས་ངེས་པ་ཐེག་པ་ཆེན་པོའི་ཆོས་འབའ་ཞིག་ལས་ཐེག་དམན་གྱི་ཆོས་མི་གསུང་པ།
དུས་ངེས་པ་འཁོར་བ་ཇི་སྲིད་ན་སྟོང་གི་བར་དུ་སྐྱེ་འཆིའི་རྣམ་པ་མི་སྟོན་པར་བཞུགས་པ་སྟེ།
ངེས་པ་ལྔ་ཆང་པའི་གཟུགས་ཀྱི་སྐུ། བདེན་པ་མཚན་སུམ་དུ་མཐོང་པའི་ཐེག་ཆེན་འཕགས་
པའི་སྤྱོད་ཡུལ་དུ་གྱུར་པ་ཞིག་ལ་ལོངས་སྐུ་ཟེར། །

བཞི་པ་སྤྲུལ་སྐུ་ནི། གདུལ་བྱ་སོ་སོའི་རྣམས་ཀྱིས་ཀྱང་མཐལ་བར་ནུས་ཤིང་ངེས་པ་ལྔ་དང་
མི་ལྡན་པའི་གཟུགས་སྐུ་ཞིག་ཡིན། དེ་ལའང་མཆོག་གི་སྤྲུལ་སྐུ། བཟོ་པོ་སྤྲུལ་སྐུ། སྐྱེ་བ་སྤྲུལ་སྐུ་
དང་གསུམ། མཆོག་གི་སྤྲུལ་སྐུ་ནི་ལོང་སྐུས་སྤྲུལ་གཞིར་བྱས་ནས་འཛམ་བུའི་གླིང་ལ་སོགས་
པའི་འཛིག་རྟེན་གྱི་ཁམས་སྣ་ཚོགས་པར་མཛད་པ་བཅུ་གཉིས་ཀྱི་སྒོ་ནས་གདུལ་བྱའི་དོན་
མཛད་པའི་སྤྲུལ་པའི་སྐུ་མཚན་དཔེས་བརྒྱན་པ་ཞིག་ལ་བོས་འཛིན་དགོས། དཔེར་མཆོན་ན་
སྟོན་པ་ཤཱཀྱ་ཐུབ་པ་ལྟ་བུ་ཡིན། །

མཛད་པ་བཅུ་གཉིས་ནི། སྟོན་པ་ཤཱཀྱ་ཐུབ་པར་མཆོན་ན། དགའ་ལྡན་གནས་ནས་འཕོ་
བའི་མཛད་པ། ཡུམ་གྱི་ལྷུམས་སུ་ཞུགས་པའི་མཛད་པ། ལུམྦི་ནིའི་ཆལ་དུ་སྐུ་བལྟམས་པའི་
མཛད་པ། བཟོའི་གནས་ལ་མཁས་ཤིང་གཞོན་ནུའི་རོལ་རྩེད་ཀྱི་མཛད་པ། བཙུན་མོའི་འཁོར་
དང་བཅས་ཏེ་རྒྱལ་སྲིད་བཟུང་བའི་མཛད་པ། གྲོང་ཁྱེར་གྱི་སྒོ་བཞིར་ཕེབས་ནས་ཕྱགས་རྒྱོ

པའི་ཚུལ་ཁྲིམས་རབ་ཏུ་བྱུང་པའི་མཛད་པ། རྒྱ་པོ་ནི་རབ་ཏུ་བྱུང་དུ་དགའ་བ་སྦྱིང་པའི་
མཛད་པ། བྱང་ཆུབ་ཤིང་དྲུང་དུ་གཤེགས་ཤིང་བཞུགས་པའི་མཛད་པ། བདུད་ཀྱི་སྡེ་མཐར་
དག་བཅོམ་པའི་མཛད་པ། ས་ག་ཟླ་བའི་ཡར་ཚེས་བཅོ་ལྔར་མངོན་པར་རྫོགས་པར་སངས་
རྒྱས་པའི་མཛད་པ། རྒྱ་སྟོང་ཟླ་བའི་ཚེས་བཞིར་བདེན་པ་བཞིའི་ཚོས་འཁོར་བསྐོར་བའི་མཛད་
པ། གྱོང་ཁྱེར་རྩྭ་མཆོག་གྲོང་དུ་རྒྱ་ངན་ལས་འདས་པའི་མཛད་པ་སྟེ། མཛད་པ་བཅུ་གཉིས་
པོ་དེ་རྣམས་ཀྱང་གདུལ་བྱ་ཐ་མལ་པ་རྣམས་ཀྱི་སྣང་ངོར་འགག་ཞིག་བྱང་རྒྱལ་སེམས་དཔའི་
མཛད་པ་དང་། འགའ་ཞིག་སངས་རྒྱས་ཀྱི་མཛད་པ་ལྟ་བུར་བསྟན་པ་ཡང་། སངས་རྒྱས་
རྣམས་གདུལ་བྱ་འདུལ་བའི་ཐབས་ལ་མཁས་པས་དེ་འདྲའི་ཚུལ་བསྟན་པ་ཙམ་མ་གཏོགས།
དོན་ལ་དགའ་ལྡན་གྱི་གནས་ནས་འཕོ་བའི་མཛད་པ་ནས་འབྱུང་མཛད་པ་བཅུ་གཉིས་མཐར་
དག་སངས་རྒྱས་ཀྱི་མཛད་པ་ཤ་སྟག་ཡིན།

༄༅ བཟོ་པོ་སྤྲུལ་སྐུ་ནི། སྟོན་པ་ཤཀྱ་ཐུབ་པས་དེ་ཟེའི་རྒྱལ་པོ་རབ་དགའ་གདུལ་བའི་ཕྱིར་
དུ་པི་ཝང་མཁན་གྱི་གཟུགས་སུ་སྤྲུལ་ལ་ལྲ་བྱ། སྤྲེ་བ་སྤྲུལ་སྐུ་ནི། དགའ་ལྡན་དུ་ལྷའི་བུ་དམ་
པ་ཏོག་དཀར་པོ་ལྲ་བུ་ཡིན། སྤྲུ་བཞིའི་ནང་ནས་ཏོ་པོ་ཞིད་སྐུ་དང་། ཡེ་ཤེས་ཚོས་སྐུ་གཉིས་
གདུལ་བྱ་རྣམས་ཀྱིས་མཐོང་པར་མི་ནུས་ཤིང་། ལོངས་སྐུ་དང་སྤྲུལ་སྐུ་སྟེ་གཟུགས་སྐུ་རྣམ་པ་
གཉིས་པོ་ཙེ་རིགས་གདུལ་བྱ་ལ་དངོས་སུ་སྟང་བའི་སྒོ་ནས་འགྲོ་བའི་དོན་རྣམས་པོ་ཆེ་མཛད་
པ་ཡིན།

སངས་རྒྱས་ཀྱི་སྐུའི་རྣམ་གྲངས་དབྱེ་ཚུལ་ལ་གོང་དུ་བཤད་པ་ལྟར་སྐུ་བཞིར་དབྱེ་བ་དང་།
ཡང་སྐུ་བཞི་དེ་ལས་ཏོ་པོ་ཞིད་སྐུ་དང་། ཡེ་ཤེས་ཚོས་སྐུ་གཉིས་ཚོས་སྐུ་ཞིག་གཅིག་ཏུ་བསྡུས་
ནས་ཚོས་ལོངས་སྤྲུལ་གསུམ་གྱི་སྐུ་གསུམ་དུ་བྱེད་པ་དང་། ཡང་ལོངས་སྐུ་དང་སྤྲུལ་སྐུ་གཉིས་
ཀྱང་གཟུགས་སྐུ་ཞིག་གཅིག་ཏུ་བསྡུས་ནས། ཚོས་གཟུགས་ཀྱི་སྐུ་གཉིས་སུ་བྱེད་པ་སོགས་ཀྱང་
ཡོད།

དེ་ལྟ་བུའི་འབྲས་བུ་སངས་རྒྱས་ཀྱི་ཡོན་ཏན་ལ་འབྲེ་སྟོ་མང་ཡང་། སྐུ་གསུང་ཐུགས་
འཕྲིན་ལས་བཞིའི་སྒོ་ནས་བཤད་ན།

སྐུའི་ཡོན་ཏན་མཚན་དང་དཔེ་བྱད་ནི། ཕྱག་ཞབས་ཀྱི་མཐིལ་དུ་གསེར་གྱི་འཁོར་ལོ་རྒྱ་
འབྱར་གྱི་རི་མོ་བཞིན་ཚེས་གསལ་བར་བཀྲ་བ་ལ་སོགས་པ་སྐྱེས་བུ་ཆེན་པོའི་མཚན་སུམ་ཅུ་

རྩ་གཉིས་དང་། ཕྱུག་ཁབས་ཀྱི་སེན་མོ་རྣམས་ཟངས་ཀྱི་མདོག་ལྟར་དམར་མདངས་ཆགས་པ་
དང་། མདོག་སྔམས་པ་ལ་སོགས་པ་དབུ་ཕྱུད་བཟང་པོ་བརྒྱད་ལྷའི་རྒྱུ་ཀྱིས་ཡོངས་སུ་སྦྱངས་
པའི་མཛེས་སྐུ་མཐོང་བ་ཚོམ་ཀྱིས་ཐབར་པའི་ས་བོན་ཁྱུད་པར་ཅན་བསྐྲུན་ནུས་པ། མཚན་དཔེ་
རང་གི་དོ་བོ་འང་རང་རེའི་ཐག་ཕྱུད་སྐྱ་བུ་མིན་པར་ཀུན་མཁྱེན་ཡེ་ཤེས་ཀྱི་བདག་ཉིད་ཡིན་
པས་མཚན་དཔེ་རེ་རེ་དང་། དཔེ་སྐྱེའི་ཤག་མ་རེ་རེས་ཀྱང་ཤེས་བྱ་ཐམས་ཅད་མངོན་སུམ་དུ་
གཟིགས་པ། མཐར་སྐྲས་པའི་ཕྱོགས་བཅུའི་ཞིང་ཁམས་རྣམས་སུ་འགའ་ཞིག་ཏུ་སྐུ་བསྐམས་
པ་དང་། འགའ་ཞིག་ཏུ་ཚོས་འབོར་བསྐྱོར་པའི་ཚུལ་དང་། ཁ་ཅིག་ཏུ་བྱང་སེམས་ཀྱི་སྤྱོད་པ་
ལ་སློབ་པའི་ཚུལ། ཁ་ཅིག་ཏུ་རྒྱུ་ངན་ལས་འདས་ཚུལ་སྟོན་པ་སོགས་སྐུའི་བཀོད་པ་སྣ་ཚོགས་
མིག་འཕྲུལ་བཞིན་དུས་ཅིག་ཅར་བསྟན་ནས་གང་ལ་གང་འདུལ་ཀྱི་མཛད་པའི་སྟོ་ནས་སེམས་
ཅན་རྣམས་ལས་བཟང་པོ་ལ་འགོད་པ་དང་། སྐུའི་བ་སྤུའི་བྱད་བུ་གཅིག་ཏུ་དུས་གསུམ་ཀྱི་
སངས་རྒྱས་ཐམས་ཅད་ཀྱི་སྐུ་དང་ཞིང་གི་བཀོད་པ་དང་། སློབ་ལམ་ཀྱི་སྤྱོད་པ་མཐའ་དག་
གསལ་བར་སྟོན་ནུས་པ་སོགས་སྐུའི་ཡོན་ཏན་དང་། །

གསུང་གི་ཡོན་ཏན་ནི། གཞན་ཀྱི་ཁམས་དང་མོས་པ་དང་འཚམས་པར་སོ་སོའི་རྒྱུད་ལ་
དགེ་རྩ་བསྐྱེད་ཅིང་འཕེལ་བར་བྱེད་པས་གསུང་མཉེན་པ་དང་། ཐོས་པ་ཚམ་ཀྱིས་ཉན་པ་པོའི་
ཡིད་བདེ་བར་བྱེད་པས་གསུང་འཇམ་པ་དང་། བདེན་པ་གཉིས་དང་རྟེན་འབྲེལ་སོགས་དོན་
བཟང་པོ་སྟོན་པས་ཡིད་དུ་འོང་བ་དང་། ཆིག་འབྲུ་བཟང་བས་ཡིད་དུ་འཐད་པ་ལ་སོགས་པ་
གསུང་དབྱངས་ཀྱི་ཡན་ལག་དྲུག་ཅུ་རྩ་བཞིའི་ཡོན་ཏན་རྣམས་གསུང་གི་ཆ་ཤས་གཅིག་ཚམ་
ལ་འང་ཡོངས་སུ་རྫོགས་པར་ཚང་བ་དང་། ཁྱད་པར་དེ་བཞིན་གཤེགས་པའི་གསུང་གཅིག་
ཕྱུང་ནའང་དེར་འདུས་པའི་སྐྱ་གཟུ་མི་དང་ཕྱོལ་སོང་སོགས་འགྲོ་བ་སོ་སོའི་སྐད་དུ་གོ་ཞིང་རང་
རང་གི་བྱེ་ཚོམ་སེལ་བར་མཛད་པ་སོགས་གསུང་གི་ཡོན་ཏན་ཡིན། །

ཐུགས་ཀྱི་ཡོན་ཏན་ལ། ཐུགས་མཁྱེན་པའི་ཡོན་ཏན་ནི། ཟག་མེད་ཡེ་ཤེས་སྟེ་ཆོས་ཉེར་
གཅིག་ཡོད་པ་ལས། ཉན་རང་དང་ཐུན་མོང་བའི་སྟེ་ཆོས་རྣམས་བཞག་ནས་སངས་རྒྱས་ཀྱི་
ཐུན་མོང་མིན་པའི་ཡོན་ཏན་ལ། གནས་དང་གནས་མ་ཡིན་པ་མཁྱེན་པ་དང་། ལས་དང་རྣམ་
པར་སྨིན་པ་མཁྱེན་པ་དང་། བསམ་གཏན་དང་རྣམ་ཐར་སོགས་མཁྱེན་པ་དང་། དབང་པོ་
མཆོག་དང་མཆོག་མ་ཡིན་པར་མཁྱེན་པ་དང་། མོས་པ་སྣ་ཚོགས་མཁྱེན་པ་དང་། ཁམས་བཅོ་

བརྒྱུད་ཀྱི་རབ་དབྱེ་སོགས་མཐུན་པ་དང་། སྟིན་ནི་ཐབས་ཅད་དུ་འགྲོ་བའི་ལམ་མཐུན་པ་
དང་། སྟོན་གནས་དྲན་པ་མཐུན་པ་དང་། འཇེ་འཕོ་དང་སྐྱེ་བ་མཐུན་པ། ཟབ་པ་དང་ཟབ་
པ་མཐུན་པ་སྟེ་སྟོབས་བཅུའི་ཡོན་ཏན།།

གཞན་ཡང་རང་དོན་ཚོས་ཐབས་ཅད་མཛོན་སུམ་དུ་མཐུན་པའི་ཏོགས་པ་ཕུན་ཚོགས་
ཐོབ་པར་ དམ་བཅའ་བ་དང་། སྟིབ་པ་མ་ལུས་པ་ཟད་པའི་སྤངས་པ་ཕུན་ཚོགས་ཐོབ་པར་
དམ་བཅའ་བ་དང་། གཞན་དོན་ཆགས་སོགས་ཐར་པའི་བར་ཆད་ཡིན་པར་དམ་བཅའ་བ་
དང་། བདེན་བཞིའི་གནས་ལུགས་ཏོགས་པའི་ལམ་ཐར་ལམ་ཡིན་པར་དམ་བཅའ་བ་ལ་ཚོས་
མཐུན་གྱི་རྩོལ་བ་སུམ་ཀྱུང་བཟི་བ་མེད་པའི་མི་འཇིགས་པ་བཞི་དང་།།

ཚོས་སྟོན་པ་ན་འཕྱོར་རྣམས་གུས་པས་ཉན་པ་ལ་ཆགས་པ་དང་། མི་གུས་པ་ལ་འཕྲོ་བ་
དང་། དེ་གཉིས་འདྲེས་མར་གནས་པ་ལ་ཆགས་སྟང་གཉིས་ཀ་ཟད་པར་སྤངས་པའི་དྲན་པ་
ཉེར་གཞག་གསུམ་དང་།།

སྦྱོ་གསུམ་གྱི་སྟྱོན་གཞན་གྱིས་ཤེས་ཏོགས་ནས་བཅབ་པར་བྱའོ་སྙམ་པའི་དགོངས་པ་མི་
མཉའ་བའི་བསྲུང་བ་མེད་པ་གསུམ་དང་། གཞན་དོན་དུ་སྐྱ་དང་གསུང་གི་འཕྲིན་ལས་འཇུག་
པ་ལ་དུས་ཐམས་ཅད་དུ་དྲན་པ་ཉེ་བར་གནས་པས་བསྟེལ་བ་མི་མཉའ་བའི་ཚོས་ཉིད་དང་།

དོན་མོངས་པ་དང་ཤེས་བྱའི་སྟིབ་པའི་བག་ཆགས་ཡང་དག་པར་བཙོམ་པ་དང་། སུ་ནི་
གདུལ་བར་བྱ་སྣམ་དུ་སྐྱེ་བོ་ཐམས་ཅད་ལ་ཉིན་མཚན་དུས་དྲུག་ཏུ་རྒྱུན་མི་ཆད་པར་ཐན་པའི་
བསྐུལ་བར་དགོངས་པའི་ཐུགས་རྫེ་ཆེན་པོ་དང་།།

སངས་རྒྱས་ཀྱི་ཁྱད་ཚོས་ཉན་རང་སོགས་གཞན་དང་མ་འདྲེས་པའི་ཡོན་ཏན་ནི་ སྟོང་
དང་སྒྱོང་ཁྱེར་ འཕྲོག་དགོན་པ་སོགས་སུ་གཤེགས་པའི་ཚེ་ཚོས་རྒྱན་དང་ལུག་ལ་སོགས་པས་
འཇིགས་པ་ལྷ་ཁྱུའི་འཁྲུལ་བ་མི་མཉའ་བ་དང་། ལམ་ནོར་བས་སྐྱ་མཆོར་པོར་འདོན་པ་
དང་བཀའ་ཆགས་ཀྱི་དབང་གིས་གང་མ་དགོང་པ་སྐྱ་བུ་ཙ་ཙོ་མི་མཉའ་བ་དང་། བཟེད་ནས་བུ་
བ་ཁོར་བ་དང་བུ་བའི་དུས་ལས་ཡོལ་ལ་སྐྱ་བུ་དྲག་པ་ཉམས་པ་མི་མཉའ་བ་དང་། སྐྱོམས་
པར་ཞུགས་རུང་མ་ཞུགས་རུང་དུས་ཐམས་ཅད་དུ་སྐྱོང་པ་ཉིད་ཀྱི་དོན་ལ་ཕུགས་མཐུམ་པར་
མ་བཞག་པ་མི་མཉའ་བ་དང་། འཕོར་བ་ལ་ལ་མི་མཐུན་པ་དང་སྒྱང་འདས་ལ་ཞི་བར་ཏོ་པོ་
ཉིད་ཀྱིས་གྲུབ་པར་འཇོན་པའི་ཐ་དད་པ་ཉིད་ཀྱི་འདུ་ཤེས་མི་མཉའ་བ་དང་། སེམས་ཅན

འདུལ་བའི་དུས་ལ་སོགས་པ་སོ་སོར་མ་བཀགས་པར་དེའི་དོན་ཡལ་བར་འདོར་བའི་བཏང་
སྙོམས་མི་མཛད་པ་སྟེ་སྟྱོང་པས་བསྒྲུབ་པ་དུག་དང་། །

བྱམས་པ་དང་སྙིང་རྗེ་དང་། སེམས་ཅན་གྱི་དོན་མཛད་པ་སོགས་ལ་རྒྱུན་མི་ཆད་པར་
འཇུན་པ་འབྱུང་བ་དང་། སེམས་ཅན་གཅིག་གི་ཕྱིར་ཡང་སངས་རྒྱས་ཀྱི་ཞིང་གཀྕུའི་གྱུང་གི་
བྱེ་མ་སྙེད་འདས་པའི་གནས་སུ་གཤེགས་པར་སྤྲོ་བའི་བརྩོན་འགྲུས་དང་། སེམས་ཅན་ཐམས་
ཅད་ཀྱི་སེམས་ཀྱི་སྤྱོད་པ་དང་དེ་འདུལ་བའི་ཐབས་ལ་སོགས་པ་དུས་ཏུག་ཏུ་མི་བརྗེད་པའི་
དྲན་པ་དང་། ཚོས་རྣམས་ཀྱི་དེ་བཞིན་ཉིད་ལ་མཉམ་པར་འཇོག་པའི་ཏིང་ངེ་འཛིན་དང་།
གདུལ་བྱའི་དོན་མོངས་ཀྱི་སྤྱོད་པའི་གཉེན་པོར་ཚོས་ཡུང་བརྒྱུད་ཁྲི་བའི་སྤྱོང་རྗེ་ལྟར་ཤེས་
པར་སྤྱོང་པ་མཐྱེན་པའི་ཤེས་རབ་དང་། སྒྱིབ་པ་མཐའ་དག་ཟད་པར་སྤངས་པའི་རྣམ་གྲོལ་
ལས་ཉམས་པ་མི་མཛད་པ་སྟེ་ཆོཌྐ་པ་བསྒྲུབ་པ་དུག་དང་། །

ཐོད་འགྱེད་པ་དང་སྤྱོད་ལས་བཞི་སོགས་སྐྱེའི་འཕྲིན་ལས་དང་། སེམས་ཅན་གྱི་ཆོས་པ་
དང་འཚམས་པར་སྤྲོན་པའི་གསུང་གི་འཕྲིན་ལས་དང་། བྱམས་སྙིང་རྗེ་ཆེན་པོ་དང་ལྷན་པའི་
ཐུགས་ཀྱི་འཕྲིན་ལས་དེ་འཕྲིན་ལས་ཀྱིས་བསྒྲུབ་པ་གསུམ་དང་། །

འདས་མ་ཚོང་ད་ལྟ་བྱུང་བའི་ཤེས་བྱ་ཐམས་ཅད་ཆགས་ཐོགས་མེད་པར་མངྐོན་སུམ་དུ་
མཐྱེན་པའི་ཡེ་ཤེས་ཀྱིས་བསྒྲུབ་པ་གསུམ་བཅས་སངས་རྒྱས་ཀྱི་ཆོས་མ་འདྲེས་པ་བཅོ་བརྒྱད་
དང་། ཕྱང་ཁམས་སྐྱེ་མཆེད་ཀྱི་བསྒྲུབ་པའི་ཆོས་ཐམས་ཅད་མཐྱེན་སུམ་དུ་གཟིགས་པའི་
རྣམ་པ་ཐམས་ཅད་མཐྱེན་པ་ལ་སོགས་པ་ལྷ་ན་མེད་པའི་ཡོན་ཏན་རོ་མཚར་རྒྱ་ཏུ་བྱུང་བ
མཐའ་ཡས་པ་མངའ། །

བཅྟེ་བའི་ཡོན་ཏན་ནི། ཕྱིན་སྤྱོབ་པ་ལས་ཀྱི་གནས་སྐབས་སུ་སྟྱིང་རྗེ་ཆེན་པོ་ཡང་ཡང་
གོམས་པ་དེ་ཉིད་མཐར་ཕྱིན་པའི་དབང་གིས་སེམས་ཅན་སྲྱག་བསྒྲལ་གྱིས་མནར་བ་ལ་སྟྱིང་
རྗེ་ཕྱལ་ཏུ་བྱུང་བ་མི་སྲྱེའི་གནས་མེད། དེ་ཡང་སྲྱག་བསྒྲལ་གྱི་བྱེ་བྲག་དུ་མས་མནར་བའི་
སེམས་ཅན་རྣམ་མཁའི་མཐའ་དང་མཉམ་པ་དུས་རྒྱུན་དུ་ཡོན་ཅིང་། དེ་ཉིད་མི་མཐྱེན་པའི་
སྐབས་ཀྱང་མི་སྲྱིད་པས་དེ་དག་ལ་འཕྐགས་པའི་སྙིང་རྗེ་ཆེན་པོ་ཡང་དུས་ཐུག་ཏུ་རྒྱུན་ཆད་
མེད་པར་འབྱུང་ལ། དེ་ལ་བརྟེན་ནས་འགྲོ་བའི་དོན་རྒྱུན་ཆད་མེད་པ་དེང་འབྱུང་བ་ཡིན།

འཕྲིན་ལས་ཀྱི་ཡོན་ཏན་ལ་གཉིས་ལས། སྐུན་གྱིས་གྲུབ་པ་ནི། མཚོན་དཔེས་བརྒྱན་པའི

བཅོམ་ལྡན་འདས་ཀྱི་གཟུགས་སྐུ་སྟོང་ལས་བཞི་དང་ཚོ་འཕུལ་སྐུ་ཚོགས་པས་རོལ་པ་ལ་
འབད་ཚུལ་གྱི་རྟོག་པ་མེད་ཀྱང་། སྐལ་ལྡན་རྣམས་ཀྱིས་དེ་མཐོང་བ་ལ་བརྟེན་ནས་བྱང་ཆུབ་
ཏུ་སེམས་བསྐྱེད་ཅིང་ཐིན་དུག་སོགས་བསྣུབས་པས་གཏན་བདེའི་གོ་འཕང་འཐོབ་པར་འགྱུར་
བ་ནི་སྐུའི་འཕྲིན་ལས་ལྷུན་གྱིས་གྲུབ་པའི་ཚུལ་དང་། སངས་རྒྱས་ལ་འདི་བསྟན་པར་བྱའི་སྙམ་
པའི་རྟོག་པ་མེད་ཀྱང་གདུལ་བྱའི་མོས་པ་དང་འཚམས་པའི་ཚོས་ཀྱི་སྒྲོ་མཐའ་ལ་པ་སྟོན་པ་
ནི་གསུང་གི་འཕྲིན་ལས་ལྷུན་གྱིས་གྲུབ་པའི་ཚུལ་དང་།

    རྒྱལ་བ་རྣམས་ཀྱི་བརྗེ་བ་ཆེན་པོའི་ཐུགས་རྗེ་ལས་ཀུན་སྐྱོང་གི་རྣམ་རྟོག་མེད་པར་འགྲོ་
བའི་མཐོན་མཐོ་དང་ངེས་ལེགས་སྐྱེད་ཏེ་དུས་པའི་ཚོས་ཀྱི་གུ་ཆར་འབེབས་པ་ནི་ཐུགས་ཀྱི་
འཕྲིན་ལས་ལྷུན་གྱིས་གྲུབ་ཚུལ་ཡིན། །

    འཇིག་རྟེན་ཕལ་པ་རྣམས་ནི་སྣོ་གསུམ་གྱི་འབད་ཚོལ་མེད་པར་བྱ་བ་བྱེད་པ་གཏན་ནས་
མི་སྲིད་ལ། ས་བཅུད་པ་ནས་ཚོས་སྟོན་པ་སོགས་ཀྱི་ཀུན་སྐྱོང་གི་ཚོལ་བ་རགས་པ་ཞི་ནས་
རང་ཤུགས་ཀྱིས་གནས་དོན་འབྱུང་བ་ཡོད་ཀྱང་། དེ་དུས་ལུས་ངག་གི་ལས་ཀུན་ནས་སྐྱོང་
བའི་རྟོག་པ་ལ་མ་ཨ་སྟངས། །གནན་དོན་ལྷུན་གྲུབ་ཏུ་འཇག་པའི་འགལ་ཀྱེན་ཕྱ་བ་ནི། ཤེས་
སྟིག་ཕྱོགས་ཀྱི་ཡན་ལག་བཅུ་གཉིས་ཀྱི་ནང་ཆོ་ཛབ་པ་མེད་པའི་ལས་ཞེས་པ་ལུས་ངག་གི་
ལས་འདུ་བྱེད་པའི་ཀུན་སྐྱོང་གི་རྟོག་པ་ལྟ་མོ་དེ་ཡིན་པས། དེ་བྱེད་ནས་སྟངས་པ་ན་གནན་
དོན་འབད་མེད་ལྷུན་གྲུབ་ཏུ་འབྱུང་བ་ཡིན། །

    འཕྲིན་ལས་རྒྱུན་མི་ཆད་པ་ནི། སྤྱར་ལམ་གྱི་དུས་ནས་བྱང་ཆུབ་སེམས་དཔའི་ས་བཅུ་པོ་
རེ་པ་ལྟར་བགྲོད་དེ་ཚོགས་གཉིས་ཀྱིས་བསྒྲུབས་པའི་ཡོན་ཏན་ཁྱད་པར་ཅན་རྣམས་སྐྱེ་བ་
དང་། གནས་པ་དང་། གོང་ནས་གོང་དུ་འཕེལ་བའི་རྒྱུ་ཕྱུག་སུམ་ཚོགས་པ་སྟོན་དུ་སོང་བའི་
རྒྱུ་མཚན་གྱིས་འཕྲིན་ལས་རྒྱུན་མི་ཆད་པ་དང་། དེར་མ་ཟད་སེམས་ཅན་གྱི་ཁམས་རྣམས་རང་
བཞིན་ལ་དྲི་མས་མ་བསྐྱད་པའི་བདེ་བར་གཤེགས་པའི་སྙིང་པོ་ལ་སྐྱིབ་བྱེད་ཉོན་མོངས་བག་
ཆགས་དང་བཅས་པའི་སྒྲོ་བུར་གྱི་དྲི་མ་རྣམས་འཇོམས་པའི་རྐྱེན་ཕྱུགས་རྗེ་ཆེན་པོས་དུས་
ཀུན་ཏུ་དགོངས་ནས་དེའི་ཐབས་སྟོན་པས་སངས་རྒྱས་ཀྱི་འཕྲིན་ལས་ལྷུན་གྲུབ་རྒྱུན་མི་ཆད་
པ་དེ་བྱུང་བ་ཡིན། །

    དེ་དག་ནི་གཞི་བདེན་པ་གཉིས་ཀྱི་རྣམ་བཞག་ཉིས་པར་བྱས་ནས་ཐུབ་པའི་བཀའ་སྟེ

སྟོང་གསུམ་གྱི་བརྗོད་བྱ་ལས་ཐབས་ཤེས་ཀྱི་ཉམས་ལེན་བསྒྲུབ་པ་གསུམ་ལ་བརྟེན་ནས་ཐེག་
པ་ཆེ་ཆུང་གི་ལམ་བགྲོད་ཚུལ་དང་། འབྲས་བུ་སངས་རྒྱས་ཀྱི་སྐུ་བཞི་འཐིན་ལས་དང་བཅས་
པའི་གནད་དོན་མདོར་བསྡུས་ཤིག་བཀོད་པ་ཡིན་ཞིང་། ཞིབ་ཅིང་རྒྱས་པ་ནི་འདིར་ཡེ་གེའི་
ལམ་དུ་འགྲོད་པར་མི་ལང་བས་མ་བཀོད། །

༡༡. བོད་དུ་ཡོད་པའི་ནང་པ་སངས་རྒྱས་པའི་ཆོས་ལུགས་ཁག་གི་གནས་ཚུལ་སྐོར།

ང་ཚོ་བོད་སྙིངས་སུ་སྙིན་པ་སངས་རྒྱས་བཅོམ་ལྡན་འདས་ཀྱི་ཆོས་ཀྱི་སྒོལ་བཟང་འཛིན་
པའི་གྲུབ་མཐའ་ཁག་ཚོའི་སྐོར་མདོར་བསྡུས་བརྗོད་ན། བོད་སྙིངས་ཆོས་ཁ་གསུམ་གྱི་ཕྱིན་
ལ་ནང་པ་སངས་རྒྱས་པའི་ཆོས་ཀྱིས་མ་ཁྱབ་པ་མེད་ཅིང་། བསྟན་པ་ནི་མ་ཁར་བ་བཞིན་དུ་
དར་ཡོད་པ་ཡིན།

དེ་ལ་ཡང་དུས་ཆོད་སྤྱི་ཕྱིའི་ཁྱད་པར་གྱིས་བསྟན་པ་སྔ་དར་དང་། ཕྱི་དར་ཞེས་མིང་གི་ཐ་
སྙད་གཉིས་བྱུང་བ་རེད།

དེ་ཡང་བོད་ཀྱི་རྒྱལ་རབས་སོ་གསུམ་པ་ཆོས་རྒྱལ་སྲོང་བཙན་སྒམ་པོས་དགུང་ལོ་བཅུ་
གསུམ་ལ་ས་རྒྱལ་སྲིད་བཟུང་། སྤྱ་ས་དང་ཁ་འབྲུག་གི་གཙུག་ལག་ལ་ཁང་སོགས་མ་ཁར་འབྱ་
ཡང་འདྲ། དུ་གནོན་གྱི་གཙུག་ལག་ཁང་དུ་མ་བརྩིགས། རང་གི་བློན་པོ་ཐོན་མི་སམ་ཊོ་ཏ་རྒྱ་
གར་དུ་བཏང་ནས་སྐྲ་དང་ཡི་གེ་བསླབས། རྒྱ་གར་གྱི་ཡི་གེ་ལ་དཔེ་བྱས་ནས་བོད་ཀྱི་ཡི་གེའི་
གཟུགས་དང་། བྱེ་སྙིང་པའི་བསྟན་བཅོས་བཅུད་བཅུམས།

རྒྱ་གར་ནས་སློབ་དཔོན་ཀུ་སྨར་དང་། ཁྲམ་ནེ་ཤང་ཀ་ར། བལ་པོའི་སློབ་དཔོན་ཤིན་ལ་
མཚུ་སོགས་གདན་དྲངས་ནས་སངས་རྒྱས་ཀྱི་གསུང་རབ་མངོ་དང་། རྒྱུད་ཀྱི་ཚ་ལག་མང་རབ་
བསྒྱུར་ཞིང་བསྒྱུར་པའི་སློལ་བཏོད། ཆོས་ཀྱི་འཆད་ཉན་མངོན་མཚན་ཆེན་པོས་རྒྱ་ཆེར་བྱེད་
པ་མ་བྱུང་ཡང་། རྒྱལ་པོ་རང་གིས་སྐལ་ལྡན་མང་པོ་ལ་ཕྱགས་ཏེ་ཆེན་པོའི་ཆོས་སྐོར་གཙོ་
བྱུར་གྱི་གདམས་པ་གནང་། །

དེ་ནས་རྒྱལ་རབས་སོ་བདུན་པ་ཁྲི་སྲོང་ལྡེའུ་བཙན་ཕྱོན་ཏེ་དུས་པའི་ཆོས་དར་བར་

མཛོད་པའི་ཕྱོགས་བསྐྱེད་ཀྱིས་རྒྱ་གར་ཤར་ཕྱོགས་ཟ་ཧོར་གྱི་མཁན་པོ་ནྱཻ་རཱི་བྷ་ད་དང་། སློབ་
དཔོན་ཆེན་པོ་པདྨ་འབྱུང་གནས་སྩལ་དང་། མཁན་སློབ་དེ་དག་དང་། སློབ་དཔོན་བི་མ་ལ་
མི་ཏྲ། ནྱཻ་ག་ཏྲ། རྣམ་ཀྱི་དྲི། སངས་རྒྱས་གསང་བ། ཀ་མ་ལ་ཤི་ལ། བི་བཛྲ་གཞི་སིདྡྷ་གསང་
རྒྱ་གར་གྱི་པཎ་ཆེན་བརྒྱ་རྩ་བཅུད་དུ་གྲགས་པ་རྣམས་དང་། བོད་ཀྱི་ལོ་ཙཱ་བ་བི་རོ་ཙ་ན་
དང་། གཉགས་རྫོགས་ཀུ་སྐྱེར། སྐྱ་བ་དཔལ་བརྟེགས། ཅོག་རོ་ཀླུའི་རྒྱལ་མཚན། ཞང་ཡེ་ཤེས་སྡེ་
ལ་སོགས་པ་རྣམས་ཀྱིས་འདུལ་བ། མདོ་སྡེ། མཛོད་པའི་སྡེར་གྱི་སངས་རྒྱས་ཀྱི་གསུང་མདོ་དང་
རྒྱུད་སྡེ་སྣ་ཚོགས་དང་། དེ་དག་གི་དགོངས་འགྲེལ་གྱི་བསྟན་བཅོས་གཙོ་ཆེ་བ་རྣམས་བསྒྱུར་
ཅིང་བཤད་སྒྲུབ་ཀྱི་སྲི་ཞེན་པོ་བཙུགས། །

      རྒྱལ་རབས་བཞི་བཅུ་ཞེ་གཅིག་པ་ཁྲི་རལ་པ་ཅན་གྱིས་རབ་བྱུང་རེ་རེ་ལ་འབངས་མི་
ཁྱིམ་བདུན་བདུན་ཕུལ་བ་དང་། གཙུག་ལག་ཁང་སྟོང་རྩ་བཞིངས་ཤིང་། དབུ་སྐྲ་ལ་དར་ཡུག་
གཉིས་བཏགས་པའི་སྟེ་མོར་བླ་མཆོད་སྟེ་གཉིས་བཞུགས་སུ་གསོལ་ནས་མཆོད་ཅིང་བཀུར་བ
སོགས་རྒྱལ་བསྟན་རིན་པོ་ཆེ་བཀུར་བའི་མཛད་པ་མཐའ་ཡས། རྒྱ་གར་གྱི་མཁན་པོ་ཨཱ་རྞ་
ཏེན་མི་ཏྲ། སུ་རེནྡྲ་བོ་ངི། ཤིལ་ལེནྡྲ་བོངི། དཱ་ན་ཤི་ལ་སོགས་པ་ཉི་ཤུ་མང་པོ་སྟོན་དང་། བོད་
ཀྱི་མཁན་པོ་རཏྣ་རཀྵི་ཏ་དང་། རྣམ་དུ་ཤི་ལ། ལོ་ཙཱ་བ་རྫོ་ན་མེ་ན། ཇོ་ཡ་རཀྵི་ཏ་ལ་སོགས
པས་སྟོན་རྒྱལ་རབས་གོང་མའི་དུས་ལོ་པ་ཙ་རྣམས་ཀྱིས་ཆོས་བསྒྱུར་བའི་ཚེ་བོད་སྐད་ལ་མ་
གྲགས་པའི་མིང་བསྒྱུར་དུ་མ་བཏུབ་པ་དང་། བོ་དགའང་བ་རྣམས་བསལ་ནས་ཐེག་པ་ཆེ་ཆུང་
གི་གཞུང་དང་མཐུན་པར་བསྒྱུར་བཅོས་ཀྱིས། ཞེས་རྒྱལ་པོའི་བཀའ་བཅད་སྔར་ཡུག་རྒྱས་པ
ལ་འགྱུར་བཅོས་ནས་དུམ་བུ་བཅུ་དྲུག་ཏུ་མཛད། དེས་མཚོན་སྟེར་བསྒྱུར་བའི་གསུང་རབ་
ཐལ་ཆེར་སྐད་གསར་བཅད་ཀྱིས་གཏན་ལ་ཕབ་པ་སོགས་བོད་གངས་ཅན་གྱི་སྟོངས་སུ་ནང་
པ་སངས་རྒྱས་པའི་བསྟན་པ་རིན་པོ་ཆེ་གོང་ནས་གོང་འཕེལ་དུ་དར་ཞིང་རྒྱས་པ་དེ་ལ་བསྟན་
པ་སྟ་དར་ཞེས་གྲགས་པ་ཡིན། །

      རྒྱལ་རབས་ཞེ་གཉིས་པ་གླང་དར་མས་སངས་རྒྱས་ཀྱི་བསྟན་པ་བསྣུབས་ཤིང་། དེའི་ཚེ
མཁན་ཆེན་ཞི་བ་འཚོའི་སློབ་རྒྱུད་དམར་སྐྱ། གཡོ་དགེ་འབྱུང་། གཙང་རབ་གསལ་གསུམ
མདོ་སྨད་དུ་བྲོས་པ་ལས། བླ་ཆེན་དགོངས་པ་རབ་གསལ་གྱིས་བསྙེན་པར་རྫོགས་ཤིང་། དེ
ནས་རིམ་གྱིས་བོད་དུ་རབ་བྱུང་གི་སྟེ་མང་པོ་འཕེལ། གཉེན་ཡང་རྒྱ་གར་ཤར་ཕྱོགས་ཀྱི་པཎྜི

ཏུ་ཧྲཱུ་པོ་ལ། སུ་རྟུ་པྲ་ལ་སོགས་མཐའ་རིས་སྟོང་དུ་ཕྱིན་པ་ལས་བརྒྱུད་པ་དང་། ལ་ཆེའི་པ་ཊ་
ཆེན་ཤཱཀྱ་ཐྲི་ཕྱིན་པོད་དུ་ཕྱིན་པ་ལས་བརྒྱུད་པ་སོགས་ཀྱིས་རབ་བྱུང་གི་སྟེ་ཆེས་ཆེར་འཕེལ། དེ་
དག་གི་དུས་སླབས་ནས་བཟུང་རྒྱ་གར་གྱི་པཎྜི་བྱུན་དུ་མ་པོད་དུ་ཕྱིན་པ་དང་། པོད་ཀྱི་ལོ་
ཙྪ་བ་མཁས་པ་དུ་མ་ཞིག་དཀར་སྤྱོད་དགོ་པོས་རྒྱ་བལ་གྱི་ཡུལ་དུ་ཕྱིན་ཏེ་པཎྜི་བྱུན་དུ་མའི་
ཞབས་ལ་གཏུགས་ནས་གསེར་གྱི་ཡོན་ཕུལ་ཏེ་མདོ་སྔགས་ཀྱི་ཆོས་མང་དུ་གསན་ནས་པོད་དུ་
བསྒྱུར་ཞིང་སྐྱེལ་བ་དང་། དེ་དག་ལས་བརྒྱུད་པའི་མཁས་གྲུབ་རིམ་པར་ཕྱིན་པ་རྣམས་ཀྱིས་
ཐུབ་པའི་བསྟན་པ་རིན་པོ་ཆེ་ཉམས་པ་སྐྱར་ཡང་གསོས་ཏེ། པོད་སྟོངས་ཡོངས་ཙྭགས་ཀྱི་ཕྱིན་
ལ་སངས་རྒྱས་ཀྱི་བསྟན་པ་ཉི་མ་ཤར་བ་ལྟར་བྱུང་པ་དེ་ལ་བསྟན་པ་ཕྱི་དར་ཞེས་གྲགས་པ་
རེད།

པོད་དུ་ནང་པའི་ཆོས་ལུགས་ཀྱི་གྲུབ་མཐའི་དབྱེ་བ་མེང་མི་འདུ་བ་སྐ་ཚོགས་ཡོད། དེ་
ཡང་དཔེར་ན་རྙིང་མ་པ་ཞེས་པ་ལྟ་བུ་དུས་རབས་ཀྱི་སྒོ་ནས་མིང་བཏགས་པ་དང་། ས་སྐྱ་པ་
སྤུག་ཡུང་པ་འབྲི་གུང་པ་འབྲུག་པ་དགེ་ལྡན་པ་ཞེས་པ་ལྟ་བུ་ཆགས་ཡུལ་གྱི་ས་གནས་ཀྱི་སྒོ་
ནས་མིང་བཏགས། གཉའ་བཀའ་བརྒྱུད་བུ་ལུགས་པ་ཞེས་པ་ལྟ་བུ་སྤོབ་དཔོན་གྱི་སྒོ་ནས་མིང་
བཏགས། བཀའ་གདམས་པ། རྟོགས་ཆེན་པ། ཕྱག་ཆེན་པ། ཞི་བྱེད་པ་ཞེས་པ་ལྟ་བུ་གདམས་
པའི་སྒོ་ནས་མིང་བཏགས་པ་རེད། །

དེ་འདྲའི་ཆོས་ལུགས་དེ་དག་ཆུར་བཤུས་ན་རྙིང་མ་དང་། གསར་མ་གཉིས་སུ་འདུས་པ་
ཡིན། གསར་རྙིང་གི་ཁྱད་པར་གང་གི་སྒོ་ནས་ཡིན་ནས་སྙམ་ན། དེ་ནི་པོད་དུ་དར་བའི་ཐེག་
པ་ཆེན་པོའི་ཆོས་ལ་མདོ་དང་། སྔགས་གཉིས་ཡོད་པའི་མདོ་ཕྱོགས་ལ་གསར་རྙིང་གི་རྣམ་
གཞག་མི་འཇོག་ཅིང་། གཙོ་བོར་ཐེག་པ་ཆེན་པོའི་གསང་སྔགས་ཀྱི་བསྟན་པ་དར་ཆུལ་གྱི་སྒོ་
ནས་གསར་རྙིང་གཉིས་སུ་བཞག་པ་རེད། དེ་ཡང་གོང་དུ་སྨྲས་པའི་བསྟན་པ་སྔ་དར་གྱི་སྐབས་
ནས་བཟུང་། པཎྜི་ཏ་སྨྲི་ཏེ་པོད་དུ་ཕྱིན་པ་ཡན་ཆོད་དུ་བསྒྱུར་བ་ལ་གསང་སྔགས་སྔ་འགྱུར་
དང་། དེའི་བཀའ་སྲུབ་ཀྱི་རིང་ལུགས་འཛིན་པ་ལ་རྙིང་མ་པ་ཞེས་གྲགས་ཤིང་།

ལོ་ཙྪ་བ་རིན་ཆེན་བཟང་པོ་ཆད་དུ་བསྒྱུར་བ་རྣམས་ལ་གསང་སྔགས་གསར་མ་ཞེས་
གྲགས་པ་ཡིན། གསང་སྔགས་གསར་མའི་འགྱུར་ནི། ལོ་ཙྪ་བ་རིན་བཟང་གིས་སྤྱི་ལོ་ ༩༥༨ ལོ
ནས་འགོ་ཆུགས། དེ་རྗེས་རིམ་བཞིན་འཕྲག་མི་དང་། རྟ་ནག་འགོས་དང་། སྟོ་བྲག་མར་པ་ལ་

སོགས་པ་རྣམས་ཀྱིས་ཀུན་རྒྱུད་སྟེ་མང་པོ་བོད་དུ་བསྒྱུར་ཏེ་གསང་ཕྱགས་གསར་མའི་བསྟན་པ་རྒྱ་ཆེར་སྤེལ་བར་མཛད་པ་རེད། དེ་ནས་བོད་དུ་ཡོད་པའི་གྲུབ་མཐའ་དེ་རྣམས་ཀྱི་ནུས་ནས་སྙིང་མའི་གྲུབ་མཐའ་དང་། གསར་མ་བཀའ་བརྒྱུད་པ། ས་སྐྱ་པ། དགེ་ལུགས་པ་བཅས་བཞི་པོ་འདི་རྣམས་དར་ཁྱབ་ཆེ་ཞིང་གཙོ་ཆེ་བ་ཡིན།།

དེ་ཡང་སྤྱི་ལོ་ ༤༠༠ བོར་ཨོ་རྒྱན་གྱི་སློབ་དཔོན་ཆེན་པོ་པདྨ་སམྦྷ་ལ་བོད་དུ་ཕྱོན་ཏེ་བསམ་ཡས་མཆིམས་ཕུར་སྒྲུབ་སྟེ་ཆེན་པོ་བརྒྱུད་ལ་སོགས་པའི་རྒྱུད་དང་སྒྲུབ་ཐབས་མང་དུ་བསྒྱུར། རྗེ་འབངས་ཉེར་ལྔ་སོགས་སྐལ་ལྡན་འདུས་པའི་ཚོམ་བུར་གསང་ཆེན་རྡོ་རྗེ་ཐེག་པའི་ཆོས་འཁོར་བསྐོར་བ་ལས་རིམ་གྱིས་བརྒྱུད་པ་ལ་གསང་ཕྱགས་རྙིང་མའི་གྲུབ་མཐའ་དང་།།

སྤྱི་ལོ་ ༡༠༡༢ བོར་འབྱུངས་པའི་མར་སྟོན་ཆོས་ཀྱི་བློ་གྲོས་རྒྱ་གར་དུ་ལན་གསུམ་ཕྱིན་ནས། པཎ་ཆེན་ནཱ་རོ་པ་དང་། མེ་ཏྲི་པ་སོགས་བླ་མ་དུ་མའི་ཞབས་ལ་གཏུགས། ཆོས་ཟབ་ཀྱི་གཞུང་བཤད་བསྒྱུར་མཛད་དེ་རྗེ་བཙུན་མི་ལ་རས་པ་དང་། མཐའ་མ་མེད་དགས་པོ་ལྷ་རྗེ་སོགས་ནས་བརྒྱུད་པ་ལ་བཀའ་བརྒྱུད་པའི་གྲུབ་མཐའ་ཞེས་གྲགས་པ་དང་། བཀའ་བརྒྱུད་པ་ལ་ནང་གསེས། ཀམ་ཚང་པ། འབྲི་གུང་པ། སྟག་ལུང་པ། འབྲུག་པ་སོགས་བཀའ་བརྒྱུད་ཆེ་བཞི་ཆུང་བརྒྱུད་དུ་གྲགས་པ་ཡོད།།

སྤྱི་ལོ་ ༡༠༣༢ བོར་འབྲུངས་པའི་འཁོན་དཀོན་ཅོག་རྒྱལ་པོས་འབྲོག་མི་ལོ་ཙྭ་བའི་དྲུང་ནས་ན་ཨེ་རྗེའི་མཁན་པོ་དཔལ་ལྡན་ཆོས་སྐྱོང་གྲུབ་པ་བརྙེས་པའི་མཚན་བི་རྣ་བ་དང་། པཎ་ཆེན་ག་ཡ་དྷ་ར་ནས་བཀྱུད་པའི་ལམ་འབྲས་གསན་ཞིང་། ས་ཆེན་གྱོང་མ་རྣམ་ལྔ་སོགས་ནས་བཀྱུད་པ་ལ་ས་སྐྱ་པའི་གྲུབ་མཐའ་དང་།།

སྤྱི་ལོ་ ༡༠༣༧ བོར་བི་ཀྲ་མ་ཤཱི་ལའི་མཁས་པ་ཆེན་པོ་དིཔཾ་ཀ་ར་ཤྲཱི་ཛྙཱན་བོད་དུ་ཕེབས་ཏེ་མདོ་ཕྱགས་ཀྱི་ཟབ་ཆོས་རྒྱ་ཆེར་སྤེལ་ཞིང་། ཁུ་རོག་འབྲོམ་གསུམ་སོགས་ནས་བཀྱུད་པ་ལ་བཀའ་གདམས་པ་ཞེས་གྲགས་ཞིང་། དེའི་གདམས་པའི་བཀྱུད་འཛིན་སྤྱི་ལོ་ ༡༣༥༧ བོར་འབྱུངས་པའི་འཇམ་མགོན་ཙོང་ཁ་པ་ཆེན་པོས་བཙམ་ཟུན་འདས་ཀྱི་བཀའ་དང་། དེའི་དགོངས་འགྲེལ་གྱི་བསྟན་བཅོས་ཆོས་ཟུན་རྒྱ་གར་ནས་བོད་གངས་ཅན་གྱི་ལྗོངས་སུ་འགྱུར་རོ་འཚལ་ལ་ཐོས་བསམ་སྒོམ་གསུམ་གྱི་སྒོ་ནས་སྒྲོ་འདོགས་བཅད་དེ། གསུང་རབ་ཀྱི་ཟབ་དོན་འཁྲུལ་པ་མེད་པར་ལེགས་པར་འདོམས་པའི་བཀའ་ཕྱོག །རྒྱལ་ཚབ་དང་མཁས་གྲུབ་སོགས

ནས་བརྒྱུད་པ་ལ་རེ་བོ་དགེ་ལྡན་པའི་གྲུབ་མཐའ་ཞེས་གྲགས་པ་ཡིན། །

མི་འགྱུར་ཁས་ཀྱི་བསམ་པར། བོད་དུ་ཡོད་པའི་ས་དགེ་བཀའ་རྙིང་གི་ཆོས་ལུགས་དེ་
རྣམས་ཕྱི་པ་དང་ནང་པའི་ཆོས་ལུགས་ལྟར་གཞི་ལས་འབྲས་བུའི་རྣམ་གཞག་མཐའ་པོ་ནས་
མི་མཐུན་པའི་ཐ་དད་ཅིག་ཡིན་པར་བསམ་མཁན་ཡོད་ཤས་ཆེ་ཡང་། དེ་འདྲ་གཏན་ནས་
མིན། རྒྱ་མཚན་གསལ་པོར་བརྗོད་ན། དཔེར་ན་དེང་སང་མཐོང་བཞིན་པ་ནས་མཁར་བགྲོད་
བྱེད་ཀྱི་གནས་སྒྲུ་ལྭ་བུར་མཚོན་ན། ཕྱིའི་གཟུགས་ཆེ་ཆུང་དང་གཟུགས་དབྱིབས་མི་འདྲ་བ།
ཁ་དོག་མི་འདྲ་བ། བཟོ་བོ་མཁས་པ་སོ་སོའི་རྩོ་རྩལ་དང་ཅུམས་སྤྱོང་གི་ཁྱད་པར་ཀྱིས་ནང་གི་
འཕུལ་འཕོར་ཀྱི་གནད་ཀ་དང་། ཡོ་བྱད་སོགས་ཀྱི་བཟོ་ཁྱད་སྤུན་བུ་མི་འདྲ་བ་ཡོད་པ་ཅཱ
ལས། དོན་དུ་གནས་སྒྲུའི་རིགས་ཏེ་ཚཱ་ཞིག་ཡོད་ཀྱང་ཐམས་ཅད་མི་རྐུང་གི་ནུས་ཤུགས་ལ་
བརྟེན་ནས་འཕུར་ཕྱིང་བྱེད་ཅིང་ན་མའི་ལ་དུ་བགྲོད་པ་ལ་ཁྱད་པར་མེད་ཅིང་། གནས་སྒྲུའི་
རིགས་གཅིག་ཏུ་ཚོས་འཛིན་དགོས་པ་ལྟར་བོད་ཀྱི་ནང་པའི་ཆོས་ལུགས་དེ་དག་ཀུན་རང་
རང་གི་ཐོག་མའི་སྲོལ་འབྱེད་མཁས་གྲུབ་ཆེན་པོ་དེ་དག་གིས་རང་གི་ཉམས་སྤྱོང་ལ་བརྟེན་
ནས་གཏན་བུ་ལས་འབྱིད་པའི་ཐབས་མཁས་ཀྱི་ཚུལ་ཕུན་བུ་འདུ་མི་འདྲ་དང་། བརྡ་དང་
ཐ་སྙད་ཀྱི་ཁྱད་པར་སོགས་ཟུར་ཕུན་བུ་རེ་མི་འདྲ་བའི་ཁྱད་པར་ཡོད་པ་ཚཱ་ལས། དོན་དུ་
ཆོས་ལུགས་དེ་དག་གི་མཐར་ཐུག་གི་བསྒྲུབ་བྱའི་གཙོ་བོ་ནི་སངས་རྒྱས་ཀྱི་གོ་འཕང་ཡིན་པར་
གཅིག་ཅིང་། དེ་སྒྲུབ་བྱེད་ཀྱི་ཐབས་ཉམས་ལེན་ཀྱི་རིམ་པ་ཡང་གོང་དུ་བཏད་པ་ལྟར་སྤྱག་
པའི་བསྒྲུབ་པ་གསུམ་ཡ་མ་བྲལ་ཞིང་། ལྟ་བ་བཀར་བཏགས་ཀྱི་ཕྱག་རྒྱ་བཞི་ལས་མི་འདའ་
བར། མདོ་སྔགས་ཟུང་འབྲེལ་དུ་ཉམས་སུ་ལེན་པ་ལ་མི་མཐུན་པ་མེད་པར་གཅིག་པ་ཡིན་པས།
ཐམས་ཅད་མཐར་གཏུགས་ན་འབབ་ས་གཅིག་རང་ཡིན།

ཡང་མི་འགའ་ཁས་ནས་བོད་ཀྱི་ཆོས་དེ་ལྷ་མའི་ཆོས་རེད་ཅེས། སངས་རྒྱས་ཀྱིས་གསུངས་
པའི་ཆོས་མིན་པ་ལྷ་བུར་བརྗོད་མཁན་ཡོད་ཀྱང་དེ་འདྲ་མིན། གང་ཡིན་ཞེ་ན། བོད་ཀྱི་ནང་
པའི་ཆོས་ལུགས་ཐམས་ཅད་ཀྱི་རྩ་བའི་འབྱུང་ཁུངས་མདོ་དང་། རྒྱུད་སྡེ་རྣམས་ཐོག་མར་
གསུང་པ་པོ་སྟོན་པ་སངས་རྒྱས་ཀྱི་གསུངས། བར་དུ་རྒྱ་གར་ཀྱི་པཎྜི་ཏ་ཆེན་པོ་རྣམས་ཀྱིས་
མདོ་རྒྱུད་ཀྱི་དགོངས་དོན་རྣམས་དཔྱད་གསུམ་རྣ་པར་དག་པའི་རིགས་པའི་ལམ་ལས་
དངས་ཏེ་བཏད་ཅིང་གཏན་ལ་ཕབ། གྲུབ་ཐོབ་རྣལ་འབྱོར་པ་ཆེན་པོ་རྣམས་ཀྱིས་ཉམས་སུ་

སླངས་ཏེ་ཚོགས་པ་ཚད་མ་ཐུབ་གས་རྒྱུད་ལ་འབྱུངས་བའི་གདམས་པ་རབ་སྐོ་ཐ་མར་བོད་གནས་ཅན་གྱི་རྒྱལ་སློན་བྱང་ཆུབ་སེམས་དཔའ་རྣམས་དང་། སྟོན་གྱི་ལོ་ཚོ་བ་བཀགའ་དྲིན་ཅན་ཏེ་རྣམས་ཀྱིས་ནོར་ལོངས་སྟོད་ལྟ་ཞེ་ ལུས་དང་སྒོག་ལཱང་མི་ལྟ་བའི་དགང་སྦྱང་དང་། བཅོན་འགྱུས་དག་པོས་རྒྱ་བལ་གྱི་ཡུལ་སྒྱུ་དུ་མ་རྒྱ་བཞིན་དུ་ལུལ་ཏེ་ཚོང་མེད་ཡོངས་སུ་གྱགས་པའི་པཎྱེ་དུ་དང་། སྒྲུབ་ཐོབ་མང་པོ་མཉེས་པ་གསུམ་གྱིས་མཉེས་པར་བྱུད་ནས་གདམས་པ་རྣམས་གསན་ཞིང་། གསུང་རབ་བོད་སྐད་དུ་བསྒྱུར་བ་དེ་རྣམས་ཡིན། དེ་དག་གཞི་དང་ཚ་བར་བཟུང་ནས་ཉེན་བསམ་སློམ་གསུམ་བྱེད་པ་མ་གཏོགས་དེ་དག་དང་མི་མཐུན་པའི་ཚོས་བོད་ཀྱི་སྔ་མས་རང་བཟོ་བྱས་པ་གཅིགག་ཀྱང་མེད་དཔེར་ན་བོད་ཀྱི་ནང་པའི་ཚོས་པ་སུ་འདད་ཞིག་ཡིན་རུང་། ཚོས་ཀྱི་གནད་དོན་སློར་དགོས་སེལ་དང་། ཁུངས་གཏུགས་དགོས་པ་ཅུང་ཟད་གཅིག་བྱུང་ནའང་སངས་རྒྱས་ཀྱི་གསུང་ངས། རྒྱ་གར་པཎ་ཊ་གྲུབ་གང་རུང་ཞིག་གི་གསུང་ལ་ཁུངས་གཏུགས་ནས་བྱེད་བཞིན་པ་ཡིན་ནོ།། །།

로사르믹제
새로운 마음의 눈을 여는 말씀

초판 1쇄 발행 2022년 5월 3일

\

지은이   달라이 라마
옮긴이   게셰 소남 초펠

티베트어 원문 대조·교정   게셰 나왕 욘덴, 게셰 예시 발덴, 게셰 덴젠 상보,
                            게셰 체링둑닥(교정), 로상도제(교정)
한글 교정   능행 도운 경덕 도우 만욱 타용 지안 호연 동심 공덕제(한영우)
한글 교열 및 채록   박서현

\

엮은곳   정토마을 한국티벳불교문화연구원

\

펴낸이   오세룡
편집   전태영 유지민 박성화 손미숙
기획   최은영 곽은영 김희재 진달래
디자인   남미영
              고혜정 김효선
홍보·마케팅   이주하

\

펴낸곳   담앤북스
              서울특별시 종로구 새문안로3길 23 경희궁의 아침 4단지 805호
              대표전화 02-765-1250(편집부) 02-765-1251(영업부)
              전송 02-764-1251
              전자우편 damnbooks@daum.net

\

출판등록 제300-2011-115호

\

ISBN 979-11-6201-372-4 (03220)
정가 16,000원

\